Andreas Keller/Winfried Siebers

Einführung in die Reiseliteratur

Germanistik KOMPAKT

Herausgegeben von Gunter E. Grimm und Klaus-Michael Bogdal

Gunter E. Grimm ist emeritierter Professor für Neuere deutsche Literaturwissenschaft/Geschichte und Theorie der Literatur an der Universität Duisburg-Essen.

Klaus-Michael Bogdal ist Professor für Germanistische Literaturwissenschaft an der Universität Bielefeld.

Andreas Keller ist Privatdozent für Germanistische Literaturwissenschaft an der Universität Potsdam.

Winfried Siebers ist wissenschaftlicher Mitarbeiter am Interdisziplinären Institut für Kulturgeschichte der Frühen Neuzeit an der Universität Osnabrück.

Germanistik KOMPAKT

**Andreas Keller
Winfried Siebers**

Einführung in die Reiseliteratur

Die Deutsche Nationalbibliothek verzeichnet diese Publikation in der Deutschen
Nationalbibliografie; detaillierte bibliografische Daten sind im Internet über
http://dnb.de abrufbar.

Das Werk ist in allen seinen Teilen urheberrechtlich geschützt.
Jede Verwertung ist ohne Zustimmung des Verlags unzulässig.
Das gilt insbesondere für Vervielfältigungen,
Übersetzungen, Mikroverfilmungen und die Einspeicherung in
und Verarbeitung durch elektronische Systeme.

© 2017 by WBG (Wissenschaftliche Buchgesellschaft), Darmstadt
Die Herausgabe des Werkes wurde durch
die Vereinsmitglieder der WBG ermöglicht.
Satz: Lichtsatz Michael Glaese GmbH, Hemsbach
Einbandabbildung: © ullstein bild – CARO/Andreas Riedmiller
Einbandgestaltung: schreiberVIS, Bickenbach
Gedruckt auf säurefreiem und alterungsbeständigem Papier
Printed in Germany

Besuchen Sie uns im Internet: www.wbg-wissenverbindet.de

ISBN 978-3-534-26853-5

Elektronisch sind folgende Ausgaben erhältlich:
eBook (PDF): 978-3-534-74206-6
eBook (epub): 978-3-534-74207-3

Inhaltsverzeichnis

I. Dimensionen der Reiseliteratur ... 7
   1. Geschichte des Reisens ... 8
   2. Schreibsituationen ... 16

II. Forschungsperspektiven ... 26
   1. Forschungsgeschichte bis zum Ende der 1990er Jahre ... 26
   2. Aspekte der neueren Reise- und Reiseliteraturforschung ... 31
   3. Informationsmittel der Reiseliteraturforschung ... 35

III. Grundbegriffe – Methoden – Theorien ... 39
   1. Gattungsspektrum und Produktionsweisen ... 39
   2. Intermediale Präsentationsformen ... 53
   3. Methodische Zugänge zur Reiseliteratur ... 57
   4. Theoretische Ansätze zur Erforschung der Reiseliteratur ... 67

IV. Historischer Überblick ... 79
   1. Mittelalter: Pilger, Studenten und Adel unterwegs ... 79
   2. Frühe Neuzeit: Humanismus und gelehrte Netzwerke ... 84
   3. 18. Jahrhundert: Aufklärung und Welterforschung ... 96
   4. 19. Jahrhundert: Kulturnation und Nationalkultur ... 105
   5. 1900 bis 1950: Zwischen Monarchie, Republik und Diktatur ... 115
   6. 1950 bis 1990: Reisen in der Zweistaatlichkeit ... 125
   7. Aktuelle Tendenzen ab 1990 ... 141

V. Exemplarische Einzelanalysen ... 151
   1. Adam Olearius: *Beschreibung der newen orientalischen Reise* (1647) mit Paul Fleming: *Reiselyrik* ... 151
   2. Georg Forster: *Ansichten vom Niederrhein* (1791–1794) ... 153
   3. Heinrich Heine: *Reisebilder* (1826–1831) ... 155
   4. Lou Andreas-Salomé: *Russland mit Rainer. Tagebuch im Jahre 1900* (1999) ... 158
   5. Annemarie Schwarzenbach: *Die Reise nach Afghanistan* (1939/40) ... 161
   6. Navid Kermani: *Ausnahmezustand* und *Einbruch der Wirklichkeit* (2013/2016) ... 164

Bibliografie ... 169

Personenregister ... 179

Sachregister ... 181

Ortsregister ... 182

1. Dimensionen der Reiseliteratur

Überblick

Das erste Kapitel gibt zunächst eine Einführung in die grundlegenden Fragen zur Geschichte des Reisens und der Reisekultur. Zu Beginn zeichnet eine sozialhistorisch angelegte Skizze verschiedene gruppenspezifische Reiseformen in ihren jeweiligen Epochenprofilen seit der Antike nach. Es folgt eine typologische Darstellung von Schreibsituationen, in denen reisebezogene Schriften entstehen. Als zentrale Erkenntnis arbeitet dieses Kapitel damit heraus, dass die Reiseliteratur durchweg mit realen Anlässen und konkreten Rahmenbedingungen verknüpft ist: Texte entstehen vor, während und nach der Reise. Diese Schreibanlässe stehen unmittelbar in Verbindung mit unterschiedlichen Standpunkten, Formentscheidungen, Gattungszuweisungen und Normorientierungen der jeweiligen Autoren.

Markante Ereignisse der Reise-, Verkehrs- und Tourismusgeschichte

seit ca. 100 v. Chr.	Bade- und Gesellschaftsreisen wohlhabender Römer nach Baiae (Golf von Neapel)
381–384	Älteste nachweisliche Pilgerreise in das Heilige Land: bezeugt mit einem fragmentarisch erhaltenen Brief der Egeria (Aetheria) aus Gallien
1291	Ende der mittelalterlichen Eroberungsreisen (Kreuzzüge) im östlichen Mittelmeerraum mit dem Sieg muslimischer Truppen über Akkon
1519–21	Erste Weltumsegelung durch den portugiesischen Seefahrer Ferdinand Magellan (1480–1521)
1623	Einrichtung der ersten Kutschen-Fahrpost (Düsseldorf-Wesel)
1786	Beginn des Alpinismus mit der Erstbesteigung des Mont Blanc
1793	Gründung des ersten deutsche Seebads (Doberan-Heiligendamm/Ostsee)
1825	Eröffnung der ersten Eisenbahnstrecke (Stockton/Darlington, England); auf dem Kontinent ab 1835, ab 1880 alle Metropolen vernetzt
1841	Thomas Cook (1808–1892) organisiert eine Eisenbahnreise für 570 Teilnehmer; Einführung des Prinzips der Pauschalreise
1886	Der deutsche Ingenieur Carl Benz (1844–1929) stellt das erste Automobil mit Verbrennungsmotor vor
1891	Erste Kreuzfahrt als Vergnügungsreise durch die Hamburger Reederei Hapag

1927	Erster Alleinflug non-stop von New York nach Paris durch Charles Lindbergh (1902–1974)
1929	98 % der Tarifverträge für die Arbeiterschaft enthalten Urlaubsregelungen
1970	50 % aller bundesdeutschen Erwachsenen unternehmen eine Urlaubsreise, die zu 60 % mit dem PKW absolviert wird
2001	Der US-amerikanische Unternehmer Dennis Tito (*1940) verbringt als erster Weltraumtourist sieben Tage an Bord der Internationalen Raumstation (ISS)

1. Geschichte des Reisens

Seit es überlieferte Texte gibt, wird über das Reisen reflektiert. Diese Beobachtung hat in der wissenschaftlichen Forschung zu Aussagen unterschiedlicher Reichweite und Erklärungskraft über den anthropologischen Status des Reisens in der Menschheitsgeschichte überhaupt geführt. Dabei wird etwa ein durch die Jahrhunderte unabänderlich vorhandener „Reisetrieb" des Menschen angenommen, so dass Reisen von Anfang an zur menschlichen Existenz gehören würde. Im Blick auf die vorliegenden Ergebnisse der modernen Reise- und Tourismusforschung ergibt sich ein differenzierteres Bild: Zwar ist das Reisen mit der Geschichte einzelner Völker seit Beginn der Menschheitsgeschichte verknüpft, es ist auch universal und global auf verschiedenen Kontinenten anzutreffen – doch ist es zumeist mit bestimmten Zwecken, Absichten und Zielen verbunden, die jeweils auf besondere historische Umstände und Erfordernisse des Unterwegsseins verweisen. Wirtschaftliche, religiöse, politische und bildungsbezogene Faktoren beeinflussen das Reiseverhalten in verschiedenen Epochen und in unterschiedlichen sozialen Schichten.

Die Perspektive der Tourismusgeschichte

Phasen des Tourismus

Mit der Geschichte des Reisens und des Tourismus beschäftigen sich mehrere kulturwissenschaftliche Disziplinen. Einen Vorschlag, wie aufeinander folgende Epochen, Stadien oder Phasen des Tourismus zu unterscheiden und gegeneinander abzugrenzen wären, hat die Tourismuswissenschaft gemacht: An eine Phase des Prototourismus, in der die Zeitspanne von der Antike über das Mittelalter bis zur Frühen Neuzeit zusammengefasst wird, schließt sich eine Entstehungsphase des Tourismus von ca. 1750 bis 1830 an, gefolgt von einer längeren Einführungs- und Ausbreitungsphase von 1830 bis ca. 1950. Die Durchsetzungs- und Konsolidierungsphase, also das Zeitalter eines entfalteten Massentourismus, setzt erst seit 1950 ein (Spode 1993; Hachtmann 2007). Für die Phasenbildung bzw. die Bestimmung der Epocheneinschnitte beruft man sich auf die technische Entwicklung der Reiseverkehrsmittel oder die soziale Ausdifferenzierung der Reisegruppen. Unter den Bedingungen des Fuß-, Pferde- und Postkutschenverkehrs vor 1830 wird anders gereist als im Zeitalter der Eisenbahn, der Dampfschifffahrt und des Automobils. Zugleich wurde die Erholungs- und Freizeitreise zum vorherrschenden Reisetypus, die – standardisiert und gruppenweise organisiert – im „Volks- und Sozialtourismus" der ersten Hälfte des 20. Jahrhunderts ihren bis dahin quantitativen Höhepunkt fand. Ein neuer Entwicklungsschub beruht seit 1950 auf der verstärkten Einbindung zwar bereits vorhandener, aber nunmehr massenhaft genutzter und verfügbarer Verkehrsmittel: des PKW und des Flugzeugs.

Der Zugang der Tourismusgeschichte – die sich als Zweig der Tourismuswissenschaft mit Ursprüngen in der empirischen Sozialwissenschaft und der Volkswirtschaftslehre herausgebildet hat – zum Gegenstand unterliegt allerdings einer besonderen Perspektive. Sie rückt die Zeit nach 1800 in den Mittelpunkt ihrer Beobachtung („Am Anfang des modernen Tourismus steht die Eisenbahn." Hachtmann 2007, 9) und sie beschränkt sich auf die „Freizeitreise", die „ohne offensichtlichen Zweck" unternommen wird und bei der die „Konsumfunktion" im Vordergrund steht (Spode 2007, 39).

Tourismus und Reisen

Die Perspektive der historischen Reisekulturforschung

Zahlreiche Dimensionen des Reisens, wie etwa kommunikative, religiöse, ästhetische oder mentalitätsgeschichtliche Komponenten, werden hier nur unzureichend berücksichtigt. Der wissenschaftlichen Erschließung dieser Faktoren und Einflussgrößen hat sich seit den 1980er Jahren die historische Reiseforschung angenommen, die einen umfassenden Begriff der **Reisekultur** verschiedener Epochen und sozialer Gruppen erarbeitet hat (Kutter 1996; Brenner 1997; Maurer 1999). Peter J. Brenner unterscheidet drei Dimensionen des Begriffs: das Reisen selbst, seine Voraussetzungen und seine Folgen.

> **Zitat**
>
> Peter J. Brenner: Einleitung, in: ders. (Hg.): Reisekultur in Deutschland. Von der Weimarer Republik zum ‚Dritten Reich'. Tübingen 1997, 1–2.
>
> „Der Begriff der ‚Reisekultur' meint einmal das Reisen selbst in seinen modernen Ausprägungen […]; die Individualreise gehört ebenso dazu wie die organisierte Gruppenreise der großen Institutionen […]. [Zur Reisekultur] gehören aber auch die Voraussetzungen ebenso wie die Folgen des Reisens. Zu den Voraussetzungen ist insbesondere die Infrastruktur des Reisens zu rechnen – die Entwicklung der Verkehrsmittel und der Organisationsformen vom Reisebüro bis zum Beherbergungswesen. Das Reisen bringt schließlich eine eigene Literatur hervor – nicht nur Reiseberichte im klassischen Sinne, auch [zum Beispiel] die Lieder der Wandervogelbewegung […] sowie die Reisewerbung und die reisebegleitende Literatur. Schließlich entsteht so etwas wie eine ‚Reiseideologie' als Teil der Reisekultur: Reflexionen über das Reisen, seinen Sinn und seine Funktion in der Gesellschaft."

Reiseliteratur als Quelle

So sinnvoll auf einer Makroebene die tourismusgeschichtliche Begriffsbildung für eine Gesamtsicht des Reise-Phänomens ist, so notwendig bleibt die Analyse eines Reiseereignisses auf der Mikroebene mit Methoden der historischen Reiseforschung: Reiseliteratur fungiert hier als aussagekräftige historische Quellengattung für die jeweilige Fremdwahrnehmung des Reisenden, dessen soziale Aufnahme an den Orten der Gastlichkeit, verschiedene Praktiken des Reisens wie dessen materielle Kultur (Reiseausstattung, Reisekleidung, Mitbringsel, Andenken usw.). Reiseliteratur lässt die soziale Realität vergangener Jahrhunderte zur Anschauung kommen und bringt gleichzeitig ein bestimmtes Wahrnehmungsmuster dieser Realität zum Ausdruck. Dieses Wechselverhältnis kann als die spezifische Erkenntnisproblematik der Gattung Reiseliteratur bezeichnet werden.

Soziale Reiseformen in der Antike und im Mittelalter

Badereisen der Antike

Eine der frühesten Reiseformen, die bereits die römische Antike kannte, ist die Badereise. Sie diente nicht nur der Heilung und Erholung, sondern nahm bereits Züge einer „Sommerfrische" an, indem die medizinischen Anwendungen in Thermal- und Schwefelbädern eine Ergänzung im geselligen Leben fanden, mit Kahnfahrten, Ballspielen und dem freizügigen Umgang der Geschlechter. Insbesondere der heute nur noch in archäologischen Resten wahrnehmbare Küstenort Baiae am Golf von Neapel entwickelte sich im ersten Jahrhundert v. Chr. während der Sommermonate zu einem Sammelplatz der gesellschaftlichen und politischen Elite Roms. Die Badereise überdauert als Reiseform, wobei die Ziele – Seebäder, Heilbäder und Kurorte – ihre Doppelfunktion als Behandlungsstätte und Vergnügungsort bis in die Gegenwart bewahren sollten. In Deutschland gehen in diesem Sinne etwa Wiesbaden oder Baden-Baden auf römische Gründungen zurück.

Pilgerreisen

Eine weitere archaische Reiseform ist die religiös motivierte Wanderung (*peregrinatio religiosa*). Die Pilgerschaft ist als solche spätestens seit dem 4. Jahrhundert bekannt. Sie diente (neben der Wallfahrt an nähere Ziele) vor allem dazu, die Wirkungsstätten Jesu im Heiligen Land, insbesondere in Jerusalem aufzusuchen – als Buße für begangene Verfehlungen, als Dank für einen göttlichen Gnadenerweis (gesundheitliche Genesung u. a.) sowie als Fürbitte für künftige Lebenspläne. Dieses Reiseziel blieb jedoch vorrangig dem Adel, später auch dem gehobenen Bürgertum vorbehalten, da die mühevolle Anreise – zumeist per Schiff ab Venedig – monatelang dauerte und hohe Kosten verursachte. Nach und nach traten andere Pilgerziele hinzu, so seit dem 12. Jahrhundert Santiago de Compostela, wo man das Apostelgrab Jakobus' d. Ä. (†44 n. Chr.) verehrte. Die Pilgerfahrt nach Santiago wurde als Fußwanderung von verschiedenen Ausgangspunkten in ganz Europa unternommen und stand somit allen sozialen Schichten frei. Als Knotenpunkte der

Pilgerreise im Frühmittelalter erwiesen sich die Klöster, sie beherbergten die religiösen Wanderer und versorgten sie mit Nahrung. Später übernahmen dann die auf den Wanderstrecken liegenden Städte entsprechende Aufgaben. Ein weiterer Pilgerort war Rom, das als Apostelgrab (Petrus und Paulus) und Sitz des Papstes eine eigene Attraktivität ausbildete. Nach 1500 hatte das Pilgerwesen seinen Höhepunkt überschritten, blieb aber bis in die Gegenwart eine kontinuierlich genutzte Form der religiösen Erbauung und wandelte sich im 20. Jahrhundert zu einem Mittel profaner Selbstfindung.

Professionsgebundene Reisen in der Frühen Neuzeit

Neben den Reisen aus gesundheitlichen und religiösen Gründen hatte das Unterwegssein zu beruflichen Ausbildungszwecken einen großen Anteil am Reiseaufkommen vor 1700. Eine besondere Form war die Gesellenwanderung, die auch als eine spezielle Variante der Arbeitsmigration verstanden werden kann und seit dem 14. Jahrhundert fassbar ist. Sie schloss sich an die Lehrzeit eines Handwerkers an und diente dem Abschluss seiner Ausbildung; man schickte die Lehrjungen auf die „Walz". Die Wanderzeiten waren zunächst kurz, verlängerten sich aber seit dem 16. Jahrhundert auf zwei bis sechs Jahre, ebenso nahm der Radius der besuchten Städte zu. Die Gesellenwanderung, die mit bestimmten Ritualen und einer eigenen Infrastruktur versehen war, bot nicht nur einen neuen Erfahrungsraum für die reisenden Lehrjungen, sondern trug durch das Erlernen berufsspezifischer Techniken und Fertigkeiten auch zum gesamteuropäischen Technologietransfer bei. Die Gesellenwanderung bestand bis ins 19. Jahrhundert, verlor mit der Einführung neuer Gewerbeordnungen seit den 1860er Jahren (Wegfall des Wanderzwangs) an Bedeutung, wird aber teilweise noch bis in die Gegenwart praktiziert. Zahlreiche Gesellen haben über ihre Erlebnisse während der Walz ein schriftliches Tagebuch geführt, eine einzigartige Quelle zur Lebens- und Erfahrungswelt dieser sozialen Gruppe.

Gesellenwanderung

Eine andere gesellschaftliche Schicht, die das Reisen zu ihrem beruflichen Habitus machte, waren die Akademiker und Gelehrten. Ihre Fahrten ins In- und Ausland wurden besonders in der Frühen Neuzeit zu einem Grundpfeiler der wissenschaftlichen Kommunikation und des Kulturtransfers. Im Wesentlichen handelte es sich dabei um die Reisen von Absolventen bzw. Angehörigen der Universitäten mit klar umrissenen Erkenntniszielen (*peregrinatio erudita*). Der Besuch berühmter Kollegen, die Besichtigung ihrer Bibliotheken und Sammlungen sowie das gelehrte Gespräch mit ihnen waren die wichtigsten Vorhaben. Die unterschiedlichen Zwecksetzungen und Fachinteressen erlaubten eine stetige Erweiterung der Gegenstände der gelehrten Reise und eine den Neuigkeitsschüben der Wissenschaftsentwicklung angepasste Verlagerung ihrer Schwerpunkte. Die Reisen ermöglichten den Zusammenschluss der weit-

Gelehrtenreisen

räumig verstreuten Gelehrten zur internationalen Gemeinschaft der *respublica literaria*. Sie förderten die Entfaltung eines vom frühen Territorialstaat unabhängigen Nachrichtennetzes und trugen zur Ausbildung eines unverkennbaren gelehrten Standesbewusstseins bei. Vor allem forschungsorientierte Reisen wurden häufig zur Vorbereitung einer Buchveröffentlichung unternommen. Sie dienten der Sichtung wertvoller Manuskripte, dem Kauf oder der Abschrift seltener Bücher oder der Begutachtung naturhistorischer Besonderheiten in den Naturalienkabinetten und Kunstkammern. Besuche der örtlichen gelehrten und geselligen Vereinigungen boten die Gelegenheit zu Vortrag, Diskussion und Kritik bisher gesammelter Erkenntnisse. Dem Öffentlichkeitsverständnis der Reisenden gemäß wurden die ermittelten Funde, Ergebnisse und Neuigkeiten in Briefen, Tagebüchern oder handschriftlichen Berichten festgehalten, die man nicht selten untereinander austauschte. Häufig wurde aber auch in gedruckten Reisebüchern oder Zeitschriftenartikeln über diese Reisen berichtet (Siebers 1992; Siebers 1999).

Reisepraxis der gesellschaftlichen Elite

Kavalierstour

Den proletarischen Handwerksgesellen in der Frühen Neuzeit stehen am anderen Ende der Skala die Angehörigen der gesellschaftlich-politischen Elite, des Adels, gegenüber. Auch diese soziale Gruppe hatte für ihren männlichen Nachwuchs eine besondere Form der Ausbildungsreise entwickelt: die (dem frz. Ursprung geschuldet, gelegentlich auch *der*) Grand Tour, für die sich im deutschen Sprachraum die Bezeichnung „Kavalierstour" eingebürgert hat. Im Mittelpunkt des adligen Erziehungsprogramms standen die Beherrschung der höfischen Konventionen und das geschliffene Betragen im Verkehr mit den Standesgenossen. Den europäischen Vorbildern des italienischen *cortegiano*, des französischen *honnête homme* und des englischen *gentleman* entsprach der deutsche *Kavalier*. Seit der Mitte des 16. Jahrhunderts wurde die Kavalierstour zum festen Bestandteil der adligen Erziehung, sie führte durch zahlreiche europäische Länder und konnte mitunter mehrere Jahre dauern. Bis ca. 1750 waren dabei längere Aufenthalte an ausländischen Universitäten oder Ritterakademien üblich. Das an der Lebensführung des fürstlichen Hofes orientierte Bildungsideal erforderte weniger die gründliche Gewandtheit in einer Einzeldisziplin als vielmehr die breitgestreute Kenntnis verschiedener Wissenschaften. Neben den sogenannten Kavaliersfächern (Reitkunst, Fechtkunst, Tanz) gehörten die Beherrschung der französischen und italienischen Sprache sowie Grundkenntnisse der Reichsgeschichte und Genealogie, der Staats- und Rechtswissenschaften, der Mathematik und Architektur, aber auch ein Basiswissen in den Naturwissenschaften zum Lernpensum. Die Rundreise zu den europäischen Fürstenhöfen bot den jungen Adligen die Möglichkeit, politische Prozesse und Verfahren aus eigener Anschauung wahrzunehmen und zahlreiche Kontakte zur international vernetzten Adelsgesellschaft zu knüpfen. Über die Kavalierstouren der Frühen Neuzeit sind wir durch die Tagebücher der Reisenden selbst oder Berichte ihrer Begleiter gut unterrichtet.

Bildungsreise im 18. Jahrhundert

Die bürgerliche Bildungsreise ist dagegen eine Erscheinung des 18. Jahrhunderts und eng mit der Aufklärung als geistiger Grundströmung dieser Zeitspanne verknüpft. Seit ca. 1750 entfaltet sich eine Schicht von Gebildeten, die aus fürstlichen und kommunalen Beamten, aus Geistlichen, Professoren, Ärzten, Privaterziehern und schließlich auch aus Privatgelehrten und freien Schriftstellern besteht. Ihr sozialer und politischer Standort, ihre Kulturvorstellungen und Leseinteressen bieten den Produktions- und Wirkungsraum für die empfindsamen, die sozialkritisch-politischen, die technologischen oder die künstlerischen Reiseberichte der Epoche. Nur am Rande dienen diese Reisen noch reinen Ausbildungszwecken. Vielmehr steht einerseits die umfassende, humanistisch geprägte Bildung im Mittelpunkt, die an den Lern- und Erinnerungsorten der europäischen Kulturgeschichte (z.B. bei Italien- und Frankreichfahrten) erfahrbar wird – hier werden Elemente der Kavaliersreise adaptiert; andererseits ist der neue Reisetyp aber für aktuelle, auf technische oder wissenschaftliche Innovationen gerichtete Erkenntnisse offen (etwa bei England- und Hollandreisen) – diese Gegenstandsbereiche verweisen auf Traditionen der Gelehrtenreise. Mit guten Gründen können die Auslandsfahrten dieser sozialen Gruppe auch als „Gebildetenreise[n]" (Siebers 1999, 184) bezeichnet werden, die auf die internationale Vernetzung der deutschen Aufklärungsgesellschaft ausgerichtet waren. Nicht zuletzt steht hier auch ein Modell bereit für das bürgerliche Reisen im 19. Jahrhundert.

Weltreisen

Von einem anderen Zuschnitt sind die Welt- und Entdeckungsreisen, die den europäischen Kontinent hinter sich lassen, um zumeist per Schiff andere Weltteile aufzuspüren. Das Zeitalter der „Entdeckungen", das eng mit der kolonialen Expansion Europas verknüpft ist, umfasst die gesamte Frühe Neuzeit vom späten 15. bis zum 18. Jahrhundert. Um die Wechselseitigkeit europäisch-überseeischer Kontakte festzuhalten, wird in der neueren Forschung statt von „Entdeckung" eher von „Erkundung" der Welt bzw. „Begegnung" mit anderen Kulturen gesprochen (Rinke u.a. 2006; Bitterli 1976). Die Anlässe für diese Erkundungsfahrten waren in der Regel wirtschafts- und handelspolitisch motiviert. Das galt bereits für das Reiseunternehmen des italienischen Seefahrers Christoph Kolumbus (um 1451-1506), der im Auftrag der spanischen Krone einen Seeweg nach Indien erschließen sollte. 1492 erreichte Kolumbus die karibische Inselwelt und verbrachte einige Zeit auf Haiti. Nach seiner Rückkehr stach er noch dreimal in See (1493-1504) und entdeckte Teile der süd- und mittelamerikanischen Küste. Sein kurzer Reisebericht erlangte rasch eine große Verbreitung in Europa. Der portugiesische Seefahrer Vasco da Gama (um 1469-1524) sollte auf königlichen Erlass hin einen neuen Handelsweg für den Gewürzimport finden. Bei seiner Seereise (1497-1499) um das Kap der guten Hoffnung und nach kurzen Aufenthalten an der Ostküste Afrikas landete er im südindischen Calicut. Damit hatte er einen neuen eigenständigen Seeweg nach Indien entdeckt. Ebenfalls auf der Suche nach einer neuen Gewürzroute war dessen Landsmann Ferdinand Magellan (1480-1521), der einen Kurs über Südamerika, die „Magellanstraße" sowie den Pazifik nahm und über Guam seine Zielregion, die Philippinen, erreichte (1519-1522). Über diese erste Weltumsegelung schrieb der begleitende Chronist, der Italiener Antonio Pigafetta (um 1480 – nach 1534), einen anschaulichen Reisebericht. Schließlich seien für das Ende des Entdeckungszeitalters die drei Seereisen des britischen Seeoffiziers James Cook (1728-1779) genannt. Diese Forschungsexpeditionen, die von der Royal Society unterstützt wurden, fanden in den Jahren 1768 bis 1780 statt und brachten zahlreiche geografische Entdeckungen (u.a. Neuseeland, Australien, südlicher Polarkreis, Inselgruppen Ozeaniens), völkerkundliche Kenntnisse und dokumentarische Darstellungen hervor. An der zweiten Reise nahmen der deutsche Naturforscher Johann Reinhold Forster (1729-1798) und dessen Sohn Georg (1754-1794) teil. Letzterer verfasste den Bericht *Reise um die Welt* (1778/80), der als Beginn der modernen deutschen Reiseliteratur bezeichnet werden kann.

Expandierende Reiseformen im 19. Jahrhundert

Neue Verkehrsmittel

Im 19. Jahrhundert zeichnete sich eine fortschreitende Modernisierung des Reisens ab. Sie wurde zunächst von verkehrstechnischen Innovationen ausgelöst sowie von reiseorganisatorischen Verbesserungen begünstigt und hatte eine soziale Erweiterung des Reisepublikums sowie eine geografische Fokussierung der Reiseziele zur Folge. Fast gleichzeitig setzten sich seit den 1820er Jahren sowohl die Dampfschifffahrt (seit 1816/17 erste Verkehrslinien auf dem Rhein) als auch die Eisenbahn (erste Strecken in England seit 1825, in Deutschland ab 1835) als neue Verkehrsmittel durch. Beide Reisearten erzielten rasch beträchtliche ökonomische Erfolge, bildeten eigene Betriebsnetze aus und boten regelmäßige Fahrdienste an. Der Eisenbahnverkehr bewirkte gegenüber der Kutschenzeit eine immense Beschleunigung und Zeitverkürzung des Reisens (Reduktion auf bis zu einem Sechstel der vorher üblichen Dauer), steigerte dessen Bequemlichkeit bzw. Verlässlichkeit und ließ die Transportkosten sinken. Parallel zu diesen Entwicklungen wurde die Reiseorganisation professionalisiert: In den großen Städten entstanden seit der Mitte des Jahrhunderts Reisebüros, die bereits Vorformen der Pauschalreise anboten; zudem wurde eine touristische Infrastruktur geschaffen, die ganz auf die stark ansteigende Zahl der Ausflügler ausgerichtet war. Neben dem Adel und dem gehobenen Bürgertum ging nunmehr auch das Kleinbürgertum verstärkt auf Reisen. In dieser Ausbreitungsphase des Tourismus fanden – zeitlich unterschiedlich einsetzend – darüber hinaus auch bisher unterrepräsentierte Gruppen wie die Frauen oder neue, durch die Industrialisierung entstandene Gesellschaftsschichten (Arbeiterschaft, Unternehmertum, Verwaltung) Anschluss an die geografische Mobilität.

Die frühen Touristen bevorzugten vor allem drei Zielregionen: die Alpen, die Seeküsten und die Flusslandschaften der Mittelgebirge, insbesondere der Rheingegend. Pioniere für diese Ausflugsziele waren die Briten gewesen, die alle drei Naturlandschaften frühzeitig als Freizeit- und Erholungsorte entdeckt hatten. Der Alpinismus, der mit der Besteigung des Mont Blanc im Jahre 1786 in Gang gekommen war, erfuhr mit der Entstehung von Alpenvereinen seit den 1860er Jahren einen erheblichen Schub. Nach der Gründung des ersten kontinentaleuropäischen Seebades im mecklenburgischen Heiligendamm an der Ostsee (1793) etablierten sich rasch zahlreiche weitere Badeorte an der Nord- und Ostseeküste; gleichzeitig erschloss man die Strände und Küsten des Mittelmeerraumes für touristische Zwecke. Im Gefolge der Rheinromantik wurde seit den 1820er Jahren die Flussschiffsreise in der Mittelrheinregion populär. Ein Beleg für die Attraktivität der Rheingegend war eine der ersten Veröffentlichungen des Verlegers Karl Baedeker (1801-1859), *Rheinreise von Straßburg bis Rotterdam* (1835), mit dem er gleichzeitig auch den Prototyp einer neuen Art von Reiseführern schuf und sein Verlagsprogramm zu einem Markennamen machte.

Neue Reiseziele

Massentourismus im 20. und 21. Jahrhundert

Eine weitere Wachstumsphase des modernen Tourismus setzte mit der zunehmenden Nutzung des Automobils und des Flugzeugs als Fortbewegungsmittel ein. Die technischen Erfindungen dieser Transportarten gingen zwar noch auf das späte 19. Jahrhundert zurück, ihr Aufstieg zu den gegenwärtig dominierenden touristischen Beförderungsweisen begann jedoch erst allmählich in den 1920er Jahren, um sich sodann in der Durchsetzungsphase des modernen Tourismus seit 1950 vollends zu entfalten. Das touristische Reisen im 20. und 21. Jahrhundert weist, seitdem es zu einem Massenphänomen geworden ist, charakteristische Merkmale auf: es ist vorstrukturiert durch Reiseführer, Reisebüros, Reiseveranstalter oder später auch Internetrecherchen; es ist während des Unterwegssein auf bestimmte Höhepunkte, Sehenswürdigkeiten oder besondere Erlebnisse (Events) orientiert; schließlich aber steht es auch im Spannungsfeld einer zunehmenden Tourismuskritik, welche etwa die ökologischen Kosten des weltweiten Reisens in den Blick nimmt. Insofern spiegelt der moderne Tourismus wesentliche Tendenzen des neueren Gesellschafts- und Wirtschaftssystems wider – etwa (1) die Kleinteiligkeit seiner Organisation (Baukastenprinzip), (2) die technologischen Wandlungen (Verkehrsinfrastruktur), (3) die Auswirkungen politischer Herrschaft durch Reiseverbote oder einen formierten Urlaub in Diktaturen, (4) die zeittypischen Normen (z. B. Hygienevorstellungen) sowie (5) gesellschaftliche Differenzen (Standeszugehörigkeiten, Klassengegensätze und schichtenspezifisches Reiseverhalten) (Hachtmann 2007).

2. Schreibsituationen

Reisen und Schreiben

Reisen und Schreiben haben zunächst nichts miteinander zu tun: man kann reisen ohne zu schreiben und umgekehrt. Allerdings wird kaum eine Reise wort- oder sprachlos unternommen, von den Plänen, Hoffnungen und Befürchtungen vor der Abfahrt über die verschiedenen Kommunikationsformen unterwegs bis hin zur Reflexion des Erlebten nach der Rückkehr kann eine Bewegung im Raum vielfältige verbale Entsprechungen annehmen, die – zum Glück für die historische Forschung – dann auch medial fixiert bzw. tradiert werden. In der unüberschaubaren Fülle der Überlieferung muss die Wissenschaft dann aber im Blick auf ihre praktische Arbeit für eine systematische Orientierung sorgen und unter dem weitem Oberbegriff der **Reiseliteratur** definitorische Klärungen vornehmen, um sich über das heterogene Material verständigen zu können.

> **Stichwort**
>
> **Reiseliteratur**
>
> Reiseliteratur darf zunächst als der größtmögliche Sammelbegriff für eine Gruppe von durchaus heterogenen Texten gelten. Diese jedoch weisen zumindest ein gemeinsames Merkmal auf: sie stehen jeweils in Verbindung mit der faktisch erlebten bzw. potentiell noch zu erlebenden Bewegung eines Subjekts im realen Raum, sei es als deren *Vorwegnahme* (= Reise-Instruktion), sei es als deren *nachträgliche Repräsentanz* (= Reisebericht). Damit sind diese Texte immer ein Resultat aus der Verknüpfung zweier Sphären: der empirisch wahrzunehmenden außertextlichen Realität und deren intentionaler Vor- bzw. subjektiver Nach-Formung in einem verbalen (oder teilweise visuell veranschaulichenden) Konstrukt.
>
> Fiktive oder fingierte Reisen (etwa Abenteurer- oder Bildungsroman, Lügengeschichten, Utopien, Visionen, Selbsterfahrungen als „Reise ins Ich", Lehnstuhlreisen, Couchsurfing und Reisen nach „Balkonien" etc.) entziehen sich daher unserem Gegenstandsbereich. Konstitutiv bleibt die physische Relation zur real erfahrbaren und tatsächlich erfahrenen Welt. Das gilt auch umgekehrt: die authentischen Räume werden durch die Texte „erfahrbar", also in ihrer Substanz und Ausdehnung für die Sinne wie für den Intellekt erst erkennbar.

Reiseliteratur umfasst damit nicht nur weit mehr als etwa den nachträglichen „Reisebericht" (über eine bestimmte Reise), sondern steht in bestimmter Weise sogar prototypisch für die Funktion von Literatur überhaupt: für das Vermögen, eine reflexive Wechselbeziehung zwischen Welt und Wort herzustellen, zwischen Erfahrung und Sprache, zwischen Autopsie und begrifflichem Substitut (*Vertextung der Welt*, Görbert 2014). Umgekehrt avanciert dann jeder Rezeptionsakt eines Reiseberichts auch zum interpretatorischen Nachvollzug einer Welt in Worten, der den Leser befähigt, eine eigene Interpretation des objektiven Raumes zu unternehmen. *Weltbezug*

Eine solche, zunächst durchaus abstrakt anmutende, da ganz auf das Wesentliche beschränkte Definition gilt es nun zu veranschaulichen. Dies soll anhand einer ganz praktischen Frage geschehen: Wo liegt der Umschlagpunkt zwischen Welt und Text, d. h. zu welchem Zeitpunkt führt ein Autor diese Transformation durch, wann bildet er die konkrete Reise prospektiv oder retrospektiv in verbaler Entsprechung ab? Damit richtet sich das Augenmerk zunächst auf die besondere Schreibsituation als dem jeweiligen Bedingungsfaktor für die Textentstehung bzw. Textgestalt. Mit der variierenden Textgestalt aber bieten sich dann gleichzeitig auch bereits erste Möglichkeiten einer Klassifizierung der anstehenden Textmassen. Die aus der Praxis gewonnenen Kriterien können schon für eine Bestimmung verschiedener Untergruppen der Großgattung „Reiseliteratur" dienen. Schreib- bzw. Reflexionssituationen können im lange ausgedehnten *Vorfeld* einer Reise mit einem auf Zukünftigkeit gerichteten Charakter liegen, dann aber auch beim unmittelbaren *Antritt* oder *Aufbruch* mit deutlich gegenwärtigem Charakter, zudem natürlich während der tatsächlichen *Durchführung* einer Unternehmung. Schließlich aber vollzieht sich der Schreib- bzw. Reflexionsvorgang im Modus der Rückschau bei der *Ankunft* bzw. *Rückkehr* und damit definitiv nach dem Abschluss einer Reise. *Schreibsituationen*

Information, Instruktion und Legitimation im Vorfeld der Reise

Das zeitliche Vorfeld einer Reise ist von großer Bedeutung. Nicht nur die Frage, was ein Individuum motiviert („Beweggrund"), eine Reise freiwillig (Erholung, Unterhaltung, Abwechslung), dienstlich (Wirtschaft, Wissenschaft, Politik, Kunst), genötigt (Lebensstandard, Einkommenssicherung) oder erzwungen (Vertreibung, Flucht) anzutreten, sondern auch welche Maßnahmen man prophylaktisch ergreift, um den Verlauf zu bestimmen und dem Zweck der Reise gerecht zu werden. Die Handlesekunst (Chiromantie) oder die Sterndeutung (Astrologie) stellen das Unternehmen etwa in eine günstig oder ungünstig erscheinende Konstellation, was seitens des Reisewilligen Berücksichtigung finden könnte. Im Zeitalter eines globalen Terrorismus treten dagegen amtliche Hinweise oder Warnungen entsprechend zuständiger Stellen hervor, die in sachlicher Kürze Verbreitung finden und zu respektieren sind. Schließ- *Reiseplanung* lich aber geht es in der Planungsphase auch um ganz praktische Empfehlungen im Bereich der Materialität: was ist auf Reisen mitzuführen an Werkzeug und Ausrüstung, an Medikamenten und Nahrungsmitteln. Schon die Frühe Neuzeit kennt ein breites Spektrum von ärztlichen Reiseempfehlungen für die Ernährung und Körperertüchtigung vor der Abfahrt (*Regimina*).

Itinerare und Reiseführer

Frühe Reisen konnten sich zunächst nur auf bereits vorliegende Reisebeschreibungen oder undeutliche Karten als Vorbild(ung) des eigenen Unternehmens stützen. Mit den Wanderungen zu den heiligen Stätten entstanden dann jedoch bald auch konkretere Instrumente, die etwa dem Prinzip der Auflistung folgten. Schon im 9. Jahrhundert bot das handschriftliche *Itinerarium Einsidlense* eine Orientierung in Rom in Form verschiedener Routenbeschreibungen mit christlichen, aber auch heidnischen Baudenkmälern. Die mit diversen Vorläufern aus dem 8. dann aber auf das 12. Jahrhundert zurückgehenden *Mirabilia Urbis Romae* können schon als der erste Reiseführer gelten, der nun Sehenswürdigkeiten verzeichnet, die ein Pilger in Rom aufzusuchen hätte. Teilweise bot man dazu sogar die jeweils zugehörigen Legenden (Paratexte). Genau besehen handelt es sich um die (zu Hause zu studierende) Beschreibung eines idealtypischen Roms, die fiktive und faktische Topoi mischt. Eine praktische Verwendung der großformatigen Handschrift war dagegen eher sekundär. Das *Vademecum* wiederum (wörtl. „geh mit mir") war ein Handbuch für unterwegs mit den unterschiedlichsten Ratschlägen, Lehrsätzen und Lebensweisheiten, nicht nur pragmatischer, sondern vor allem auch seelsorgerischer Natur: das *Missale Itinerantium* (1510) etwa bot eine Zusammenstellung liturgischer Texte für die Erbauung unterwegs.

Abb. 1 Britische Touristen im Kölner Dom, mit Reiseführern in der Hand. Satirische Zeichnung.

Die *Apodemik* (griech. „auf Reisen sein") ist dagegen eine theoretische Reiseinstruktion, die recht detailliert über Umgangsformen, historische Fakten oder politische Umstände, aber auch über den richtigen Umgang mit Reisevorkommnissen aller Art informiert (Stagl 2002). Zunehmend wurden bereits vorliegende Reiseberichte ausgewertet und systematisch eingearbeitet. Später ermittelten die Verfasser dann ganz gezielt die jeweiligen Publikumsbedürfnisse, um populäre und wirtschaftlich erfolgreiche Reiseführer (*Baedeker* seit 1832) zu erstellen (Müller 2012). Als jüngste Variante erweist sich der „Audioguide", eine vor Ort isoliert zu hörende Erläuterung des zu Sehenden. Seit der Jahrtausendwende bieten sich als digitale

Hilfe auch Online-Routenplaner an, die auf der Basis von Algorithmen verschiedene Varianten zur Auswahl vorgeben, meist auch unmittelbar vor Ort. Zudem mindern aussagekräftige Websites, Webcams oder hilfreiche Apps die Ungewissheiten, die Virtual-Reality-Brille etwa gestattet eine Vorbesichtigung des gewünschten Hotels. Der lose Kontakt zur „Schwarmintelligenz" offeriert Tipps und Bewertungen, das *social travelling* relativiert die Abhängigkeit von Reiseveranstaltern und Pauschalorganisatoren. Die Forschung hat in diesem Zusammenhang aber immer wieder darauf verwiesen, dass das Reisen durchweg in mental bereits vorgebahnten Strukturen verläuft, selbst die „Reise ins Blaue" folgt in Negation oder Verdrängung bestimmten kulturgeschichtlichen Mustern.

Im 20. Jahrhundert verlagert sich die faktische Reise immer stärker in den Bereich der prospektiven Vorwegnahme, vor allem durch die wachsende Informationsqualität seitens der Wissenschaft (Geografie, Ethnologie, Technik) und die profitorientierte Differenzierung der Wirtschaft. Reisende sind schon „vor Reiseantritt in einen massenmedial vermittelten Diskurs eingebunden, der zwischen Eigenem und Fremden, Selbst und Anderem, Nähe und Ferne, images und mirages angesiedelt ist" (Biernat 2004, 11). Die Vertriebsabteilungen großer Reiseführerverlage werben bis heute gerne mit dem sinngemäßen Goethe-Zitat als Slogan: „Man sieht nur was man weiß!" (Goethe an Friedrich von Müller, 24. April 1819). Die Zielvermarktung erfolgt durch eine vorweg versprochene Reiseerfahrung (*event, shopping, amusement*) als einem kommerziellen Produkt: Beispielsweise erscheinen komplexe Urbanitäten (Metropolen) in Form von Stadt-Advertising für kurzreisende Billigflieger als reduktive Stereotypen in den Werbeanzeigen – hier begegnet der Reiseführer in seiner Schwundstufe mit der Verschlagwortung von Reiseziel, Reiseerlebnis und Reisedurchführung (Paris = Eiffelturm plus Liebespaar plus Niedrigpreis).

Vermarktung und Reiselenkung

Spezifische Reisevorbereitung

Neben den von fremder Seite gereichten Textformen erstellt das reisewillige Subjekt auch selbst entsprechende Orientierungshilfen, etwa mit gezielten Recherchen, dokumentiert in entsprechenden Notizen und gebrauchsbestimmten Selbstanleitungen. So bereitete der Tropenmediziner Alfons Gabriel (1894–1976) seine Expeditionen (*Aus den Einsamkeiten Irans*, 1939) mit aufwendigen Studien vor, die etwa die Reisen Marco Polos u. a. als Vorgabe rekonstruieren oder auch historische Heeresstraßen als Bewegungsmuster archivalisch eruieren. Damit erhalten prototypische Reisen einen Weisungscharakter für den Forschenden, angereichert mit aktueller Sachinformation. Wissensgetränkte Planung, natürlich auch in Gestalt einer projektierenden Kartografie (*mapping*), sorgt für eine Optimierung der Bewegung, aber eben auch für eine Vorabjustierung der Wahrnehmung.

… zu Wissenszwecken

I. Dimensionen der Reiseliteratur

... zu künstlerischen Zwecken

Eine Reise kann ein Kunstwerk zum Ziel haben, das nicht allein der Inspiration oder dem Zufall verpflichtet sein will. So führt beispielsweise Ursula Krechel (*1947) vor der Abreise umfassende Recherchen für ihr Hörspiel *Shanghai fern von wo* durch. Sie bezeichnet sich dabei aber als „Gefühlsforscherin", die den „Zertrümmerungen" der Menschen „nachspürt". Es gilt für Krechel die Exilreisen deutscher Juden (um 1938) empirisch und emotional nachzuvollziehen. Hierzu liest und exzerpiert die Autorin der späteren Dokumentation verschiedene Flucht- und Überlebensberichte, sammelt neben den Archivrecherchen auch vor Ort Material im Gespräch mit Überlebenden und betitelt die Hörfolge schließlich mit: *Fluchtpunkte – Deutsche Lebensläufe in Shanghai* (Sendung SWR 1996). Ähnliches klingt bei Roswitha Schieb (*1962) an, die eine *Reise nach Schlesien und Galizien* (2000) unternimmt und in den ehemaligen Vertreibungsgebieten vor dem Hintergrund eines deutschen „Heimwehtourismus" mit historischen Daten und aktuellen Wahrnehmungen vor Ort eine „Archäologie des Gefühls" zu entwickeln gedenkt.

... zu Bildungszwecken

Eine Reise kann als wichtige Komponente in einem umfassenden Erziehungsplan erfolgen: auf Anweisung einer höher gestellten Instanz ist sie dann natürlich mit entsprechenden Instruktionen verbunden. In Verantwortung gegenüber einer Dynastie oder der bürgerlichen Generationenfolge (Familie) spielt hier im besten Sinne auch der von den Vorvätern gesammelte „Erfahrungsschatz" ein Rolle, der geachtet und vermehrt werden muss. Ein Beispiel wäre hier etwa die *Reiseinstruktion* des brandenburgischen Freiherrn Casimir zu Eulenburg (1614–1667) für seinen Sohn Georg Friedrich (1641–1699) aus dem Jahre 1652, wo nicht nur Gefahren, Risiken oder Chancen, sondern auch Verführungen (etwa Warnung vor sexuellen Ausschweifungen) zur Sprache kommen. Empfehlungsbriefe sollen die Aufnahme und Betreuung des Reisenden in der Fremde gewährleisten.

... zu unternehmerischen Zwecken

In der Wirtschaft wie auch in der Diplomatie gibt es entsprechend feste Verhaltensformen und Verhandlungsziele, in der Spionage bestimmte Erkundungsinhalte, in der Mission bestimmte Konversionspraktiken, die in verbaler Form mit Bezug auf Reiseziel, Orte und Personen vorab erteilt werden. Dahinter stehen auch hier die Bedürfnisse und Ansprüche einer größeren Gemeinschaft: Nation, Staat, Kirche oder Konzern. Vorgaben können auch in Form von qualitativen Einschätzungen der zu bereisenden Ferne erfolgen: es gibt in der Militärgeschichte etwa Legitimationsschreiben für anzustrebende Eroberungen, in denen Wertungen gegenüber anderen Ethnien und Gebräuchen erfolgen und die eine hegemoniale, ja koloniale Hierarchie zwischen Herkunft und Ziel aufzeigen. Im Sinne von Kultur- und Heilsbringerschaft ist dann zu erörtern, warum „mindere" Kulturen mit den eigenen Errungenschaften zu „beglücken" seien.

Reisetexte zum Aufbruch und zur Wiederkehr

Der räumlich-zeitliche Grenzpunkt zwischen der langen Vorbereitung und dem eigentlichen Reiseantritt birgt als magische Schwellensituation einen besonderen Ansporn für poetische Erfindung. Aus der bisherigen Identität mit dem Ort heraustretend wird der Reisende beim unmittelbaren Abschied (*propempticon*: zum Reisegeleit) bzw. umgekehrt später bei der Wiederkehr (*apopempticon*: zum Willkommen) zum persönlichen Adressaten eines Textes. Als solcher nimmt er die Wünsche, Gebete oder ggf. Ermahnungen seines Umfelds entgegen. Insbesondere die personengebundenen Kasualia des 17. Jahrhunderts enthalten neben einer Fülle von reisebezogenen Aspekten auch wertvolle biografische Details. Auch hier erfolgt eine Vorwegnahme der Reise im Sprachkonstrukt, das mit sachlichen Informationen konkrete Stationen imaginiert. Die Darstellung der zu erwartenden Fremdheiten bzw. einer gefahrvollen Ferne ist verbunden mit zukunftsgerichteten Maximen. Zweck und Nutzen der Reise kommen zur Sprache, durchaus mit symbolischen Überhöhungen als Lebensweg oder mit einer metaphysischen Einbindung als Heilsbewegung zu Gott. Affektive (Trauer und Rührung, Ungewissheit des Wiedersehens, Lob und Ansporn) stehen neben appellativen Komponenten (kontextgebundene Ziele, Verpflichtung gegenüber einem Kollektiv). Zudem spiegeln die genannten Chancen und Herausforderungen entsprechende Erwartungen und damit zeitgenössische Normen. Die bevorstehende (oder auch soeben abgeschlossene) Reise wird eingebunden in die persönliche Lebenssituation (Geschenk, Zwang, Risiko), durchaus als Zäsurereignis mit entsprechenden Veränderungspotenzen, so dass ein Vorher und Nachher jeweils als informativer Inhalt erscheint. Eine frühneuzeitliche Theorie dieser Texte bietet Daniel Georg Morhof (1639-1691): der Kieler Rhetorikprofessor formuliert zum Typus und zur Abfassung des Reisegeleits einen eigenen Passus in seinem enzyklopädischen *Polyhistor* (2 Bde., 1688-1692), zusammen mit einigen mustergültigen Beispielen. Neben die Kasuallyrik als Kleinform treten gelegentlich auch sehr aufwendige Aktionen: an den Fürstenhöfen des 17. Jahrhunderts ist es durchaus nicht unüblich, bei der glücklichen Wiederkehr des Monarchen sogar eine eigens getextete wie komponierte Oper mit Ballet zu inszenieren (bspw. 1681 in Hannover), so dass das Empfangsritual damit auf die Theaterbühne verlegt wird.

Personale Anlässe

Das Schreiben während der Reise

Im 16. und 17. Jahrhundert kommt hier vorrangig dem Stammbuch (*album amicorum*) eine besondere Bedeutung zu: der stets mitgeführte, zu Beginn noch unbeschriebene Buchblock füllt sich während der Reise mit Angaben über die zurückgelegten Wege oder mit eigenen Zeichnungen, vor allem aber mit

Dokumentation und Notizen unterwegs

Stellungnahmen (Gedichte) der unterwegs kontaktierten Personen – bei der Rückkehr also insgesamt ein wertvolles Reisedokument, das vor allem über die Qualität der gesellschaftlichen Vernetzung Auskunft gibt. Das eigene Schreiben in der unmittelbaren Gegenwart ist natürlich eine bedeutende Quelle: der Reisende steht im direkten Erlebniszusammenhang mit seiner Unternehmung und vollzieht hier situativ bzw. im Moment eine registrative Aktion der Memorierung, möglicherweise auch bereits der Bewertung oder Bewältigung des Gesehenen. Somit kommen dem Reisetage- oder Logbuch, dem Brief oder dem Reiseblog, aber auch den diplomatischen Berichten die größtmögliche Authentizität zu: eine direkte, ja spontane Primärstufe, die den Augeneindruck oder eine Erlebnisform zeitnah fixiert, wenngleich Spuren der späteren Verwertungsabsicht (tatsächliches oder imaginiertes Publikum) durchaus schon erkennbar sein können. Die Niederschrift erfolgt meist ohne Hilfsmittel (etwa Bibliotheksnutzung) – also ohne das kollektive Gedächtnis – und die Herausforderung durch eine feststehende „Topik" von Aspekten bleibt sekundär. Zu fragen wäre ferner, ob der Reisende unterwegs Informationen einholt oder erhält (Bote, Telegramm, Smartphone), die seinen Reiseverlauf modifizieren.

Rückkehr und Redaktionsprozesse

Zeitebenen der Überlieferung

Auf der Basis dieser authentischen Fixierung vor Ort stellen dann spätere Redaktionen (eigen/fremd/nachgeboren) mit Ergänzungen, Korrekturen, emotionalen Färbungen oder gezielter Versachlichung in zeitlichem Abstand neue Texte her, ohne damit den Eigenwert dieser Quellen zu beeinträchtigen. Ein Beispiel für den längeren Verzug einer Redaktion und damit auch der Rezeption zeigt etwa das vom Schiffszimmermann Gerrit de Veer (um 1570–nach 1598) geführte Reisetagebuch des niederländischen Polarreisenden Willem Barents (1550–1597), das seinerzeit im Eis zurückgelassen und erst im 19. Jahrhundert wieder aufgefunden wurde. Neben dieser langphasigen Latenz eines Ursprungstextes steht die Kurztaktigkeit der digitalen Moderne: Medienkonsum während der Reise und interaktives Schreiben (Bourry 2008) verändern rasch den eben noch so authentischen Text. Berichte erfolgen in Echtzeit, gerne auch mit Fotos von Hotelzimmern oder Mahlzeiten, wobei dann Faktoren wie Handyverbot oder „kein Empfang" als außerliterarisches Selektiv zu bedenken sind. Einer der derzeit wohl bizarrsten und leider kürzesten Reiseberichte erfolgte etwa im Sommer 2016, als ein sich in die Tiefe stürzender Wing-Suit-Flieger über Headset seinen Zuhörern im Netz mitteilte, wie stark das adrenalinintensive Erlebnis des freien Falls auf ihn wirke, ja wie sehr er es bedaure, dass keiner seiner Rezipienten dies jetzt mit ihm teilen könne, bis er mitten im Satz nach einem Schrei abbricht. Es folgen, ebenfalls weltweit über das Netz vernehmbar: ein Aufprallgeräusch – darauf „Stille und Kuhglockengeläut" (SZ 6.9.2016).

Ein singulärer Aspekt des Berichts von unterwegs ist, ob und wie die Rückkehrsituation (Erwartungen, Befürchtungen, Zielsetzungen) antizipiert wird, auch ob der Verfasser nun temporär oder dauerhaft am fernen Ort des Schreibens verbleibt (Exil, Kolonie, Migrationsziel) und dann vielleicht periodisch über Integration und Akkulturation nach Hause (eine damit zunehmend relativierte Größe) berichtet. Der Sonderfall ist die Reise ohne Abschluss oder Ende: im Falle der Diaspora (mehrsprachige Existenz und Interkulturalität, die etwa in der jüdischen Literatur eine lange Tradition hat), aber auch im Falle des „Pendelns" der modernen Nomaden (*global people*) – hier vollzieht sich kein geschlossener Kreis aus Abfahrt, Verlauf und Rückkehr, sondern eine Dauerbewegung im Wechsel, ein Phänomen, das vor allem im späten 20. Jahrhundert besondere Fragen der Globalisierung und Deterritorialisierung aufwirft und letztendlich feste Kategorien wie Heimat oder Fremde auflöst.

Ausblick auf Rückkehr

Die Aufbereitung der Notizen nach der Reise

Beim Schreiben nach der Reise stellt sich nun ganz markant die Autorfrage, und zwar nicht nur im Falle der Nachbereitung durch andere, etwa einen begleitenden Hofmeister oder einen professionellen Redakteur, Lektor und Editor, sondern bereits beim „reisenden" und „schreibenden" Autor selbst. Demgemäß wäre nach den Divergenzen zwischen dem erfahrenden und dem nachbereitenden Subjekt zu fragen: Welche Formen von Ich-Identität sind angesichts der zeitlichen als einer psychologischen Differenz erkennbar? Inwieweit wird dies auch kommentiert bzw. reflektiert, wie sieht der Verfasser selbst das Verhältnis zwischen einem formulierten oder nur mnemotechnisch präsenten Prätext und seiner Ausarbeitung? Wie zeigt sich die ursprüngliche Intention im Vergleich mit dem „Erfolg" der Reise, wird sie als religiöses (Erbauung), gelehrtes (Bildung) oder psychisches (Trauma und Therapie) Erlebnis verarbeitet, verklärt (Paradies, Utopie) oder gar verteufelt (Satire, Zerrbild, Reisekritik)? Die Rückkehrsituation liegt nun als faktisch erlebt vor der nun erfolgenden Formulierung und erscheint möglicherweise entsprechend problematisiert. Als Selbstkommentar könnten explizite Pläne zur Wiederholung der Reise erscheinen, aber auch eine kategorische Absage an das Reisen generell.

Der Autor als doppeltes Subjekt

Aufschlussreich ist zudem der Darstellungsmodus: die genutzten Textsorten (episch breiter oder summarischer Bericht, Stichwortschilderung, Wegeprotokoll) gestatten die Wahl zwischen Zeitfolge und Raumfolge, die freie Verhältnisbildung zwischen erzählter Zeit und Erzählzeit mit Unregelmäßigkeiten und Schwerpunktwechseln. Bleibt der Schreiber linear in seiner Zeit und Wahrnehmung oder flicht er Bezüge zu Vergangenheiten und entlegenen Zusammenhängen ein (Personen, Erlebnissen), die er deutet, wertet und klas-

Materialverwendung

sifiziert (Verknüpfung mit religiösen Sinnsystemen, mit Symbolik, Zeichen und Magie)? Auch können Zitate aus Texten der Region, O-Töne oder Dokumente als Collage eingefügt sein, möglicherweise tragen Daheimgebliebene oder authentische Partner aus den bereisten Regionen (Gefährten, Bekanntschaften, Institutionen) selbst mit Dokumenten (eingefügten Briefen oder Fotografien) zum Text bei. Oftmals erfährt die faktische Reise auch nicht nur phantasievolle Anreicherungen, sondern erscheint komplett hinter einer Fiktion verborgen, wie bei Matthias Politycki, der von der Reederei eingeladen als „Schiffsschreiber" auf der „MS Europa" 2006/2007 um die Welt reisen, aber aus persönlichkeitsrechtlichen Gründen nicht wiedererkennbar darüber berichten durfte (*Logbuch. In 180 Tagen um die Welt*, 2008).

Auf einen Blick

Der Leitgedanke dieses Kapitels ist, dass Reiseliteratur sich auf verschiedene, historisch divergente Reisezwecke bezieht und jeweils abzugleichen ist mit realen Schreibsituationen: sie entsteht vor, während und nach der Reise, also in einem umfassenden, den eigentlichen Reiseverlauf deutlich ausdehnenden Zeitrahmen. Deshalb weist die Großgattung Reiseliteratur zahlreiche Darstellungsformen auf, die sich um diese zentralen Schreibgelegenheiten gruppieren (Anleitung, Gedicht, Chronik, Tagebuch, Brief, Bericht, Essay, Collage). Sie sind eingebettet in die sozialhistorischen und gruppenspezifischen Reiseformen von der antiken Badereise bis zum modernen Massentourismus, die wiederum langfristige historisch-gesellschaftliche Wandlungsprozesse widerspiegeln. Die hiermit kurz beschriebenen Schreibsituationen werden im weiteren Verlauf des vorliegenden Bandes in systematischer und historischer Dimension wieder aufgegriffen. Reiseliteratur besteht also nicht nur aus dem (gedruckten) Reisebericht, sie ist vielmehr das Ergebnis eines langphasigen Entstehungsprozesses, an dem oft viele Personen beteiligt sind.

Literaturhinweise

Bausinger, Hermann/Beyrer, Klaus/Korff, Gottfried (Hg.): Reisekultur. Von der Pilgerfahrt zum modernen Tourismus. München 1991. 2. Aufl. 1999. *Bietet über 40 knappe, zumeist anregende und prägnante Artikel zu allen Aspekten des Reisens vom Spätmittelalter bis zum Beginn des 20. Jahrhunderts.*

Hachtmann, Rüdiger: Tourismus-Geschichte. Göttingen 2007. *Problemorientierte und gut lesbare Einführung in die Geschichte der sozialen Reiseformen auf dem neuesten Forschungsstand. Eine kommentierte Bibliografie ist online verfügbar: http://www.utb-shop.de/downloads/dl/file/id/45/kommentierte_bibliographie.pdf.*

Kaschuba, Wolfgang: Die Überwindung der Distanz. Zeit und Raum in der europäischen Moderne. Frankfurt a. M. 2004. *Leicht lesbare und pointierte Darstellung, in der die Geschichte des Reisens mit den langfristigen Wandlungsprozessen der modernen Raum- und Zeitvorstellung verknüpft wird.*

Löschburg, Winfried: Von Reiselust und Reiseleid. Eine Kulturgeschichte. Leipzig 1977. Lizenzausgabe: Frankfurt a. M. 1977. Neudruck: Kleine Kulturgeschichte des Reisens. Köln 1997. *Reich bebilderte Informationsquelle zur Geschichte des Reisens mit populärwissenschaftlicher Ausrichtung.*

Ortheil, Hanns-Josef: Schreiben auf Reisen. Wanderungen, kleine Fluchten und große Fahrten – Aufzeichnungen von unterwegs. Mannheim/Zürich 2012. *Der Leitfaden aus dem Bereich des ‚Kreativen Schreibens' stellt die Arbeitsprozesse eines Reiseautors von der privaten Notiz bis zur Publikation vor.*

Treue, Wolfgang: Abenteuer und Anerkennung. Reisende und Gereiste in Spätmittelalter und Frühneuzeit (1400–1700). Paderborn 2014. *Kenntnisreiche Studie, welche – wie in diesem Einleitungskapitel – die Schreibsituationen des Reisens (Vorbereitung, Aufbruch, Unterwegssein, Heimkehr, Verwertung) anhand von 130 Quellentexten in den Mittelpunkt rückt.*

II. Forschungsperspektiven

> **Überblick**
>
> Dieses Kapitel skizziert zunächst die Geschichte der Reiseliteraturforschung seit etwa 1850. Schon in dieser Übersicht zeichnet sich ab, wie Reiseliteratur vom Beginn ihrer wissenschaftlichen Betrachtung an zum Thema verschiedener Fachdisziplinen (Bibliografie, Geografie, Geschichte, Literaturkritik und -wissenschaft) wurde, ohne dass es gelang, eine übergreifende Methodik oder gemeinsame Sicht auf den Gegenstand zu entwickeln. Das um 1980 entworfene Untersuchungsprogramm einer interdisziplinären historischen Reiseforschung regte zahlreiche Studien an, die heute zu den Standardwerken der wissenschaftlichen Literatur zählen. Zum Abschluss des Kapitels finden sich die wichtigsten Aspekte und gegenwärtigen Arbeitsfelder der modernen Reiseliteraturforschung sowie deren elementarste Informationsmittel vorgestellt.

1. Forschungsgeschichte bis zum Ende der 1990er Jahre

Anfänge der literaturgeschichtlichen Betrachtung

Robert Prutz

Am Beginn der historisch fundierten Auseinandersetzung mit dem Reisebericht als literarischer Kunstform steht der Literaturhistoriker und Publizist Robert Prutz (1816-1872) mit seinem Aufsatz *Über Reisen und Reiseliteratur der Deutschen* (1847). Prutz entwickelte seine Beobachtungsmaßstäbe aus einer Kritik an den erstarrten Klischees der klassisch-romantischen Italienberichterstattung. Er forderte einen politisch wachen Blick bei der Darstellung von Auslandsfahrten, eine „Durchdringung der Poesie und der Geschichte, der Kunst und der Wirklichkeit, der Literatur und des Lebens" (Prutz 1973, 42), wobei ihm insbesondere die Reiseliteratur geeignet schien, diese emanzipativen Tendenzen auszudrücken. Seine literaturgeschichtlichen Herleitungen setzen im 16. und 17. Jahrhundert ein, wo er eine intensive Reisetätigkeit feststellt, ohne dass es zu einer angemessenen Reiseliteratur gekommen sei. Erst mit den gelehrten „enzyklopädische[n] Reisen" (ebd., 35) um 1700 beginne die substantielle literarische Verwertung der Auslandserfahrungen, die in der darauf folgenden Epoche der Empfindsamkeit im Zeichen von Naturschwärmerei und Wandersehnsucht gestanden hätten. Als das „Mekka der Naturreisenden" (37) habe die Schweiz gegolten, ein Land, das durch die Kunstreisen nach Italien im klassisch-romantischen Zeitalter als bevorzugtes Reiseziel abgelöst worden sei. Das Italienbild wäre seither von „kunstkennerische[n]" (40) und archäologischen Interessen bestimmt gewesen. In seiner eigenen Gegenwart, so Prutz, könne ein Umschlagpunkt ins Politische festgestellt werden: Paris sei nun das „Herz der neuen Geschichte" (43), wie u.a. die Reiseberichte der dort ansässigen Autoren Heine und Börne zeigten.

Frühformen der Forschung in der Geografie

Prutz' Konzeption einer politisch-sozialen Verortung der Reiseliteratur als Medium aktueller Zeitgenossenschaft in europäischem Maßstab blieb jedoch ohne jegliche Breitenwirkung in den philologischen Wissenschaften. Hier unterband der „enge", also der allein an der Klassik entwickelte Literaturbegriff die Wahrnehmung des Genres, das als reines „Gebrauchsschrifttum" oder fachbezogene „Zweckform" galt, die aus dem Kanon der „schönen" Literatur als gänzlich „undichterisch" heraus fiel. Die kritische Beschäftigung mit dem gesamten Spektrum der Reiseliteratur überließ man den Bibliografen und Geografen. So verzeichnete der Leipziger Verleger Wilhelm Engelmann (1808-1878) in seinem monumentalen, über 1.200 Seiten starken Katalog *Bibliotheca geographica* (1858) alle in Deutschland erschienenen Reiseberichte aus dem Zeitraum 1750 bis 1856 (fortgesetzt von Paul Emil Richter bis in die 1890er Jahre, 1896/97). Auf der anderen Seite schrieb der ebenfalls in Leipzig ansässige Geografieprofessor Friedrich Ratzel (1844-1904) rund 150 einprägsame und noch heute lesenswerte wissenschaftsgeschichtliche Artikel zu neuzeitlichen Geografen und Reiseautoren für die *Allgemeine deutsche Biographie* (1875-1912), dem biografischen Standardwerk seiner Zeit, während der Geografielehrer Friedrich Embacher (1846-1884) ein *Lexikon der Reisen und Entdeckungen* (1882) zu den Forschungsreisenden aller Zeiten und zur Entdeckungsgeschichte einzelner Erdteile vorlegte. Eine bis in die Gegenwart nützliche Darstellung zum Thema *Deutsche Reisende des sechzehnten Jahrhunderts* (1895) veröffentlichte der Ratzel-Schüler Viktor Hantzsch (1868-1910). Dass die Fachdisziplin Geografie für mehr als ein halbes Jahrhundert zur Leitwissenschaft bei der Erforschung der Reiseliteratur aufstieg, geht auf den genannten Literaturbegriff der philologischen Fächer zurück, zum anderen aber zeigt der Sachverhalt, dass die Gattung vom Beginn ihrer Erforschung an als Gegenstand verschiedener Wissenschaften angesehen wurde. Zwar arbeitete man in dieser Epoche noch nicht interdisziplinär zusammen, doch zog die Reiseliteratur u.a. das Interesse der Geografie, der Kartografie, der frühen Soziologie sowie der Geschichts- und Bibliothekswissenschaft auf sich – und nur am Rande das der Literaturgeschichte.

Der enge Literaturbegriff und die Geografie

Neuansatz in der literaturwissenschaftlichen Forschung

Die erste literaturwissenschaftlich bedeutende Pionierstudie zum Reisebericht legte der Frankfurter Germanist Martin Sommerfeld (1894-1939) im

Martin Sommerfeld

Jahre 1924 vor. In einem Zeitschriftenartikel zum Thema *Die Reisebeschreibungen der deutschen Jerusalempilger im ausgehenden Mittelalter* (Sommerfeld 1924) plädierte der Autor für einen Neuansatz in der Forschung, indem er die spätmittelalterlichen Pilgerberichte als Textsorte mit einer eigenen Tradition kennzeichnete und diese einer geistesgeschichtlich inspirierten Erzählanalyse unterwarf. Sommerfeld vertrat vier grundlegende Thesen: So sei an dem Quellenmaterial eine „Verweltlichung des Wallfahrtsmotivs" (ebd., 825) im allgemeinen festzustellen, das mit einer „Verweltlichung des Reiseberichts" selbst einhergehe; des Weiteren sei eine „stetig fortschreitende Episierung der Darstellung" (834) zu erkennen, die zu einer neuartigen Erzählhaltung führe; schließlich finde eine Empirisierung der Beobachtungsgegenstände statt, die sich „in dem stofflichen Anschwellen der Reisebeschreibungen auf naturwissenschaftlichem, historischem, politischen und ökonomisch-technischen Gebiet" (838) widerspiegele. Gleichzeitig gab Sommerfeld zahlreiche methodische Hinweise zur Erforschung der Reiseschriften, etwa den, neben dem Bericht selbst auch Instruktionen, Reiseführer, Ausgabenbücher, Empfehlungsbriefe und die Zeichnungsskizzen der Pilger in die Interpretation einzubeziehen, oder bei der Erzählanalyse die „Anordnungsprinzipien" (835) der Darstellung – Tagebuch oder lokale Zusammengehörigkeit, Funktion von Episoden, Erlebnisszenen oder Gesprächsverläufen – zu erfassen.

Die Reiseforschung im Zeichen eines erweiterten Literaturbegriffs

Neuer Literaturbegriff

Sommerfelds Pionierstudie ist zwar von der Mediävistik, nicht aber von der allgemeinen Literaturwissenschaft seiner Zeit rezipiert worden. Erst mit der Erweiterung des traditionellen Literaturbegriffs im Gefolge des hochschul- und kulturpolitischen Aufbruchs der Studentenbewegung von 1968 erschien es möglich, sich auch mit den pragmatischen und didaktischen Prosagattungen der deutschen Literatur zu befassen. Im Zuge dieser Entwicklung wandte man sich nun auch der Reisebeschreibung zu. Der Beginn der modernen historischen Reiseforschung ist jedoch auf die Jahre um 1980 zu datieren. Zu diesem Zeitpunkt verdichteten sich verschiedene Forschungsaktivitäten zu einem neuen Impuls der interdisziplinären Untersuchung der Reisetätigkeit unterschiedlichster sozialer Gruppen in der Neuzeit. Zwei wegweisende Tagungsbände, die zu den Gründungsakten der historischen Reiseforschung zählen, zeigten die sozial-, kultur- und mentalitätsgeschichtlichen Dimensionen des Reiseverhaltens in der Frühen Neuzeit auf (Krasnobaev u.a. 1980; Mączak/ Teuteberg 1982). Es verwundert nicht, dass dabei vorwiegend die Reiseliteratur des 18. Jahrhunderts in den Mittelpunkt rückte, da das Genre im Zeitalter der Aufklärung einen immensen quantitativen und qualitativen Aufschwung nahm und als Medium des Kultur- und Wissenstransfers große öffentliche

Wertschätzung erlangte. Der neue Forschungsansatz einer Sozialgeschichte der deutschen Literatur mit kommunikations- und mediengeschichtlichen Erkenntnisabsichten fand in der Aufklärungsepoche mannigfache Anknüpfungspunkte, nicht zuletzt in der Reiseliteratur.

Bemerkenswert ist die Vielfalt der beteiligten Fachdisziplinen, die im Zuge dieses Neuansatzes der historischen Reiseforschung mit bis dahin unbekannten Ergebnissen hervortraten. So legte der Komparatist Ralph-Rainer Wuthenow eine Überblicksdarstellung zu den Europa- und Überseereisen der Aufklärung vor (Wuthenow 1980), während der Literaturhistoriker Wolfgang Griep sich in einem bis heute lesenswerten Handbuchartikel der deutschsprachigen sozialkritischen Reisebeschreibung des späten 18. Jahrhunderts annahm (Griep 1980; siehe auch Griep/Jäger 1983). Zuvor hatte eine germanistische Dissertation aus der Rezensionspraxis zu den Reisewerken der Zeit eine Theoriegeschichte des Reiseberichts rekonstruiert (Stewart 1978), zwischenzeitlich war ein Sammelband zum Thema *Reise und Utopie* erschienen, der bahnbrechende Artikel zur Raumerfahrung und zur Erkenntnistheorie des Reisegenres enthielt (Pichotta 1976). Der Schweizer Historiker Urs Bitterli veröffentlichte 1976 ein Standardwerk zur europäisch-überseeischen Begegnung im Spiegel der Reiseberichte unter dem Titel *Die ‚Wilden' und die ‚Zivilisierten'* (Bitterli 1976). Die volkskundliche Kulturwissenschaft trug mit einer Arbeit zur Verkehrs- und Mentalitätsgeschichte der Postkutschenreise bei (Beyrer 1985), während der Kultursoziologe Justin Stagl mit seinen umfangreichen Forschungen zur frühneuzeitlichen Apodemik (Reisetheorie) als Vorläufer der sozialwissenschaftlichen Feldforschung begann (Stagl 1980). Zuvor hatte der Kulturhistoriker Wolfgang Schivelbusch in einem epochemachenden Werk, das kulturtheoretisch und methodisch neue Wege ging und zahllose bisher unbekannte Quellen erschloss, die *Geschichte der Eisenbahnreise* (Schivelbusch 1977) untersucht.

Innovative Studien

Abb. 2 Eisenbahn, Extrapost, Schnellpost und Dampfschiff.

II. Forschungsperspektiven

Etablierung der Reiseliteraturforschung seit den 1990er Jahren

Forschungsberichte

Im Jahrzehnt von 1990 bis 2000 erschienen drei Forschungsberichte, die den Ertrag der interdisziplinären Bemühungen um die Reiseliteratur zusammenfassten und systematisierten. Peter J. Brenner referierte in seinem umfangreichen *Forschungsüberblick* (Untertitel) rund 800 Publikationen aus den Jahren 1970 bis 1990, stellte deren Inhalt dar und gab Bewertungen zum wissenschaftlichen Ertrag ab. Der Bericht ist nach Reiseepochen gegliedert, so dass man sich rasch und mühelos über die Forschungsgeschichte der beiden Jahrzehnte etwa zum Reisebericht der Frühen Neuzeit oder zum Vormärz informieren kann. Sein Fazit fällt sehr kritisch aus, da er der deutschsprachigen Forschung ein fehlendes „Problembewußtsein", die „Disparatheit der Fragestellungen und Methoden" sowie eine mangelnde Durchdringung der „Heterogenität des untersuchten Materials" bescheinigte (Brenner 1990, 3). Ulrich Klein bot eine systematische Übersicht zu Grundfragen der Reiseliteraturforschung, die hauptsächlich Publikationen seit den 1980er Jahren erfasste, jedoch bei sachlichem Bezug auch auf ältere Forschungsbeiträge zurückgriff. Sein Bericht ist kompakt und übersichtlich angelegt, erörtert Themengebiete wie Gattungstypologie, Epochendarstellungen, Diffusion des Reiseberichts in populäre Medien (zu Beginn des 20. Jahrhunderts), die allmähliche Literarisierung der Berichtsformen sowie das Verhältnis von Faktendarstellung und fiktiven Erzählelementen (Klein 1993). Wenige Jahre später veröffentlichte Michael Maurer eine umfassende und zentrale kritische Übersicht zu den wichtigsten Arbeitsgebieten der kulturwissenschaftlichen Reiseforschung und stellte dazu die relevante Literatur für die Jahre 1980 bis 1995 zusammen (Maurer 1999). Die drei Forschungsberichte eröffnen einen soliden Einblick in die grundlegenden Werke aus der Gründungsphase der neueren historischen Reiseforschung.

Forschungsaktivitäten

Insgesamt erscheinen die neunziger Jahre als das Jahrzehnt der Tagungssammelbände zur Reiseliteratur, die zunehmend zu einem populären Thema der Literaturwissenschaft und anderer Disziplinen wurde. Manche der erwähnten Konferenzen schlugen deshalb oft einen weiten Bogen von der Antike bzw. den mittelalterlichen Pilgerberichten bis zu den Reisereportagen der Gegenwartsliteratur (Griep 1991; Jäger 1992; Ertzdorff/Neukirch 1992; Fuchs/Harden 1995; Ertzdorff 2000; Rees u.a. 2002; Ertzdorff/Giesemann 2003). Zwei Sammelbände traten mit dem Anspruch auf, Synthesen aus dem bisherigen Forschungsstand zu ziehen und zugleich vollständig und detailliert über alle Reiseepochen zu informieren. Beide Publikationen zählen bis heute zu den Standardwerken der Reiseliteraturforschung. Der von dem Germanisten Peter J. Brenner zusammengestellte Band *Der Reisebericht* stellte die Entwicklung dieses Genres vom Mittelalter bis zur Gegenwart in den Mittelpunkt (Brenner 1989), während der Kulturwissenschaftler Hermann Bausinger und seine Mitherausgeber unter dem Titelstichwort *Reisekultur* allen Facetten des Phänomens in der Neuzeit anhand von rund 40 Einzelbeiträgen nachgingen (Bausinger u.a. 1991). Im Jahre 1992 wurde zudem die Forschungsstelle zur historischen Reisekultur an der Eutiner Landesbibliothek gegründet, die sich der Sammlung und Erschließung von Reiseliteratur vom 18. Jahrhundert bis zur Moderne widmet (Siebers 2002; Luber 2014). All diese Aktivitäten bestätigen die dauerhafte Etablierung der Reiseforschung im Disziplinenverbund der historischen Kulturwissenschaften.

2. Aspekte der neueren Reise- und Reiseliteraturforschung

Spätestens seit den 1990er Jahren ist die Reiseliteratur zu einem der „Modethemen der Forschung" (Garber, J. 2002, 161) innerhalb der Kulturwissenschaften geworden. Das zeigen nicht nur die sich häufenden Tagungen zum Gegenstand an, sondern auch die nahezu unüberschaubare Menge an neueren wissenschaftlichen Publikationen zu dieser Quellengattung. Die *Bibliographie der deutschen Sprach- und Literaturwissenschaft* weist für den Zeitraum von 1995 bis 2015 rund 600 Titel zum Schlagwort „Reiseliteratur" aus, die *Jahresberichte für deutsche Geschichte* melden mit rund 1.350 Titeln zum Schlagwort „Reiseberichte" mehr als das Doppelte, was sich u.a. durch den großen Anteil von Aufsätzen in regionalhistorischen Zeitschriften und durch die Einbeziehung von Texteditionen erklären lässt. Dieses quantitative Wachstum kann in einer Forschungsübersicht nicht mehr bewältigt werden, so dass im Folgenden nur ausgewählte Aspekte und Schwerpunkte der neueren Reise- und Reiseliteraturforschung zu nennen sind.

Hohe Zahl an Publikationen

Sozial- und kommunikationsgeschichtliche Aspekte

Für fast alle Reiseepochen liegen inzwischen kompakte Darstellungen vor, welche über die sozialgeschichtlichen Rahmenbedingungen des Reisens, dessen Infrastruktur, die Verkehrsmittel, die Reisepraxis und die Reiseformen informieren. Auch für ein lange strittiges Thema – das komplexe Verhältnis von adliger Kavalierstour und bürgerlicher Bildungsreise in der Frühen Neuzeit – sind nach umfangreicher Forschungsdiskussion auf diesem Gebiet Synthesen erschienen (Leibetseder 2013; Maurer 2010). Überdies ist das hochdifferenzierte Reiseverhalten der sozialen und politischen Eliten im 18. Jahrhundert in einem Forschungsprojekt des Potsdamer Forschungszentrums Europäische Aufklärung zu den handschriftlichen Quellen der Europareisen politischer Funktionsträger im Alten Reich untersucht worden (Rees/Siebers/Tilgner 2002a; Rees u.a. 2002b; Rees/Siebers 2005). Seit dem 18. Jahrhundert reisten nicht nur Schriftsteller, Journalisten oder andere Angehörige der schreibenden Zunft ins Ausland, son-

Sozialgeschichte des Reisens

dern auch Künstler und Musiker. Etliche Untersuchungen befassen sich mit den Reiseumständen, der künstlerischen Produktivität am Aufenthaltsort und den Hinterlassenschaften der Reisen. Für die Künstlerreisen kann man auf Überblickswerke (Rees 2010), Ausstellungskataloge (Arnold 2008) und berufsspezifische Arbeiten (z. B. zu Architektenreisen; Paulus 2011) zurückgreifen, die Musikerreisen sind u. a. durch Sammelbände (Meyer 2003; Bartels 2011; Mahling 2011) und Quelleneditionen erschlossen (Hoffmann 2011).

Kulturtransfer und Materialität

Die Reiseliteratur liefert reiches Quellenmaterial für die Kultur- und Wissenstransferforschung. Dabei geht es nicht nur darum, was die Reisenden an persönlichen Erfahrungen aus dem bereisten Land mitbringen, sondern auch um den Transfer technischer Produktionsverfahren, landwirtschaftlicher Methoden oder infrastruktureller Neuerungen auf politisch-territorialer Ebene. Die Personen fungieren dabei als die Mittler des Transfers, die auch medial – durch ihre Berichte – zur Verbreitung neuer Kenntnisse beitragen. Sowohl die Fürstenreisen als auch die Spezialfahrten von technischen Fachleuten können auf diese Weise zu aktiven Faktoren des Kultur- und Wissenstransfers werden (Siebers 2003; Rees 2004; Struck 2007; Portal Kulturtransfer, siehe Web-Adressen). Ein recht neuer Zweig der Reiseforschung ist die Untersuchung der *Materialität auf Reisen*, wie der Titel eines Sammelbandes zum Thema lautet (Bracher u. a. 2006). Hier geht es um die Dinge, mit denen sich die Reisenden umgeben (Kleidung, Gepäck, Bücher, Notizhefte, Messgeräte, Andenken usw.) und die ihr Reiseverhalten, ihre Wahrnehmung und Sammlungspraktiken beeinflussen (Siebers 2006; Keller, C. 2015).

Geschlechter- und konfessionsgeschichtliche Aspekte

Geschlechtergeschichte

Ohne die Thematisierung der Geschlechtergeschichte ist heutzutage keine kulturwissenschaftliche Disziplin denkbar. Dies gilt auch für die historische Reiseforschung. Nach einigen voraufgehenden Studien wurden der Gegenstand und die Problemstellung jedoch spätestens mit der Quellenbibliografie zu den deutschsprachigen Frauenreisen von 1700 bis 1810, in der über 600 Titel verzeichnet sind, in Umlauf gesetzt (Griep/Pelz 1995). Wenngleich die Zahl der Reiseberichte von Frauen nicht so umfangreich ist wie die der männlichen Autoren, so gibt es doch etliche Schriften, die in ihrer Wahrnehmungsart und Darstellungskonzeption eigenen Wegen folgen. Dies bestätigte eine wenige Jahre später vorgelegte Monografie, in der 55 Reiseberichte von Frauen aus dem Zeitraum 1780 bis 1850 literaturwissenschaftlich analysiert und bio-bibliografisch erfasst wurden (Scheitler 1999; Habinger 2006).

Konfessionsgeschichte

Der lange vernachlässigte Aspekt der Konfession als Komponente der Reisekultur (Maurer 1999, 351) ist nun in mehreren Studien aufgearbeitet worden (Nolde 2006; Bronisch 2007; Maurer 2013). Die kulturelle Fremdheit bestimmter Konfessionsräume erkannten etwa protestantische Reisende im Rheinland an der Landschaft (armseliger Zustand der Dörfer und Städte, dichtes Netz katholischer Bildstöcke), am Erleben der religiösen Praxis (Wallfahrten, Prozessionen, Reliquienkult) oder an der wirtschaftlichen Fehlentwicklung (unzureichende Wirtschaftspolitik, nachlässige Arbeitsmoral, Müßiggang), wie eine Studie, die rund 200 Reisebücher auswertete, zeigen konnte (Nebgen 2014). Durch die Veröffentlichung ihrer Beobachtungen wirkten die Reise-Autoren jedoch selbst an dieser Art der „konfessionelle[n] Typisierung" mit, „die sich in einer Eigendynamik oft in Stereotype mit langer Halbwertszeit verwandelte[n]" (ebd., 6).

Mentalitätsgeschichtliche, imagologische und kolonialkritische Aspekte

Das Wechselverhältnis von Reisenden und „Bereisten", insgesamt die Wahrnehmung des kulturell Fremden, ist in den letzten Jahren verstärkt unter mentalitätsgeschichtlichen Perspektiven untersucht worden. Die prägnante These lautet: Reiseberichte können „als Zeugnisse für die spezifische Denkungsart des Verfassers und indirekt für die Mentalität seines Heimatlandes" verstanden werden, sie sind „als eine Art unfreiwilliger kultureller Selbstdarstellung der Ausgangskultur" zu betrachten (Harbsmeier 1982, 1–2). Diese These hatte der dänische Kulturanthropologe Michael Harbsmeier 1982 in einem bahnbrechenden Artikel vertreten, in seiner Studie *Wilde Völkerkunde* belegte er sie dann mit umfangreichem Quellenmaterial aus der Frühen Neuzeit (Harbsmeier 1994). Das Bild von anderen Menschen, Ländern und Nationen in der Reiseliteratur ist Gegenstand der komparatistischen Imagologie und Stereotypenforschung (Schwarze 2013). Auch zu diesem Bereich sind in den letzten Jahren systematische Studien darüber vorgelegt worden, welche kollektiven Wahrnehmungsmuster des Fremden in historischen Gemeinschaften als stereotyp – aufgrund ausgewählter Einzelbeobachtungen – oder als Image – als manipulierbarer, variabler Gesamteindruck – aufzufassen sind.

Mentalitätsgeschichte und Imagologie

In dieses Fachgebiet gehören überdies neuere Arbeiten zum Kolonialdiskurs des Deutschen Reiches, der oft wesentlich von den Reiseeindrücken der Afrikaforscher und Kolonialverwalter geprägt war. In einer furiosen Studie hat der deutsch-niederländische Kulturanthropologe Johannes Fabian die Glaubwürdigkeit und den wissenschaftlichen Ertrag der Forschungsreisen und Expeditionsberichte radikal in Zweifel gezogen. Dies gelingt ihm durch die Mikroanalyse der Expeditionsumstände, z.B. konnten die zumeist unter massiven Krankheitsattacken leidenden europäischen Wissenschaftler weder die aktuellen Kontakte mit der indigenen Bevölkerung bewältigen, noch diese Begegnungen adäquat beschreiben oder gar deuten (Fabian 2001). An diese Studie anknüpfend konnten zwei Untersuchungen zu den deutschen Kolonien in Afrika die enge Verschränkung von Afrikabild und Kolonialdiskurs sowie die Allianz von Forschungsreisenden und Kolonialbeamten aufdecken (Fiedler 2005; Pesek 2005), zwei ertragreiche Sammelbände ergänzen dies mit ihrem

Kolonialdiskurs

Blick auf eine Kulturgeschichte des Fremden in der Kolonialzeit generell (Honold/Scherpe 2000; Honold/Scherpe 2004).

Defizite und Aufgaben der Reiseliteraturforschung

Fehlende Synthesen

In der bisherigen Übersicht zur Forschungslage der deutschsprachigen Reiseliteratur konnte gezeigt werden, dass seit den 1980er Jahren zwar unzählige Spezialstudien und Detailuntersuchungen zu Einzelfragen des Themas zusammengekommen sind, insgesamt aber kein „kontinuierlicher Diskussionszusammenhang" (Brenner 1990, 40) über den Stand, die Defizite und die Aufgaben der Forschung zu erkennen ist. Soweit abzusehen, sind Fragen der Gattungsabgrenzung und des Fiktionalitätscharakters faktographischer Texte in den Hintergrund getreten, Fortschritte wurden auch bei den erzähltheoretischen Analysekategorien und der Texttypologie (Siebers 2009; von Zimmermann 2002) sowie bei der Darstellung von Reiseliteratur über einzelne Zielländer gemacht. Zunehmend stellt sich jedoch die Frage nach Zusammenfassungen und Synthesen, nach Bündelung und Überschau des bisher Erreichten. So gibt es für keine der Teilepochen der Reiseliteraturgeschichte neuere Übersichtswerke (bis auf das 18. Jahrhundert mit der inzwischen überholten Studie von Wuthenow 1980), obwohl für fast alle Zeitabschnitte zahllose Einzelbeiträge vorliegen. Ein besonderes Problem stellt die Reiseliteratur des 17. Jahrhunderts dar, die man als die unbekannteste aller Reiseepochen bezeichnen kann. Zwar gibt es Untersuchungen zu den Hauptprotagonisten der Zeit wie Martin Zeiller (1589-1661), Adam Olearius (1599-1671) oder Engelbert Kaempfer (1651-1716), doch liegen nach wie vor die Autorinnen und Autoren aus der zweiten Reihe oder etwa die neulateinische Reisedichtung und Reiseprosa im Dunkeln.

Fehlende Hilfsmittel

Des Weiteren gibt es keine, wenn auch nur kurzgefasste, Gesamtdarstellung der Reiseliteratur vom Mittelalter bis zur Gegenwart auf der Basis der neueren Forschungsergebnisse. Der bisher einzige Versuch einer solchen Gesamtsicht ist der 1989 zusammengestellte Sammelband *Der Reisebericht. Die Entwicklung einer Gattung in der deutschen Literatur* (Brenner 1989). Auch der vorliegende Band kann nicht ersetzen, was bislang fehlt: der historische Überblick in Kapitel IV etwa darf aufgrund fehlender Forschung nur als Versuch gewertet werden, mit exemplarischen Charakterisierungen einen vorläufigen Eindruck des umfassenden Gebietes zu geben. Im Gegensatz zu anderen, ebenso ausdifferenzierten Arbeitsbereichen der Literaturwissenschaft verfügt die Reiseliteraturforschung auch über keine grundlegende oder fortlaufende Bibliografie der wissenschaftlichen Literatur, über keine Handbücher und nur über wenige Lexika, welche den gegenwärtigen Forschungsstand zu sichern vermöchten. Dies liegt vor allem daran, dass die Reiseforschung seit rund dreißig Jahren multidisziplinär verfährt und entsprechende Buchpublikationen unter der methodischen Richtschnur einer historischen Reisekulturforschung erarbeitet werden müssten. Erst in deren Aufschwungphase ist mit der Zeitschrift *Voyage. Jahrbuch für Reise- und Tourismusforschung* (1997 ff.) der Versuch gestartet worden, ein interdisziplinäres Forum für alle Disziplinen zu schaffen, die sich mit dem Reisen befassen.

3. Informationsmittel der Reiseliteraturforschung

Forschungsinstitutionen

Die wichtigste Einrichtung der Reiseliteraturforschung in der Bundesrepublik Deutschland ist die Forschungsstelle zur historischen Reisekultur an der Eutiner Landesbibliothek, die 1992 als deutliches Zeichen für die Etablierung des neuen Arbeitsgebietes gegründet wurde. Die Forschungsstelle geht auf den Sammelschwerpunkt Reiseliteratur der Eutiner Landesbibliothek zurück, die über einen historischen Altbestand (bis zum Jahr 1900) von rund 45.000 Drucken verfügt, und hat sich die Sammlung, Verzeichnung und Auswertung historischer Reiseberichte zur Aufgabe gemacht. Durch die Veranstaltung zahlreicher Tagungen sowie die Publikation von Bestandsverzeichnissen, wissenschaftlichen Sammelbänden und Ausstellungskatalogen zum Thema hat die Forschungsstelle in den letzten Jahrzehnten wichtige Impulse zur Reisekulturforschung gegeben (Siebers 2002). Insbesondere bei der Quellenerschließung der historischen Reiseliteratur ist die Einrichtung der erste Anlaufpunkt für die Recherche. Sie bietet den mehr als 17.000 Titel umfassenden Bestandskatalog der Bibliothek zur deutschsprachigen Reiseliteratur des 16. bis 20. Jahrhunderts als Datenbank mit kommentierten Einträgen an; darin eingeschlossen sind rund 2.300 Werke der Forschungsliteratur. Der Quellenbestand für das 18. Jahrhundert kann als nahezu vollständig bezeichnet werden (Luber 2014; siehe unter Web-Adressen).

Eutiner Landesbibliothek

Eine weitere Informationsmöglichkeit ist das Portal *Kulturtransfer und kulturelle Verflechtungen in der Frühen Neuzeit* der Herzog August Bibliothek Wolfenbüttel. Hier sind rund 2.500 Einträge zur Quellen- und Forschungsliteratur des europäischen Kulturtransfers einschließlich der Europareisen zusammengestellt worden. Die Titelerschließung erfolgt sehr detailliert, über Schlagworte und systematische Zuordnungen ist eine flexible und zielgenaue Recherche möglich. Nützlich ist auch die aktuelle Link-Sammlung zu Fachportalen der europäischen Kulturgeschichte und zu internationalen Reiseliteratur-Projekten.

Herzog August Bibliothek Wolfenbüttel

Quellenbibliografien, Darstellungen und Enzyklopädien

Es gibt nur eine Bibliografie, welche die gedruckte europäische Reiseliteratur aller Länder und Zeiten – freilich aus einem eurozentrischen Blickwinkel – um-

Cox und Paravicini

II. Forschungsperspektiven

fassend verzeichnet: Sie ist von dem US-amerikanischen Linguisten und Bibliographen Edward Godfrey Cox zusammengestellt und unter dem Titel *A Reference Guide to the Literature of Travel. Including Voyages, Geographical Descriptions, Adventures, Shipwrecks and Expeditions* in drei Bänden veröffentlicht worden (Cox 1935-1949). Cox' Verzeichnis, das nahezu 10.000 Titel bietet, ist nach Ländern und Regionen gegliedert und listet innerhalb dieser Abschnitte die Reiseliteratur chronologisch auf. Neben dieser Universalbibliografie gibt es zudem Spezialverzeichnisse. Als ein Musterbeispiel für eine einzelne Epoche sei die dreibändige analytische Bibliografie zu den *Europäischen Reiseberichten des späten Mittelalters* hervorgehoben (Paravicini 1994-2000). Sie unterrichtet in klarer Gliederung, durchdachter bibliografischer Beschreibung und mit hoher Erschließungstiefe über die heute noch auffindbaren Handschriften und Frühdrucke der Reisenden vom 14. Jahrhundert bis zur Reformation.

Henzes Enzyklopädie

Die *Enzyklopädie der Entdecker und Erforscher der Erde* ist das umfangreiche Lebenswerk des Geografen Dietmar Henze, dessen erster Band bereits 1973 erschien. Der Berichtszeitraum reicht von den Anfängen der Geschichtsschreibung bis zum Ende des 19. Jahrhunderts, die Artikel sind im Alphabet der Reisenden angelegt, beschränken sich auf knappe biografische Angaben und enthalten hauptsächlich Sachinformationen zur jeweiligen Entdeckerleistung. Das Grundwerk wurde 2005 abgeschlossen und ist heute in einer sechsbändigen Neuausgabe zu benutzen (Henze 2011).

Zu einem der Schwerpunktbereiche der Reiseforschung, zur Sozialgeschichte des Reisens, bietet die folgende Tabelle eine Übersicht zu Darstellungen und Bibliografien nach Epochen:

Tab. 1 Reiseepochen und Quellenbibliografien

Epoche	Sozialgeschichtliche Darstellung	Quellenrecherche
Mittelalter	Ohler: Reisen im Mittelalter 1986/2004 Reichert: Erfahrung der Welt 2001	Paravicini: Europäische Reiseberichte 1994–2000 Reichert: Quellen zur Geschichte des Reisens 2009
Frühe Neuzeit	Gräf/Pröve: Wege ins Ungewisse 1997/2015	VD 16 (Datenbank) VD 17 (Datenbank)
18. Jahrhundert	Blanke: Politische Herrschaft 1997	Eutiner Landesbibliothek VD 18 (Datenbank)
19. Jahrhundert	Prein: Bürgerliches Reisen 2005	Universitätsbibliothek Johann Christian Senckenberg Frankfurt am Main Staatsbibliothek zu Berlin – Preußischer Kulturbesitz
20. Jahrhundert	Keitz: Reisen als Leitbild 1997 Pagenstecher: Der bundesdt. Tourismus 2003/2012	Deutsche Nationalbibliothek Frankfurt am Main und Leipzig

In einer zweiten Tabelle erfolgt eine Übersicht über die wichtigsten Bibliografien der Reisequellen zu einzelnen europäischen Zielländern. Sie kann nur eine knappe Auswahl als erste Einstiegshilfe in ein Themengebiet anbieten, keineswegs ein vollständiges Tableau aller vorliegenden Bibliografien.

Land	Bibliografie / Literaturverzeichnis	Berichtszeitraum
England	Robson-Scott: German Travellers 1953 Maurer: Aufklärung u. Anglophilie 1987 Fischer/Fitzon: Von Bemerkungen 2003	1400–1800 1700–1800 1770–1870
Italien	Tresoldi: Viaggiatori tedeschi 1975–1977 Schudt: Italienreisen im 17. u. 18. Jh. 1959 Fischer/Fitzon: Von Bemerkungen 2003	1452–1870 1600–1800 1770–1870
Frankreich	Grosser: Reiseziel Frankreich 1989 Struck: Nicht Ost – nicht West 2006	1600–1800 1750–1850
Griechenland	Chatzipanagioti-Sangmeister 2006 Bechtle: Wege nach Hellas 1959 Meid: Griechenland-Imaginationen 2012	1700–1800 1770–1920 1910–1960
Niederlande	Bientjes: Holland u. d. Holländer 1967 Chales de Beaulieu: Dt. Reisende 2000	1400–1800 1648–1795
Osteuropa	Nitsche: Die Osteuropa-Bestände 1989	1700–1920
Polen	Struck: Nicht Ost – nicht West 2006	1750–1850
Schweiz	Wäber: Landes- u. Reisebeschr. 1899–1909 Hentschel: Mythos Schweiz 2002	1479–1900 1700–1850
Spanien/Portugal	Ruppert: Bibliogr. d. histor. u. Reiselit. 1994 Kürbis: „Spanien ist noch nicht …" 2006	1400–1850 1800–1900
Skandinavien	Taetz: Richtung Mitternacht 2004 Albertsen: Reisen in d. Uninteressante 1986 Hartmann: Dt. Reisende d. Spätaufkl. 2000	1500–1700 1700–1800 1770–1815
Russland/Sowjetunion	Poljakov: „Mit aufrichtiger Feder" 1999 Metzger: Bibliogr. dt.spr. Sowjetunion-Reiseberichte 1991	1550–1900 1917–1990

Tab. 2 Quellenbibliografien zu europäischen Zielländern

> **Auf einen Blick**
>
> Die Forschungsgeschichte zur Reiseliteratur zeigt, dass die Gattung bis zum ersten Drittel des 20. Jahrhunderts aus dem Kanon der germanistischen Literaturwissenschaft ausgeschlossen war, da sie als „undichterische" Zweckform nicht zur „schönen Literatur" gezählt wurde. Erst mit den hochschulpolitischen Impulsen der 1970er Jahre zeichnete sich eine Erweiterung des Literaturbegriffs ab, in deren Verlauf auch die Reiseliteratur als dokumentarisches Genre entdeckt wurde. Die moderne historische Reiseforschung seit den 1980er Jahren verfuhr von vornherein interdisziplinär, so dass neben der Literatur- und Geschichtswissenschaft verschiedene Disziplinen von der Geografie bis zur Kultursoziologie an der Betrachtung beteiligt waren. Inzwischen zu einem Modethema der Kulturwissenschaften geworden, steht das Arbeitsfeld Reiseliteratur allerdings ohne einen entsprechenden

Unterbau an verlässlichen Epochen- oder Gesamtdarstellungen sowie ohne Grundbibliografien, Handbücher oder Lexika da. Während in den Anfangsjahren der Reiseliteraturforschung Fragen nach der Gattungsabgrenzung und dem Fiktionalitätsstatus des Genres im Vordergrund standen, werden in jüngster Zeit zunehmend Probleme des fremdkulturellen Verstehens und der Imagebildung durch Reiseliteratur thematisiert, schließlich wird auch nach ihrer Funktion in geschlechter- und diskursgeschichtlichen Hinsichten, etwa mit kolonialhistorischen Bezügen, geforscht.

Literaturhinweise und Web-Adressen

Brenner, Peter J.: Der Reisebericht in der deutschen Literatur. Ein Forschungsüberblick als Vorstudie zu einer Gattungsgeschichte. Tübingen 1990. 2. Aufl. 1992. *Maßgeblicher, nach den Reiseepochen gegliederter Forschungsbericht für die wissenschaftlichen Publikationen des Zeitraums 1970 bis 1990.*

Klein, Ulrich: Reiseliteraturforschung im deutschsprachigen Raum, in: Euphorion. Zeitschrift für Literaturgeschichte 87 (1993), 286–319. *Kompakte Übersicht zu den Grundfragen der Reiseliteraturforschung von der Gattungsabgrenzung bis zum Fiktionalitätsproblem.*

Maurer, Michael: Reisen interdisziplinär. Ein Forschungsbericht in kulturgeschichtlicher Perspektive, in: ders. (Hg.): Neue Impulse der Reiseforschung. Berlin 1999, 287–410. *Umfassender und zentraler kritischer Überblick zu den wichtigsten Arbeitsgebieten der kulturwissenschaftlichen Reiseforschung 1980 bis 1995.*

Siebers, Winfried: Zehn Jahre Reiseforschung in Eutin, in: Zeitschrift für Religions- und Geistesgeschichte 54 (2002), 366–370. *Bericht über die Tätigkeit der Forschungsstelle zur historischen Reisekultur an der Eutiner Landesbibliothek 1992 bis 2002; mit zahlreichen Literaturangaben.*

Luber, Susanne: Die Eutiner Forschungsstelle zur historischen Reisekultur, in: Mitteilungen der Residenzen-Kommission der Akademie der Wissenschaften zu Göttingen. Neue Folge: Stadt und Hof 3 (2014), 63–71. Web-Adresse: http://hdl.handle.net/11858/00-001S-0000-0023-9A0C-B (15.2.2017). *Aktuelle Einführung in die Quellensammlung sowie die bibliografischen Angebote und wissenschaftlichen Aufgaben der Forschungsstelle.*

Forschungsstelle zur historischen Reisekultur an der Eutiner Landesbibliothek. Web-Adresse: http://lb-eutin.de (15.2.2017). *Die einzige Forschungseinrichtung dieser Art in der Bundesrepublik Deutschland hat sich die Sammlung, Verzeichnung und Auswertung historischer Reiseberichte zur Aufgabe gemacht. Sie bietet den Bestandskatalog der Bibliothek zur Bibliografie deutschsprachiger Reiseliteratur des 16. bis 20. Jahrhunderts als Datenbank an.*

Portal Kulturtransfer und kulturelle Verflechtungen in der Frühen Neuzeit der Herzog August Bibliothek Wolfenbüttel. Web-Adresse: http://katalog.hab.de/portal/kulturtransfer (15.2.2017). *Bibliografische Datenbank zur Kulturtransferforschung, in die auch ca. 1.000 Titel zu Reiseberichten aufgenommen sind; mit nützlicher Link-Sammlung zu zahlreichen Reiseliteratur-Projekten.*

Voyage. Jahrbuch für Reise- und Tourismusforschung. Hg. von Hasso Spode u.a. Bd. 1ff. (1997ff.). Köln, später Berlin 1997ff. Web-Adresse: http://hist-soz.de/voyage/ (15.2.2017). *Interdisziplinäres Forum für alle Disziplinen der historischen Reisekulturforschung.*

III. Grundbegriffe – Methoden – Theorien

> **Überblick**
>
> In diesem Kapitel geht es um die konkrete Beschaffenheit des Materials und die Möglichkeiten eines interpretatorischen Umgangs mit den jeweiligen Texten. Zunächst erfolgt eine historisch-systematische Klärung der Erscheinungsformen (Gattungen, Subgattungen, Redaktionstechniken, Medienpräsenz und Varianten der Intermedialität), bevor dann konkrete Herangehensweisen diskutiert werden. Ein detailliertes analytisches Fragenspektrum (Prozesse und Typen der Versprachlichung, Argumentationsstrategien und Stilentscheidungen) und ein knapper Überblick zu den interdisziplinären Theorie- und Methodenangeboten (von der Textimmanenz über die Psychologie zur Postkolonialität) legen eine breite und anregende Basis, mit deren Hilfe ein historischer Reisetext dann möglichst auch eigenständig erschlossen werden kann.

1. Gattungsspektrum und Produktionsweisen

Die Großgattung Reiseliteratur präsentiert sich dem Leser in verschiedensten Untergattungen oder Genres, deren Auftreten, Produktionstechnik und Beliebtheit durchaus epochenspezifisch ist. In allen Epochen aber gilt die oben angesprochene Zuordnung der einzelnen Schriftengattungen und Informationsmedien zu den Reisephasen: Reiseliteratur entsteht vor, auf und nach der Reise. In diesem Sinne nehmen die folgenden Abschnitte zur Erläuterung einzelner Gattungen systematischen Bezug auf das Kapitel I.2.

Ratgeber zur Reisevorbereitung

Literatur zur Reiseplanung und -vorbereitung ist schon im hohen Mittelalter bekannt: Es gab Pilgerführer, Itinerare (Wegbeschreibungen) und verschiedene Formen des *Vademecum* (ein geistlich-erbaulicher Leitfaden), die vorab über verschiedene Aspekte einer Auslandsfahrt belehrten. Seit etwa 1580 trat die Apodemik hinzu, eine zumeist philosophisch untermauerte theoretische Reiseanleitung aus humanistischem Geist, die dem Reisenden durch vorstrukturierte Beobachtungsfelder eine Handreichung zur Sammlung und Ordnung seiner Reiseeindrücke bieten und zur Verbesserung der Reisepraxis beitragen wollte. Die erste gelehrte Apodemik veröffentlichte der Marburger Jurist Hieronymus Turler (vor 1560 – ca. 1602) in lateinischer Sprache (*De perigrinatione*,

Apodemik

1574), der Genrebegriff selbst wurde erstmals von dem Basler Humanisten Theodor Zwinger (1533-1588) verwendet (*Methodus apodemica*, 1577). Die Nachfrage verebbte aufgrund adressatenspezifischerer Angebote im 18. Jahrhundert, als eine der letzten Schriften dieser Art ließ der Bibliothekar Franz Posselt (vor 1794 - nach 1809) eine *Apodemik oder die Kunst zu reisen* (2 Bde., 1795) erscheinen. Insgesamt wurden für den Zeitraum von 1570 bis 1800 etwas mehr als 260 Apodemiken ermittelt (Stagl/Orda/Kämpfer 1983; Stagl 2002).

Instruktion

Für viele kollektiv unternommene Reisen (Pilger-, Fürsten-, Fürstinnen- und Prinzenreisen, Kavalierstouren, wissenschaftliche Forschungsreisen) sind vorab Instruktionen geschrieben worden, die genaue Anweisungen der Auftraggeber zum Reiseverlauf und zum Verhalten unterwegs enthielten. Sie waren schon im Mittelalter verbreitet, erlebten jedoch mit der Zunahme der Reisetätigkeit in der Frühen Neuzeit einen beträchtlichen quantitativen Schub. Instruktionen für den adlig-fürstlichen Bereich sind zumeist nur handschriftlich überliefert (z.B. Rees/Siebers 2005; Freller 2007), für die wissenschaftlichen Expeditionen gibt es dagegen in manchen Fällen gedruckte Reiseinstruktionen. So trug der Göttinger Theologe und Orientalist Johann David Michaelis (1717-1791) für die dänische Arabien-Expedition 1761 bis 1767 einhundert Fragen zusammen, die zum Reiseantritt in Ägypten veröffentlicht wurden und von den Expeditionsteilnehmern im allgemeinen Interesse der Wissenschaft beantwortet werden sollten (Rasmussen 1986; Bucher 2002).

Wissensaufbereitung im Vorfeld

Reiseführer

Zu den Reisehandbüchern zählen selbstverständlich die Reiseführer, die je nach Jahrhundert unter ihrem „Markennamen" bekannt waren. Der Reisende des 17. Jahrhunderts etwa war mit den Werken *Itinerarium Germaniae novantiquae. Teutsches Reyßbuch durch Hoch und NiderTeutschland* (1632) sowie *Fidus Achates Oder Getreuer Reisgefert* (1651) des Ulmer Polyhistors Martin Zeiller (1589-1661) vertraut. Der gute Ruf Zeillers rührte auch daher, dass er zahlreiche Textbeiträge zu den meisterhaften topografischen Reihenwerken des Frankfurter Verlegers Matthäus Merian d. Ä. (1593-1650) beisteuerte. Der namhafteste Reiseführer des 18. Jahrhunderts war der *Lehmann-Krebel*, dessen Grundwerk der Hamburger Schriftsteller Georg Greflinger (nach 1618 - um 1680) mit *Des Nordischen Mercurij Wegweiser von zehn Haupt-Reisen aus der Stadt Hamburg* (1671) geschaffen hatte. Im Jahre 1703 übernahm der Hamburger Privatgelehrte Peter Ambrosius Lehmann (1663-1729) die Redaktion von Greflingers Werk und edierte es unter dem Titel *Die Vornehmsten Europaeischen Reisen*. Von 1767 an wurde es von dem Geografen Gottlob Friedrich Krebel (1729-1793) betreut. Vom *Lehmann-Krebel* erschienen 16 Auflagen zwischen 1700 und 1802, er galt als Inbegriff für Verlässlichkeit und Qualität der Informationen, bis die Reiseführer der Verleger Karl Baedeker

(1801-1859) seit den 1830er oder Theobald Grieben (1826-1914) seit den 1850er Jahren (*Griebens Reisebibliothek*) neue Präsentationsformen entwarfen (Kutter 1996; Pretzel 1995; Müller 2012).

Aus dem 18. Jahrhundert sind zwei Sonderentwicklungen der Reisepublizistik überliefert: die Reiselexika und die Reisesammlungen. So bot der hessische Amtsrat und Künstler Carl Christian Schramm (1703 - nach 1744) ein *Neues Europäisches historisches Reise-Lexicon, Worinnen Die merckwürdigsten Länder und Städte nach deren Lage, Alter, Benennung, Erbauung, Befestigung, ... In Alphabetischer Ordnung ... beschrieben werden* (1744) an, das ein umfassendes, redaktionell durchgearbeitetes Nachschlagewerk vorwiegend städtischer Reiseziele von Aachen bis Zwönitz (Sachsen) darstellt. Darin waren nicht nur die wichtigsten europäischen Metropolen berücksichtigt, sondern auch Orte abseits der gängigen Reiserouten, z. B. Granada (Spanien) oder Uppsala (Schweden). Jedem Stichwort wurden, soweit vorhanden, zusätzliche Literaturangaben hinzugefügt. Ein einzigartiges Phänomen des Aufklärungsjahrhunderts sind die sog. Reisesammlungen. Einige Vorläufer dieser Anthologien von Reisetexten gab es zwar bereits im 16. Jahrhundert, doch wurden sie erst seit 1750 ein populäres Genre der Reiseliteratur. Die Reihenwerke boten eine Auswahl von bereits publizierten oder eigens edierten Berichten und waren zumeist unter geografischen Gesichtspunkten nach Kontinenten und Regionen zusammengestellt. Ihr Nutzen war offensichtlich: Der Leser konnte schnell und bequem ein zuverlässiges und aktuelles Bild der jeweiligen Weltgegend gewinnen, die beigefügten Register ermöglichten auch gezielte Recherchen in den Quellentexten. Beispiele waren etwa die *Allgemeine Historie der Reisen zu Wasser und zu Lande* (21 Bde., 1747-1774), die *Sammlung kurzer Reisebeschreibungen* (16 Bde., 1781-1787) oder die eher unterhaltsam angelegte Reihe *Kleine Reisen. Lectüre für Reisedilettanten* (8 Bde., 1785-1791). Für die zweite Hälfte des 18. Jahrhunderts hat man rund 50 Reisesammlungen ermitteln können (Boerner 1982; Hentschel 2010).

Reiselexikon und -sammlung

Lyrische Formen der Reiseliteratur

In den Schwellensituationen des Reisens - also bei Abfahrt oder Ankunft - findet die lebensgeschichtliche Einbindung der geografischen Mobilität ihren Ausdruck auf individuelle Weise. Bereits im Mittelalter sind gereimte Reisesegen und -fürbitten bekannt, welche die Aufbrechenden bei ihrer Fahrt ins Ungewisse unter Anrufung Gottes oder der Heiligen begleiten. In den Freundschaftsnetzwerken des gelehrten Humanismus seit dem 16. Jahrhundert wurde die neulateinische Reiseliteratur gepflegt, die auf antike Muster zurückgriff: Insbesondere entstanden Abschieds- und Willkommensgedichte (*Propemptica*; *Apopemptica* oder *Gratulationes*), poetische Gedichtzyklen, Inschriftensammlungen und Brieffolgen mit Reiseschilderungen (Ludwig 2007). Daneben bildete sich ein eigener Zweig der lyrisch-epischen Beschreibungspoesie (*Hodoeporica*) heraus. In dieser Textsorte beschrieb man seine eigene Bildungsreise oder trug Material für eine poetisch-geografische Erschließung „Germaniens" zusammen. Aus Gründen der *imitatio*, also im Wetteifer mit den antiken Vorgaben, ist diese Reiseliteratur zumeist in Hexametern oder anderen klassischen Versmaßen abgefasst (Wiegand 1984, 118), da die *carmina* (versifizierte Formen) gegenüber den *orationes* (Prosa) als ästhetisch höherwertig galten. Darüber hinaus sind auch deutschsprachige Reiseberichte in Gedichtform überliefert, etwa die Pilgerfahrt des Grafen Philipp von Katzenelnbogen (1402–1479), dessen 1433/34 durchgeführte Reise ins Heilige Land der Dichter Erhard Wameshafft († nach 1477) als Nachdichtung einer Prosavorlage in 2.400 Reimpaarversen beschrieb (Paravicini 1994/2001, T. 1, Nr. 23). Vermutlich als einziger Regent des 17. Jahrhunderts verfasste der Begründer der „Fruchtbringenden Gesellschaft", der größten und einflussreichsten literarischen Sozietät seiner Zeit, Fürst Ludwig von Anhalt-Köthen (1579–1650), den gereimten Bericht seiner Bildungsreisen durch Europa in den Jahren 1596 bis 1601 eigenhändig und selbstständig. Von der unvollendet gebliebenen Niederschrift, die erst 1716 gedruckt wurde, sind 7.800 Verse erhalten (siehe **Fürst Ludwigs zu Anhalt Köthen Reise-Beschreibung**; Hoppe 1986). Derartige Dimensionen der lyrischen Umsetzung von Reiseerfahrung liegen den Autoren des 20./21. Jahrhunderts fern. So kommt es den beiden Lyrikern und Essayisten Günter Kunert (*1929) und Durs Grünbein (*1962) vielmehr darauf an, ihre Reiseerlebnisse stenogrammartig zu verdichten, der eine in der von ihm selbst illustrierten Sammlung *Verlangen nach Bomarzo. Reisegedichte* (1978), der andere im streng geregelten verknappten Duktus des japanischen Haikus: *Lob des Taifuns. Reisetagebücher in Haikus* (2008).

> **Quelle**
>
> Fürst Ludwigs zu Anhalt Köthen Reise-Beschreibung von ihm selbst in Deutsche Verse gebracht, in: Johann Christoph Beckmann: Accessiones Historiae Anhaltinae. Zerbst 1716, 165 (Beginn).
>
> Verleihe mir die Gnad/ HErr/ das ich mög' erzehlen
> Die Reisen/ die ich jung mit andern wollen wehlen/
> Zu gehen in die Fremd/ und sehen was die Welt
> An manchem schönen Ort' an sitten in sich helt.
> Die Sprachen gleiches fals/ so nötig zu erfaren/
> Wie solches wolgeziemt der Jugend besten Jahren/
> Hier sol man sein bemüht/ hier sol man fleißig sein:
> Weit von dem müßiggang' und allen eussern schein.
> Es ist mit bösen zwar erfüllt der Menschen Leben/
> Es pfleget überal untugend rüm zuschweben/
> Samt aller Lasterschar: Doch wer da fürchtet GOtt/
> Auf seinen wegen geht/ und seine zehn gebott'
> Ihm fürstelt allezeit/ der wird nicht leichtlich irren/
> Noch mit der Menschen wahn und satzung sich verwirren.

Die Chronik

Neben dem in Kapitel I.2 vorgestellten „Stammbuch" sind hauptsächlich drei Notierungsweisen von unterwegs zu unterscheiden: die Chronik, das Tagebuch und der Brief. Die Chronik, eine bevorzugte Form der vormodernen Geschichtsschreibung, orientiert sich am linearen Zeitablauf der Reise und stellt deren Ereignisabfolge in den Mittelpunkt. Sie kann im Umfang stark variieren und eignet sich für die kollektive Verfasserschaft, zudem kann sie fremde Textstücke integrieren (Urkunden, Listen, Anekdoten, Stadtbeschreibungen). Die Chronik bietet eine faktenbezogene Wiedergabe des Reiseverlaufs ohne kommentierende Erläuterungen (Riegg 2005). Die Adressaten der Reisechronik, die oft zur Dokumentation von Gemeinschaftsreisen genutzt wird, sind die Teilnehmer einer solchen Gruppe sowie die lokalen Autoritäten am Ausgangsort, welche die Reise in Auftrag gegeben und unter Umständen finanziert haben. Daraus ergibt sich, dass die Reisechronik bereits mit der Absicht verfasst wird, einer eingeschränkten Öffentlichkeit als Informationsmedium zur Verfügung zu stehen.

Die Bezeichnung *Chronica* ist vor allem für mittelalterliche Reiseberichte gebräuchlich, wird aber ebenso in der Frühen Neuzeit verwendet, etwa in Paolo Giovios (1483-1552) *Moskovitischer Chronica* (1579), die eine Beschreibung des Zarenreiches und den Gesandtschaftsbericht des ersten deutschsprachigen Russlandreisenden, Sigmund von Herberstein (1486-1566), enthält. Auch im 19. und 20. Jahrhundert werden Reisebücher mit diesem Titel publiziert, z.B. die *Kleine Wanderchronik* (2 Bde., 1858) des Journalisten Julius Rodenberg (1831-1914) oder die *Weltreise-Chronik. Erlebnisse, Betrachtungen und Anekdoten* (1918) des Theaterintendanten Carl Hagemann (1871-1945).

Beispiele

Das Tagebuch

Das Tagebuch folgt wie die Chronik dem Einteilungsprinzip nach Zeitabschnitten, ist jedoch an einen einzigen Verfasser gebunden und durch eine schubweise Entstehung, die „potentielle Unabgeschlossenheit" und eine „thematische Vielfalt" gekennzeichnet (Schönborn 2003, 574; Rees/Siebers 2005; Maurer 2012). Diese Merkmale ermöglichen eine Kontinuität der Berichterstattung, eine praktische Orientierung am Tatsachengeschehen, eine spürbare Individualität bei der inhaltlichen und stilistischen Gestaltung sowie eine große Anpassungsfähigkeit an spezifische Dokumentationszwecke. Das Tagebuch hat sich deshalb rasch als eine besonders geeignete Form der Reiseaufzeichnung bewährt, erhielt im 19. Jahrhundert einen erneuten Popularisierungsschub und setzte sich im 20. Jahrhundert im Zeichen des Internets in Form von Weblogs und Online-Journalen fort (Kormann 2013). Das Reisetagebuch ist in den meisten Fällen zunächst nicht auf eine Veröffentlichung hin angelegt, gleichwohl wechselt sein Adressatenkreis mit der dominierenden Funktionszuschreibung: Es kann der „Kommunikation mit dem eigenen Ich" (ebd., 437) – also der persönlichen Selbstvergewisserung und Rechenschaftslegung – dienen; es kann wie ein „ausgelagertes Gedächtnis" (ebd., 438) des Schreibers genutzt werden, indem es eine Archiv- und Erinnerungsfunktion für eine begrenzte Öffentlichkeit übernimmt; schließlich kann es die Vorstufe für eine nachträgliche Publikation sein, wobei es in der Regel umfangreichen Redaktionsprozessen unterzogen wird, da es durch eine Veröffentlichung seinen medialen Status wechselt.

Beispiele   Zahlreiche gedruckte Reiseberichte führen das Stichwort *Tagebuch* in ihrem Titel, beispielsweise das *Journal- und Tage-Buch Seiner Sechs-Jährigen Ost-Indianischen Reise* (1688) des in holländischen Diensten stehenden Kolonialbeamten Christoph Schweitzer (†1688) oder eines der zahllosen Werke Sophie von La Roches (1730–1807), der renommiertesten Reiseautorin ihrer Zeit, *Tagebuch einer Reise durch die Schweiz* (1787), schließlich das *Tagebuch von Helgoland* (1838) des Vormärz-Literaten Ludolf Wienbarg (1802–1872). Reisetagebücher bleiben darüber hinaus im 20./21. Jahrhundert beliebt, wie etwa das *Moskauer Tagebuch* (1926/27, ediert 1980) des Kulturtheoretikers und Schriftstellers Walter Benjamin (1892–1940), Heinrich Bölls (1917–1985) Bestseller *Irisches Tagebuch* (1957; 58. Aufl. 2011) oder – im Kontext popliterarischen Erzählens – die Sammlung von Reiseblogs zum Touralltag der Band *Element of Crime* (*Meine Jahre mit Hamburg-Heiner. Logbücher*, 2011) des Musikers und Autors Sven Regener (*1961) zeigen.

Der Brief

Die Nutzung von Briefen als Mitteilungsform von unterwegs setzt ein funktionierendes Postvertriebssystem voraus, von dem erst mit der Frühen Neuzeit gesprochen werden kann. Eine weitere Voraussetzung war die staatliche Freigabe für die Beförderung von Privatbriefen, die historisch zeitversetzt nach der Zulassung für amtliche Schreiben und wirtschaftliches Geschäftsschriftgut erfolgte. Beim Privatbrief besteht eine Absender-Empfänger-Beziehung, die auf eine persönliche Bekanntschaft verweist. Seine Merkmale sind „Nicht-Fiktionalität", ein genau bezeichneter Adressat (oder ein erweiterter Adressatenkreis) und eine meist fehlende „Publikationsintention" (Golz 1997, 251). Hinzu kommt, dass Briefe weder vom Umfang noch vom Inhalt her – wohl aber durch gesellschaftliche Konventionen – begrenzt sind, sie können sich deshalb als Reisebriefe den Geschehnissen flexibel anpassen. Mit dem 18. Jahrhundert, das als ein „Jahrhundert des Briefes" gilt, dominiert die Gattung als Darstellungsprinzip der Reiseliteratur, da in der bürgerlichen Briefkultur inzwischen auch das „intime Gefühlsleben" thematisiert werden sowie eine „wissenschaftliche, politische" und „philosophisch-ästhetische Reflexion" stattfinden konnte (Golz 1997, 252). Hier zeigt sich zudem der „Doppelcharakter des Briefes als historisch-biografisches Dokument und als literarische Gattung" (ebd., 251), denn durch die Herauslösung aus dem privaten Mitteilungszusammenhang können (meist überarbeitete) Briefe dann einen eigenen literarischen und damit auch öffentlichen Status erhalten.

Zur Vorgeschichte des Berichtsbriefs gehört der – oft in lateinischer Sprache abgefasste – Gelehrtenbrief des 16. und 17. Jahrhunderts. Dieser war nicht vorwiegend auf persönliche Mitteilungen ausgerichtet, sondern enthielt vielmehr Informationen über soeben erschienene Bücher oder auch ganze Abhandlungen zu philosophisch-moralischen und wissenschaftlich-literarischen Themen. Die Gelehrtenbriefe waren von vornherein an ein interessiertes Publikum gerichtet, deshalb sind sie häufig in Korrespondenzsammlungen gedruckt worden. Die Gelehrten nutzten diese Kommunikationsweise selbstverständlich auch während ihrer eigenen Reisen und schufen damit das Muster einer fortlaufenden, nüchtern-sachlichen Berichterstattung über das Reisegeschehen, während die Schreiben selbst nur noch die nötigsten rhetorisch-formalen Kennzeichen des Privatbriefes enthielten (Bröer 1994).

Der Gelehrtenbrief als Vorläufer

Die Bezeichnung „Briefe" in Titeln von Reiseberichten setzte erst allmählich in der zweiten Hälfte des 18. Jahrhunderts ein. Die Reisebeschreibung des gelehrten Hofmeisters Johann Georg Keyßler (1693-1743) *Neueste Reisen durch Teutschland, Böhmen, Ungarn, die Schweitz, Italien, und Lothringen* (2 Bde., 1740/41) ist in Briefform abgefasst und steht inhaltlich noch ganz in der Tradition des informierenden Abhandlungsbriefes, ähnlich wie im Reisewerk des evangelischen Pfarrers Georg Wilhelm Alberti (1723-1758), der seine Englandkenntnisse in der vierbändigen Landeskunde *Briefe betreffende den allerneuesten Zustand der Religion und Wißenschaften in Groß-Brittannien* (1752-1754) mitteilte. Im Jahre 1769 veröffentliche der später als Gartentheoretiker berühmt gewordene Christian Cay Lorenz Hirschfeld (1742-1792) seine *Briefe über die vornehmsten Merkwürdigkeiten der Schweiz* (erw. Ausgaben 1776 und 1785), der Wiener Hofrat und Naturwissenschaftler Ignaz Edler von Born (1742-1791) informierte in *Briefe über mineralogische Gegenstände, auf einer Reise durch das Temeswarer Bannat ... geschrieben* (1774) vorwiegend über mineralogische und bergbautechnische Fakten, während der Braunschweiger Pädagoge und Verleger Joachim Heinrich Campe (1746-1818) reportageartig die revolutionären Vorgänge in Paris im Sommer 1789 beschrieb (*Briefe aus Paris zur Zeit der Revolution geschrieben*, 1790). Berühmt wurden Ludwig Börnes (1786-1837) *Briefe aus Paris 1830-1833* (6 Bde., 1832-1834), welche die Ereignisse der Julirevolution von 1830 schilderten, ebenso wie die *Orientalischen Briefe* (3 Bde., 1844) der mecklenburgischen Gräfin Ida Hahn-Hahn (1805-1880) von einer Reise, die sie bis nach Jerusalem und Kairo führte. Noch im 20. Jahrhundert werden Reisebriefe veröffentlicht, etwa von der Schweizer Völkerkundlerin und Autorin Ida Barell (1856-1927) *Sibirien*

Beispiele

und Japan. Reisebriefe (1916) oder die Feldforschungs-Dokumentation des Soziologen Detlef Kantowsky (*1936) *Bilder und Briefe aus einem indischen Dorf. Rameshvar 1965–1985* (1986).

Die Postkarte

Bildpostkarte

Aus einer kulturkritischen Sicht mag die Postkarte bzw. Ansichtskarte als massenmediale Schwundstufe des rhetorisch gehaltvollen Reisebriefes erscheinen. Tatsächlich wurde die 1870 im Deutschen Reich eingeführte Postkarte vor allem in den zwei Jahrzehnten vor 1918 zu einem höchst erfolgreichen und sozial breit akzeptierten Kurzmitteilungsdienst. 1890 waren nach einer Statistik der Kaiserlichen Reichspost 25 Prozent aller versandten schriftlichen Nachrichten Postkarten. Dazu trugen ihre einfache Handhabbarkeit und das geringe Porto bei. Ein weiterer Wachstumserfolg ermöglichte die seit 1885 einsetzende Herstellung von Bildpostkarten. Diese zeigten zunächst das Repertoire der großen Gemäldegalerien der Welt, erschlossen sodann die Motive der gründerzeitlichen Genremalerei und reproduzierten in kleinerer Stückzahl die Renaissance- und Barockkünstler sowie die Vertreter der Romantik. Eine weitere Entwicklungsstufe zum Ende des 19. Jahrhunderts stellte die Ansichtskarte dar, die Städteansichten, öffentliche Plätze, Straßenzüge, einzelne Gebäude oder Landschaften zeigte. Diese Untergattung war ganz auf den Bedarf des touristischen Reisens zugeschnitten, wenngleich die Bildpostkarte in allen ihren Spielarten schnell zum begehrten Sammelobjekt wurde. Insofern zeigte das neue Medium die wachsende Mobilität verschiedenster sozialer Schichten um 1900 an. Die Blütezeit der Bildpostkarten endet mit dem 20. Jahrhundert, die elektronischen Kurzmitteilungsdienste bzw. die Fotofunktion von Mobiltelefonen entkräften ihren Rang als Kommunikationsmittel (Walter 2001).

Reiseliterarische Beispiele

Dem Reiz der Postkarte als eines literarischen Gegenstandes sind einige Schriftsteller der Moderne nachgegangen. So gab der Frankfurter Autor Wilhelm Genazino (*1943) einen Band mit Betrachtungen zu 31 Bildpostkarten heraus (*Aus der Ferne. Texte und Postkarten*, 1993), wobei er offen ließ, wie die von ihm vorgestellte Sammlung zustande kam, denn es handelt sich um ganz verschiedenartige Motive aus unterschiedlichen Epochen. Ein gemeinsamer Zug seiner essayistischen Begegnungen mit dem Material ist die momenthafte literarisch-kontemplative Versenkung in einen fernen Augenblick, der im Medium der Bildpostkarte festgehalten ist. Ganz anderer Art ist die Sammlung von Postkarten, die der Berliner Schriftsteller Jurek Becker (1937–1997) seit 1992 an seinen jüngsten Sohn Johnny sandte (*Lieber Johnny. Jurek Beckers Postkarten an seinen Sohn Jonathan*, 2004). Die sorgfältig ausgewählten Bildkarten sprechen den Sohn in immer neuen, sich nie wiederholenden Kosenamen an („Du liebe Bratwurst", „Du alte Pudelmütze", „Meine liebe Pampelmuse", „Du alter Katzenmops") und erzählen im Text-

Abb. 3 Postkarte Berlin 1905, Belle-Alliance-Platz.

feld jeweils eine kleine, zum Bildmotiv passende, mit Witz, Kreativität und Fabulierlust vorgetragene Geschichte. In ähnlicher Weise einfallsreich und scharfsinnig sind die Postkarten an Beckers Freund, den Schauspieler und Musiker Manfred Krug (1937–2016; *Jurek Beckers Neuigkeiten an Manfred Krug & Otti*, 1997), die allerdings zusätzlich zahlreiche implizite politische Kommentare enthalten.

Semantische Titelanalyse von Reiseberichten 1770 bis 1870

Eine methodisch innovative Studie über 425 Reiseberichte zu den Zielländern England und Italien aus dem Zeitraum 1770 bis 1870 unternahm eine genaue Titelanalyse von Reiseschriften (Fischer/Fitzon 2003). Die Autoren konnten dabei Kontinuitäten und Neuerungen in der Titelverwendung feststellen. Zu den Kontinuitäten gehört, dass bei rund der Hälfte der analysierten Schriften eine „,neutrale' Titelgebung" zu finden ist, also Formulierungen wie „Beschreibung einer Reise …", „Reisen in …" oder „Reise durch …" (ebd., 87). Weiterhin ist die Orientierung an der Darstellungsform sehr beliebt, um Subjektivität und Unmittelbarkeit anzuzeigen, so dass Titel wie „Briefe", „Tagebuch", „Album" oder „Journal" stark vertreten sind. Bei den Neuerungen unterscheiden die Autoren fünf unterschiedliche Entwicklungen: (1) Zunächst wird im zweiten Drittel des 19. Jahrhunderts eine „Ästhetik des Malerischen" populär, die zu Buchtiteln wie *Ansichten und Umrisse aus den Reise-Mappen zweier Freunde* (1831) oder *Aus dem Reiseportefeuille eines Deutschen* (1836) führen (ebd., 88). Bei den Italienreisen ist des Weiteren (2) eine wachsende Tendenz zur nachhaltigen Individualisierung der Wahrnehmung (*Mein Som-

Kontinuitäten und neue Tendenzen

mer, 1844) zu beobachten. (3) Der mediengeschichtliche Funktionswandel der Reiseberichterstattung durch Zeitungen und Feuilletons bewirkt eine neue, kapitelweise und thematisch abgeschlossene Darstellungsart, welche in die Buchpublikation übernommen wird (ebd., 89). Als übergreifender Prozess ist (4) ein „Bedeutungszuwachs ästhetischer Weltaneignung" (ebd., 90) festzustellen; die Vollständigkeit und Aktualität der dargebotenen Informationen tritt in den Hintergrund, nun wird das Unabgeschlossene und Fragmentarische der Reiseeindrücke betont: „Skizzen", „Gemälde", „Bilder", „Cartons", „Umrisse" oder „Silhouetten" scheinen als Buchtitel auf. Schließlich (5) setzt seit 1850 zumindest für die Englandreisen eine fachdisziplinäre Spezialisierung des Angebots an Reiseberichten ein, die sich etwa auf Medizin, Naturkunde, Landwirtschaft oder Pferdezucht bezieht (ebd., 95).

Funktionswandel der Zielländer

Insgesamt kann die Titelanalyse einen Funktionswandel in der Rolle der Zielländer der Reiseliteratur um 1800 bestätigen: Während die Reise nach England zunehmend als eine Reise in die eigene (technologische, zivilisatorische und politische) Zukunft verstanden wird, gilt die Italienreise mehr und mehr als eine Zeitreise in die Vergangenheit und in die Geschichte des europäischen Kontinents (ebd., 97). Das dritte große Zielland Frankreich übernimmt den Part der „Reise in die Gegenwart", wo zeitweilig eruptive revolutionäre Prozesse studiert werden können (Französische Revolution, Julirevolution 1830, Februarrevolution 1848, Pariser Kommune 1871). Um 1900 gilt dann Osteuropa und insbesondere Russland als Ziel für „Reisen in die eigene Psyche" (Kindheit, Seele, neue Religiosität), wie am Beispiel von Lou Andreas-Salomé zu zeigen ist.

Redaktions- und Publikationsprozesse nach der Reise

Materialauswertung

Keine Reise hat je in der Art und Weise stattgefunden, in der später über sie berichtet wird. Dieser methodische Leitsatz der historischen Reiseforschung ist bei jeder Betrachtung von Reiseliteratur zu berücksichtigen. Der Grund für diese interpretationstheoretische Richtschnur liegt in dem fundamentalen Unterschied von „*Erkenntnisgewinnung* auf Reisen" und „*Erkenntnisvermittlung* durch Reisebeschreibungen" (Griep 2006, 43; Hervorhebung im Zitat). Entscheidet sich eine Reisegruppe oder ein Autor dafür, einen Bericht über die Reise zu publizieren, so sieht man sich vor das Problem gestellt, aus den umfangreichen Materialien, die während der Reise notiert, gesammelt oder zeichnerisch erfasst wurden, für eine Publikation auszuwählen, zu straffen, zu ergänzen und zusammenzufassen. Damit erfolgt ein Redaktions- und Literarisierungsprozess nach rhetorischen Mustern. Das spezifische Publikum ist zu definieren, für das der Reisebericht geschrieben werden soll, gefolgt von Überlegungen zur Synchronisierung von Reiseverlauf und Erzählstoff, zur philosophischen, weltanschaulichen oder moralkritischen Deutung einzelner Reisebeobachtungen sowie zu den medienspezifischen Anforderungen (z. B. begrenzter Umfang bei einer Zeitschriftenveröffentlichung) und Schreibformen (Bericht, Reportage, Essay, Radioessay).

Redaktionsverfahren am Beispiel Reisebrief

Am Beispiel der Nutzung von persönlichen Briefwechseln der beiden Autoren Hermann Graf von Pückler-Muskau (1785-1871) und Fanny Lewald (1811-1889) für ihre späteren Reisepublikationen (*Briefe eines Verstorbenen. Ein fragmentarisches Tagebuch aus England, Wales, Irland und Frankreich*, 2 Bde., 1830; *England und Schottland. Reisetagebuch*, 2 Bde., 1851) hat man acht Bearbeitungs- und Redaktionsverfahren bei der „Literarisierung von privaten Reisedokumenten" festgestellt (Kittelmann 2010, 291):

Schlüsselbegriffe	Bearbeitungsverfahren
(1) Distanzierung	Herauslösung des Ausgangsmaterials aus der privaten Briefkommunikation
(2) Anonymisierung	Aussparung biografischer Details; Inszenierung von Autor- und Leserrolle
(3) Fragmentarisierung	Änderung des Stils; Neukomposition von Reiseabläufen
(4) Fiktionalisierung	ästhetische Umwandlung der sprachlichen Darstellungspraxis
(5) Poetisierung	Anreicherung des Berichts durch ergänzende Genres (Anekdoten, Sagen, Märchen, Biografien)
(6) Semantisierung	Stimulierung der Gefühlswelt und der Phantasie des Lesers (Naturschilderungen)
(7) Aktualisierung	aktuelle kritische Kommentierung politisch-gesellschaftlicher Entwicklungen
(8) Standardisierung	Anpassung an ein von Autor und Leser gemeinsam geteiltes politisch-soziales und kulturelles Weltbild

Tab. 3 Redaktionsverfahren von Reisedokumenten

Der mediengeschichtliche Funktionswandel der Reiseliteratur

Aus der bisherigen Übersicht zum Gattungsspektrum der Reiseliteratur kann festgehalten werden, dass das Genre sich keinen strengen Klassifikationen unterwirft, sondern vielmehr selbst unterschiedlichste Formtypen (Reisegedicht, Briefsammlung, Tagebuch usw.) integriert. Das narrative Grundmuster „Erzählen, Beschreiben, Reflektieren" bleibt dabei als durchgehendes Kennzeichen erhalten. Es gibt jedoch auch eine unmittelbare Beziehung zwischen der Berichtsform und der sozialen Funktion der jeweiligen Reise. Bei religiös oder geistlich motivierten Reisen (Pilger- oder Wallfahrten) diente der spätere Be-

Rollenwandel der Reiseautoren

richt als Dokumentation der persönlichen Heilserwartung, die man mit dem Besuch der heiligen Stätten verband. Da der Modus des Heilserlebens selbst aber kaum mitgeteilt werden konnte, genügte hier oft eine chronikalische Darstellung der besuchten Pilgerstätten. Bei den Ausbildungs- und Selbstbildungsreisen von Kaufleuten, Handwerkern, Adligen und Bürgern verhielt sich das anders: hier galt es einer familiären, lokalen oder dynastischen Autorität Rechenschaft darüber abzulegen, ob die ausgelobte Finanzierung der Reise auch zweckentsprechend verwendet wurde. Dieser Sachverhalt machte nicht nur spezifische Formen der Rechnungslegung, sondern auch der Berichtsweise notwendig, etwa ein detailliertes Reisejournal. Dasselbe traf für berufsspezifische Reisen zu, etwa für diplomatische oder Gesandtschaftsreisen sowie für Spezialfahrten technisch-administrativer Fachleute vom Ingenieur bis zum Behördenleiter oder Minister. Fachgelehrte, Wissenschaftler und Spezialforscher bildeten das Personaltableau für den wissenschaftlichen Reisebericht, in dem die Ergebnisse gezielt geplanter kollektiver Expeditionen mit modernen Formen der Wissensdokumentation (Beobachtung, Klassifizierung, Statistik) niedergelegt wurden. Dagegen wuchs auch ein Fachpersonal für die Reiseberichterstattung im Allgemeinen, das sich aus Schriftstellern, Publizisten, Journalisten, politischen Korrespondenten und Kulturbeobachtern zusammensetzte, die unter dem Einfluss medienhistorischer Umbrüche neue Formen der Reiseliteratur entwickelten (Reisefeuilleton, Reportage, Feature, Reisezeitschrift).

Tab. 4 Reisezeitschriften (Auswahl)

Titel	Verlagsort	Laufzeit
Litteratur und Völkerkunde. Ein periodisches Werk	Dessau, später Leipzig	1782–1786; Forts. 1787–1791
Allgemeine geographische Ephemeriden	Weimar	1798–1816; Forts. 1817–1831
Journal für die neuesten Land- und Seereisen ...	Berlin	1808–1836; Forts. 1837–1838
Globus. Illustrirte Zeitschrift für Länder- und Völkerkunde	Hildburghausen, später Braunschweig	1862–1910
Atlantis: Länder, Völker, Reisen	Berlin, später Zürich und Freiburg i. Br.	1929–1964
Merian	Hamburg	1948 ff.
Unterwegs	Berlin (DDR)	1957–1962
Geo	Hamburg	1976 ff.
Mare	Hamburg	1997 ff.

Fachlicher und literarischer Bericht

Die zunehmende Zahl periodisch erscheinender Publikationen (Zeitschriften, Jahrbücher, Almanache) machte ihrerseits neue Erzählweisen notwendig. Die „steigende Heterogenität des Beobachtungsfeldes" der Reiseberichte und die Ansprüche des stark erweiterten, auf Unterhaltung drängenden Lesepublikums führten dazu, dass in den Berichten „explizite interpretatorische Hilfestellungen" gegeben wurden, die das Genre zu einem „Reflexionsmedium (spät)aufklärerischer Gesellschaftsanalyse" machten (Grosser 1992, 282, 280). Durch Literarisierungsansätze und essayistische Formen im Journalwesen der Zeit erfolgte somit ein stilistischer Wandel der Reiseliteratur, der sich in der Fokussierung auf ein Hauptthema, der Verdichtung der Erzählverfahren und der Funktionalisierung der Detailbeobachtung im Rahmen umfassender reflexiver Passagen ausdrückte.

Die Reportage

Aufgrund dieser Entwicklungen hat man im Reisebericht des späten 18. Jahrhunderts eine Vorstufe der journalistischen Reportage gesehen, da beide Genres eine Vielzahl von Gemeinsamkeiten aufweisen. Sowohl der in die europäischen Nachbarländer führende Reisebericht als auch die Reportage sind der Aktualität, der Authentizität, der Faktenvermittlung, der Augenzeugenschaft sowie der Vor-Ort-Recherche verpflichtet und treten mit einem gewissen gesellschaftsanalytischen Anspruch auf. Beide Genres beschäftigen sich ausführlich mit dem Phänomen der modernen Großstadt und seinen zahlreichen Folgewirkungen, mit den Lebensumständen der unteren sozialen Schichten wie auch mit politischen oder künstlerischen Wandlungsprozessen. Schließlich verwenden die Reiseberichte Ermittlungstechniken, die methodisch verfeinert ebenso in der Reportage üblich sind: Straßeninterviews, biografische Forschung, Milieurecherche, teilnehmende Beobachtung, Räsonnement (Haas 1987; Jakobi 2009).

Als einer der Gewährsleute für die Frühgeschichte der Reportage gilt der eigenwillige Schriftsteller Johann Gottfried Seume (1763-1810) mit seinem erfolgreichen Reisebuch *Spaziergang nach Syrakus im Jahre 1802* (1803). Als weitere Ahnherren begegnen die sozialkritischen Reiseautoren des späten 18. Jahrhunderts wie Georg Forster (1754-1794; *Ansichten vom Niederrhein*, 3 Bde., 1791-1794) und Georg Friedrich Rebmann (1768-1824; *Kosmopolitische Wanderungen durch einen Theil Deutschlands*, 1793), aber auch die Vormärz-Literaten Ludwig Börne (*Schilderungen aus Paris*, 1822-1824), Heinrich Heine (1797-1856; *Lutezia. Berichte über Politik, Kunst und Volksleben*, 1840-1848) sowie Georg Weerth (1822-1856; *Skizzen aus dem sozialen und politischen Leben der Briten*, 1843-1848; ediert 1957). Populär wurde die (Reise-)Reportage in den 1920er Jahren durch die Schriftsteller Egon Erwin Kisch (1885-1948; *Der rasende Reporter*, 1925) und Joseph Roth (1894-1939; *Das journalistische Werk*, 1915-1939; ediert 1989/91 in 3 Bdn.). Nach 1945 knüpften daran u. a. die Regisseurin Erika Runge (*1939) mit den *Bottroper

Beispiele

Protokollen (1968) oder der Journalist Günter Wallraff (*1942) mit Büchern wie *Industriereportagen* (1970), *Der Aufmacher* (1977) und *Ganz unten* (1985) an.

<small>Feature</small>

Im Kontext von Hörfunk und Fernsehen wird die Reportage als „Feature" durch den Einsatz von Sprecherbericht, Originalton, Interview, Statement, Musik und Montageverfahren in eine medienspezifische Form umgesetzt (Filk 2000). Berühmt wurde die Reihe *Radio-Essay* des Süddeutschen Rundfunks, in der von 1955 bis 1981 zahlreiche Hörbilder – darunter auch Reiseessays – renommierter Schriftsteller, u.a. von Wolfgang Koeppen (1906–1996), Arno Schmidt (1914–1979), Ingeborg Bachmann (1926–1973) oder Hubert Fichte (1935–1986), gesendet wurden.

Funktionswandel des wissenschaftlichen Reiseberichts

<small>Funktionssystem Wissenschaft</small>

Im Übergangszeitraum von der Frühen Neuzeit zur Moderne („Sattelzeit") differenziert sich neben Religion, Politik und Ökonomie auch die Wissenschaft zu einem eigenständigen Handlungssystem aus. Dieses transformiert zahlreiche Elemente, Verfahrensweisen und Organisationsformen der älteren *respublica literaria*. Gleichzeitig setzt ein Prozess der Binnendifferenzierung aller Disziplinen ein, der immer kleinere Fachgebiete und spezialisierte Forschungsbereiche hervorbrachte. Der Anspruch der alten Gelehrtenrepublik, das gesamte allgemeine Wissen zu repräsentieren, wurde damit problematisch. Diese Prozesse hatten auch Auswirkungen auf das durch die gelehrte Reise generierte Wissen.

<small>Forschungsexpeditionen</small>

Nach und nach setzte eine Verwissenschaftlichung dieser Art von Reisen ein, die sich vor allem in den arbeitsteilig organisierten Forschungsexpeditionen zeigte. Beispiele hierfür sind etwa die russische Große Nordische Expedition (1733–1743) unter Leitung des dänischen Marineoffiziers Vitus Bering (1681–1741) oder die dänische Arabien-Expedition (1761–1767) unter Führung von Carsten Niebuhr, ebenso waren die drei Weltumsegelungen (1768/71, 1772/75, 1776/80) des britischen Seefahrers James Cook (1728–1779) durch die hierfür zuständige Royal Society vorbereitet worden. Als Finanzgeber für derartige Forschungsreisen traten nun nicht mehr private, fürstliche oder andere mäzenatische Einzelpersonen auf, sondern wissenschaftliche Sozietäten, Akademien und Stiftungen.

<small>Spezialisierung</small>

Die zunehmende Spezialisierung führte teilweise zu einem Auseinandertreten von *Sammlung* der Forschungsergebnisse vor Ort und *Auswertung* dieser Materialien nach der Rückkehr – es konnte passieren, dass eine relativ kleine Gruppe von Expeditionsteilnehmern dann Hunderte von Personen beschäftigte, die mit der Auswertung befasst waren. Die Diskussion um das erworbene neue Wissen wurde nicht mehr in der größeren publizistischen Öffentlichkeit im Medium des Reiseberichts geführt, sondern in den Fachpublikationen der einzelnen Spezialdisziplinen. Die Forschungsreisenden suchten sich in dieser Situation in einer neuen Rolle als „Helden" und „Abenteurer" der Wissenschaft einzurichten, was ihre Reiseberichte trotz des wissenschaftlichen Inhalts oft den populären Genreerzählungen anglich (von Zimmermann 2002; Siebers 2002; Fisch 1989).

Ausblick auf die fiktionale Reiseliteratur

Völlig im Gegensatz zu den Präsentationsformen des wissenschaftlichen Reiseberichts stehen die fiktionalen Reisebücher, Werke also, in denen die thematisierte Reise kein faktisches Korrelat besitzt oder aus künstlerischen Gründen zu großen Teilen reine Erfindung ist. Die hier in Frage kommenden Genres wie Abenteuerliteratur, Robinsonade, Schelmenroman, utopischer Roman, imaginäre Reise (in den Weltraum, ins Innere der Erde) oder Science Fiction gehören einem anderen Diskurssystem an, sie unterliegen anderen literatursystematischen Produktionsbedingungen und Lesererwartungen, werden von anderen Autoren verfasst und zumeist auch von anderen Lesergruppen rezipiert. Als Beispiel sei der romanhafte Bericht *A Sentimental Journey Through France and Italy* (1768) des englischen Autors Laurence Sterne (1713-1768) angeführt, in dem nicht mehr der Sachbezug auf die äußere durchreiste Welt im Mittelpunkt steht, sondern die seelischen Empfindungen des Erzählers und die humorvoll dargestellte empfindsame Auseinandersetzung mit der menschlichen Natur. Sterne löste europaweit eine ganze Welle ähnlicher empfindsamer Reiseromane aus, in Deutschland etwa vertreten durch Moritz August von Thümmels (1738-1817) *Reise in die mittäglichen Provinzen von Frankreich im Jahr 1785 bis 1786* (10 Bde., 1791-1805). Noch der mehr als 130 Jahre später erschienene Reisebericht des Schriftstellers Otto Julius Bierbaum (1865-1910; *Eine empfindsame Reise im Automobil*, 1903) bezog sich auf die von Sterne begründete Tradition. Hingewiesen sei des Weiteren auf die bis heute äußerst erfolgreichen Reiseerzählungen und Abenteuerromane Karl Mays (1842-1912), der zu den meistgelesenen Unterhaltungsschriftstellern seiner Zeit gehörte.

2. Intermediale Präsentationsformen

Wie kaum eine andere Gattung der Literatur war das Reisegenre von Beginn an mit intermedialen Text-Bild-Präsentationen verknüpft. Schon die Handschriften der mittelalterlichen Pilgerreisen enthielten Miniaturmalereien oder Auszierungen künstlerischer Art zu den Reisegeschehnissen, die Fernreiseberichte des 15. und 16. Jahrhunderts waren mit phantasievollen Holzschnitten von den bereisten überseeischen Völkern bestückt, die Berichte des 17. und 18. Jahrhunderts warteten mit oft aufwendig gestalteten Kupferstichen repräsentativer interkultureller Begegnungsszenen auf, während die Erfindungen von Daguerreotypie und Fotografie im 19. Jahrhundert von den Reiseschriftstellern begeistert für ihre Dokumentationszwecke genutzt wurden. Seit den 1920er Jahren kann man von einem fotojournalistischen Zweig der Reiseliteratur sprechen, der im Verlauf des 20. Jahrhunderts unter Verwendung von modernen Collage- und Montagetechniken neu interpretiert und inszeniert wurde.

Bild-Text-Kombinatorik vor 1830

Über einige illustrierte Reisewerke des 15. und 16. Jahrhunderts, etwa Breidenbachs *Peregrinatio in terram sanctam* (1486) oder Hans Stadens *Warhaftige/Historia ...* (1557) wird an späterer Stelle berichtet. Einstweilen möge die Feststellung genügen, dass beide Ausgaben, zusammen mit Hartmann Schedels (1440-1514) *Weltchronik* (1493), zu den jeweils bedeutendsten Holzschnittbüchern ihrer Zeit gehörten. Die *Weltchronik*, eine universalhistorische Darstellung der Weltgeschichte, enthält über 1.800 Illustrationen, darunter zahlreiche, in vielen Einzelexemplaren kolorierte Städteansichten. Zumeist waren es die Buchhändler, Drucker und Verleger, die ganze Serien von illustrierten Reisebüchern auflegten. Neben den erwähnten Werken begann der flämische Geograf Abraham Ortelius (1527-1598) seit 1570 sein Kartenwerk *Theatrum Orbis Terrarum* erscheinen zu lassen, von dem bis 1612 insgesamt 42 Ausgaben vorgelegt wurden. Aus dem 17. Jahrhundert stammt das in 30 Bänden erschienene Reihenwerk *Topographia Germaniae* (1642-1688) des Frankfurter Verlagshauses Merian, eine historisch-geografische Grundlagenpublikation mit mehr als 2.000 Kupferstich-Ansichten von Städten, Burgen und Klöstern des Alten Reichs. Im 18. Jahrhundert gab es fast kein Reisewerk mehr, das ohne begleitende Illustrationen, Zeichnungen, Klapptafeln, Karten oder entsprechende Anhänge veröffentlicht wurde. Bei umfangreichen und arbeitsteilig angelegten Forschungsreisen wurden seit den 1770er Jahren vermehrt spezielle Reisezeichner engagiert, die alle Stationen und Entdeckungen des Reiseverlaufs in Skizzenbüchern festhielten (Rees 2012).

Neue technische Bildverfahren

19. Jahrhundert

Mit den Erfindungen von Daguerreotypie und Fotografie, die sich seit ca. 1830 durchsetzten, veränderte sich der Status des textbegleitenden Reisebildes noch einmal. Die neuen Aufnahmetechniken und Reproduktionsverfahren boten nämlich ein stärkeres Authentizitätsversprechen als die Texte selbst und die bisher verwendeten Illustrationen. Gelegentlich entwickelte sich ein Umkehrungsverhältnis, wobei nun die Fotos gegenüber dem Begleittext in den Mittelpunkt rückten. Die erste große Welle der Reisefotografie setzte um 1850 ein, als ein einfacheres Filmentwicklungsverfahren die Fotografenausrüstung mobiler machte, eine zweite Welle wurde durch die Kodak-Box ausgelöst, einer tragbaren Fotoapparatebox, die 1888 auf den Markt kam und die erste Kamera für den Fotoamateur war. Zahlreiche Schriftsteller und Journalisten griffen lebhaft auf die neue Möglichkeit der Bildanfertigung und -fixierung zurück (Sprengel 2005), aber auch im Amateurbereich gestattete die vereinfachte Fototechnik zahllose Momentaufnahmen.

Mit der verbesserten Drucktechnik im Zeitungs- und Zeitschriftensektor wurden Reisefotografie und Fotoreportage seit den 1920er Jahren zu neuen und populären Mitteilungsformen der aktuellen Nachrichtendienste. Die Reisereportage und das Reisefeuilleton konnten durch eigene Fotografien des Autors oder durch Belegstücke von Fotoagenturen illustriert werden. Mit ihrer Doppelbegabung als Schriftstellerin und Fotografin legte die Schweizerin Annemarie Schwarzenbach (1908–1942) hier besonders eindrückliche Novitäten vor. Allerdings dokumentierte eine Ausstellung zu den Reisefotos von Autorinnen und Autoren des 20. Jahrhunderts (Marbacher Literaturmuseum der Moderne; Gfrereis 2014), dass die „wenigsten Autoren [...] auch gute Photographen" waren (Kinzel 2014).

20. Jahrhundert

Bewegte Visualisierung und Digitalisierung

Dass während der gesamten Geschichte der Reiseliteratur stets auch visuelle Anteile mitwirken, könnte von einem gewissen Misstrauen zeugen, das der Leistung des reinen Wortes entgegengebracht wird. Offenbar muss immer die Sichtbarkeit als letztendliche Bestätigung des Behaupteten hinzutreten. Und neben der Fotografie und ihrer technikgemäßen Statik bietet um 1900 nun der Film (Kinematographie; Bioskopie) auch die Aufzeichnung ganzer Bildsequenzen. Diese „bewegten Bilder" scheinen jetzt eine quasi vollkommene illusionistische Entsprechung für die Wahrnehmung eines im Raum agierenden Individuums zu gewährleisten. Neben dem abendfüllenden Reise-Film versprechen ähnliche Möglichkeiten auch im Amateurbereich eine gänzlich neue Dimensionen der Authentizität: die erfolgreichen Schmalfilmformate „Normal 8" (seit 1932) bzw. „Super 8" (seit 1965) und die elektronische Home-Videotechnik (seit 1969) gestatten dem 20. Jahrhundert eine technisch unproblematische und finanziell erschwingliche Aufzeichnung des Gesehenen und liefern damit nicht zuletzt der kulturgeschichtlichen Forschung wertvolles Quellenmaterial. Das Diaporama als eine in Folge präsentierte und mit Doppelprojektionen und Überblendungen verfeinerte Tonbildschau ermöglicht sogar die persönliche Anwesenheit des Gereisten bzw. dessen authentische Kommentierung.

Film als neues Medium

Im späten 20. Jahrhundert kommt es dann im Zuge der technischen Entwicklung sogar zu einer weitgehenden Emanzipation des Bildes – umgekehrt zu einer deutlichen Reduktion des Begriffs. Insbesondere die webbasierten Verfahren stärken die drastische Dominanz des Visuellen, dem das abstrakte

Emanzipation des Bildes

Wort nur noch reduziert und beigeordnet folgen kann. Damit verbunden ist der wachsende Verzicht auf eine stringente Disposition: umfassende Verlinkung und selbst bestimmtes Anklicken der abgelegten Bildmotive stellen die Entscheidung über Art und Dauer der sichtbaren Inhalte völlig in das Belieben des Rezipienten. Auch im Vorfeld der Reise bieten sich planungsoptimierende Visualisierungsangebote (*websites*, virtuelle Vorprüfung, *webcams*, *digital maps*).

Reisefilm

Gestaltungselemente

Vor allem aber übernimmt seit dem frühen 20. Jahrhundert der abendfüllende oder seriell ausgestrahlte Reisefilm viele traditionelle Aspekte der Reisedokumentation. Das Medium brilliert mit der scheinbar unbestechlichen Wahrheit des Vorgeführten, obwohl gerade die Montage (Filmschnitt) als Dispositionsprinzip besonders raffinierte Lenkungs-, ja bisweilen sogar drastische Täuschungsmanöver zulässt. Der Dokumentarfilm integriert die Reportage in ein Kontinuum imposanter Bilderlebnisse des Fremden (Flora, Fauna, Lebensformen) und arbeitet neben dem seriösen Anspruch eines gelehrten Vortrags auch mit Spannung, Verblüffung und Überwältigung.

Beispiele

Der Episodencharakter, schroffe Bildkonfrontationen oder abrupte Schauplatzwechsel intensivieren in vielerlei Hinsicht alle in der Tradition des literarischen Reiseberichts gewonnenen Darstellungstechniken. Schon 1924 verfolgt das fasziniere Publikum im Kino einen Flug *Im Junkersflugzeug über Spitzbergen*, verfeinert mit Zwischentiteln und Trickzeichnungen. Als prominentes Beispiel sei Hans Domnicks (1909–1985) erfolgreicher Film *Panamericana. Traumstraße der Welt* (1. Teil 1958, 2. Teil 1961, Schnittversion 1968) erwähnt, der als packender Bildbericht mit kompetenten Kommentaren die weite Strecke von Alaska bis nach Feuerland nachzeichnet. TV-Epen wie „Traumschiff" (ZDF seit 1982) kombinieren die fiktiven Reiseerlebnisse ihrer Figuren mit authentischen Kurzporträts fremder, aber eben tatsächlich existenter Welten. In der weiterentwickelten Medienlandschaft begegnen dann Live-Schaltungen in ferne Dschungelcamps mit exotischen, aber durchaus drehbuchgemäßen „Erlebnissen" der Beteiligten vor Ort.

Reiseblog

Dank den Möglichkeiten der Digitalisierung und Vernetzung von Informationen konnte sich nicht zuletzt auch das traditionelle Reisetagebuch grundlegend verändern und neue Dimensionen persönlicher Berichterstattung ausloten. Im Reiseblog, weltweit bestückbar und einsehbar, schrumpft die Raum- und Zeitdistanz zwischen Reisesubjekt und Leser nun gänzlich gegen null. Im integrativen Medienverbund aus Journal, Fotoalbum, Kurzfilm und Bildpostkarte ist die adressierte Gemeinschaft jeweils unmittelbar über den aktuellen Aufenthaltsort bzw. das dortige Erleben des Reisenden in Kenntnis gesetzt. Ereignisse und Befindlichkeiten können allezeit (passwortgeschützt) für die eigene Person oder einen kleinen Kreis von Daheimgebliebenen, wohl aber auch für die klassenlose Weltöffentlichkeit attraktiv gepostet werden. Nicht zuletzt kann davon die Finanzierung einer Reise (*fundraising*) abhängen („Wer bezahlt mir meinen Käsekuchen?"). Die wirtschaftliche Wertsteigerung des Berichts entspricht den zunehmenden Klickzahlen.

3. Methodische Zugänge zur Reiseliteratur

Im Folgenden gilt es nun, den praktischen Umgang mit den verschiedenen Dokumenten der „Reisekultur" als eine besondere Herausforderung zu begreifen. Welche Möglichkeiten bestehen hier für den Interpreten, das Material zu beschreiben, dessen kommunikative Funktion oder tatsächliche Wirkung zu bestimmen? Welche Methoden bieten sich an, um die jeweilige Erzähloberfläche zu durchbrechen und bis in die Tiefe kulturgeschichtlicher Zusammenhänge vorzustoßen?

Wichtig erscheint die Prämisse, dass es sich stets um Dokumente mit einer festen historischen Zugehörigkeit handelt. Ihre formale Erfassung wie auch ihre hermeneutische Erschließung hat sich daher immer an den Normen der betreffenden Zeit zu orientieren bzw. an den ihnen jeweils unterworfenen Individuen (Autor, Redakteur, Herausgeber, Auftraggeber) und Institutionen (klerikale, monarchische oder demokratische Administrationen, Akademien, Ministerien, Verlagshäuser). Auf der Basis einer möglichst tragfähigen Analyse des Einzelwerks lassen sich dann immer auch ausgreifende Vergleiche auf der diachronen Ebene anstellen. *Historischer Kontext*

Wie mutiert nun die Reise als ein einmaliges Ereignis der Echtzeit zu einem ästhetischen Gebilde von Dauer? Der definitive Zusammenfall von Raum, Zeit und Akteur (vor allem in seiner Doppelung als Reisender und Schreibender) ist genuin unwiederholbar und unübertragbar, mit den Techniken von Sprache und Schrift aber sehr wohl reproduzierbar und damit auch langfristig tradierbar. Wie verläuft nun „die Transformation von Kontingenz in narrative, vorgespiegelte Notwendigkeit, das Ausgeben von Wirklichkeit als Geschichte, von Geschichte als Wirklichkeit" (Bode 1994, 72), wie vollzieht sich der oftmals lange Prozess von der „Reisenotiz zum Buch" (Kittelmann 2010)? *Transfer der Wirklichkeit in Sprache*

Textgenese

Der Vorgang der Übertragung des konkreten Raumerlebnisses in einen Text vollzieht sich idealtypisch in mehreren Schritten: die zunächst vor Ort *Rekonstruierbare Prozesse* nach subjektiven Kriterien gesammelten Informationen und Eindrücke werden vom Autor in eine ebenso subjektive Anordnung (Hinzufügung, Tilgung, Aufwertung, Abwertung) gebracht, bevor eine solche Auswahl und Verschaltung von einzelnen Versatzstücken dann eine sprachlich angemessene Einkleidung erfährt. Eine derartige graduale Textentstehung ist je nach Qualität der Quellenlage sogar nachträglich zu rekonstruieren, eine kritische Edition kann die einzelnen Bearbeitungsstufen möglicherweise sichtbar machen. Die Absolutheit einer vorliegenden Fassung ist zu prüfen, ggf. lässt sich die Entscheidungsfindung des einzelnen Autors, seine wechselnde Bewertung der Dinge im Vergleich von sukzessiven Varianten nachweisen. Auch ein fremder Bearbeiter kann lange nach der Reise oder gar nach dem Ableben des Verfassers einen Text generieren, den der Betreffende nie kommentieren geschweige denn korrigieren konnte.

Subjektive Wahrnehmung vor Ort

Schon die Wahrnehmung der Wirklichkeit vor Ort erfolgt ja selektiv: bestimmte Filterprinzipien, geprägt durch persönliche Befindlichkeiten oder gesellschaftliche Normen, entfalten ihre Wirkung. Entsprechendes gilt dann ebenso für die noch vor dem Objekt („objektive") bzw. aus dem eigenen Augenschein (Autopsie) tatsächlich getätigte Niederschrift der Eindrücke. Auch wenn es sich um noch so zeitnahe „Simultanprotokolle" (Hartmann 1991, 153) einer Wahrnehmung oder gar um ein „Denkmal des ersten Eindrucks" (Goethe 1994, 97) handeln sollte, so ist deren spontane Versprachlichung, erst recht aber deren zeitversetzte Auswertung und Verarbeitung natürlich allen nur erdenklichen Willkürakten des Verfassers ausgesetzt. Tiefenpsychologische Verdrängungsakte, politische Zwänge oder einfach der intuitive Wille zum beschönigenden Korrektiv spielen eine prägende Rolle. Auch erlernte Schreibmuster oder Erwartungshaltungen eines imaginierten Lesers modifizieren das Gedächtnis und die Reformulierung. Am Ende ergibt sich stets ein komplexes Aussagenkonstrukt, das verschiedene Vorgaben intentional verknüpft, seinerseits aber kulturkritische Erkenntnisse generiert und damit weit über die erlebte und vorgeblich dokumentierte Authentizität hinausweist. Dies alles ist dann bei der Interpretation zu bedenken.

Reise, Schrift und Geist

Körperliche und geistige Bewegung

Verschiedene Theoretiker haben immer wieder Analogien bzw. Abhängigkeiten zwischen körperlicher und geistiger Bewegung festgestellt: die „strukturelle Vergleichbarkeit von Weg und Schrift, die Isomorphie von Reiseverlauf und Erzählfaden" (Honold 2000, 372) gilt als ein langlebiger Topos. Seit den antiken Philosophen, die im Umhergehen lehrten (*Peripatetiker*), ist der Zusammenhang zwischen einer stationenweise begangenen Realtopografie (Haus, Stadt, Landschaft) und dem schrittweise absolvierten Gedankengang (Ortsbewegung im Geiste, „Erörterung") vielfach reflektiert worden (Keller,

A. 2000). Schon auf der realen Reise können einzelne externe Stimuli etwas im Inneren (Geist, Gemüt, Stimmung) des Reisenden freisetzen, erst recht geschieht dies aber im nachkonstituierten und in seiner Wirkung intensivierten Reisetext. Stets ist auch die Möglichkeit geboten, hier mit Hilfe fremder Quellen etliches aufzubessern: eine retrospektiv versprachlichte Reise kann mit Dokumenten außerhalb ihrer selbst konfrontiert und ergänzt werden. Die Intention des Subjekts verbindet alle äußerlichen Zufälle zu einer stimmigen Aussage, eine heterogene Vielheit ordnet sich dem Willen des Autors gemäß zu einer künstlich fabrizierten Totalität (Poesis), zu einem tragenden Sinnzusammenhang. Die Welt-Erfahrung als „Beschreibung der Welt" (Ertzdorff 2000 bzw. 2003) in der Reiseliteratur dokumentiert zwar das außen Erlebte, erzeugt aber immer auch innere, d.h. imaginierte bzw. zu imaginierende „Welt(en)" und „Weltbilder". Darauf verweist nicht zuletzt die Semantik, die seit jeher „Wissen" und „Wandern" in einen engen Zusammenhang bringt: „bewandert" in einer Sache sein heißt gebildet und kenntnisreich aufzutreten.

Seit Francesco Petrarcas (1304-1374) Besteigung des Mont Ventoux am 26. April 1336 gilt die sich steigernde Bewegung nach oben (*ascensio*) als Voraussetzung für eine sukzessiv zu erlangende Fähigkeit der Überschau (Welt als Makrokosmos), analog dann aber auch als der zu beschreibende Weg nach innen, also zu sich selbst (Welt als Mikrokosmos), zur Selbsterkenntnis (siehe Schildknecht 2011, 305). Mit dem 16. Jahrhundert zeigt sich dieser Weg dann zunehmend auch im gesellschaftlichen bzw. politischen Sinne auf die autonome Person gerichtet: die Reise als Ich-Suche erfolgt selbstreferentiell und als Selbstzweck, um sich als „Subjekt" in der Gemeinschaft zu positionieren. Vor allem mit Empfindsamkeit, Klassik und Romantik und den entsprechenden Vorstellungen von „Bildung" gilt das reale Reisen dann als Weg zum Ich im Sinne einer unverwechselbaren „Persönlichkeit". Goethe spricht von seiner „wahre[n] Wiedergeburt, von dem Tage, da ich Rom betrat" (Goethe 1994, 147). Das Subjekt der Moderne konstituiert sich geradezu erst mit der Reise und deren reflektierender Versprachlichung. Der Deutschbalte Hermann Graf von Keyserling (1880-1946) setzt über sein *Reisetagebuch eines Philosophen* noch 1919 das Motto: „Der kürzeste Weg zu sich selbst führt um die Welt herum".

„Unterwegs zu sich selbst sein"

Darstellungsmodi

Wer es nun unternimmt, die umfängliche Reiseliteratur auf einer sprachlich-formalen Ebene zu klassifizieren, ist wiederum auf die Frage der Gattungsproblematik verwiesen (Babenko 1997; von Zimmermann 2002). Zunächst wäre die Reiseliteratur als Makrogattung gegen verwandte Textsorten wie Autobiografie, Chronistik und Enzyklopädie, ferner den Essay oder den Abenteuerroman abzugrenzen. Entsprechend ergeben sich verschiedene, historisch durchaus wandelbare disziplinäre Zuständigkeitsbereiche und systematische Zuordnun-

Texttypologie

gen: neben der Literaturwissenschaft betrachten sich – wie oben angesprochen – auch die Geografie, aber ebenso die Geschichte, die Pädagogik oder die Theologie als zuständig für Dokumente der verschriftlichten Welterfahrung (Siebers 2009, 48). Als literarische Gattung eigenen Rechts wäre Reiseliteratur dann aber weiter in ihren eigenen, jeweils unterschiedlichen Erscheinungsformen auszudifferenzieren, die nun weniger auf außertextlichen (Anlass, Status, Funktion, Region), sondern genuin ästhetischen Kriterien basieren.

Klassifikation nach Gattungsaspekten

Prosa und Sachlichkeit

Zunächst scheint die Prosa bei der Abfassung den Vorzug zu erhalten: das erklärt sich mit der Absicht, die Wirklichkeit über eine sukzessiv voranschreitende und vollständige Listung (aufzählend = er-zählend) einzelner Aspekte „treulich" zu verzeichnen. Die sprachliche Bewegung folgt der Bewegung im Raum und bietet eine lückenlose, sachlich angemessene und folgerichtige Wiedergabe des Erlebten. Der Sprecher verbürgt sich mit seiner Erfahrung und Kenntnis für dessen Wahrheit, wobei die Glaubhaftigkeit gerade mit der Schlichtheit der (prosaischen) Sprache konveniert: stilistische Überproduktionen wirken als mögliche Verschleierungsmanöver immer verdächtig. Hier zeigt sich zudem die durchaus enge Bindung der Gattung an die Oralität, indem jeder Reisebericht naturgemäß ja zunächst als erschöpfende Mitteilung eines Zurückgekehrten an das wissbegierig lauschende Umfeld erfolgt: „Wenn jemand eine Reise tut, so kann er was verzählen" (Matthias Claudius).

Lyrische Formen und Emotionalität

Bereits die Reisegedichte zeigen aber, obwohl sie ja oft einen offiziellen Charakter haben, wie sehr neben der prosaischen Nüchternheit auch die lyrische, feierliche und geradezu beschwörende Form des Sprechens zum Einsatz kommt. Es erfolgt eine Intensivierung der jeweiligen Aussage mit Tönen, Klangmustern und Rhythmen. Der Sprecher übersteigert hier ganz bewusst die Sachlichkeit, um etwa in der Furcht um das Schicksal des Reisenden mit der bittenden (resp. dankenden) Anrufung der Göttlichkeit besonders hymnisch zu klingen oder auch um seine Abschiedstrauer mit geistreichen Wortspielen, humorvollen oder gar satirischen Mitteln zu überspielen. Auch der retrospektive Bericht kann die emotionalen Komponenten einer Reise wie „Wanderlust" und „Reisefieber", „Fernweh" oder „Heimweh" bzw. ganz allgemein Angst, Schrecken oder Erleichterung durch den entsprechenden Wechsel der Stilmittel zum Ausdruck bringen.

Dialogizität und Diskurs

„Reisedramen" gibt es offenbar nicht, das Dialogische aber findet sehr wohl Eingang in die Prosa, etwa um authentische Qualitäten (O-Ton) einzufügen, um einer Vielfältigkeit von Erfahrungen jeweils eine Stimme zu geben oder einfach das große Ensemble der Eindrücke als einen inneren, psychologischen „Schauplatz" zu inszenieren, der eben metaphorisch auch als „Welttheater" mit bizarren Auftritten von Figuren oder dramatischen Geschehenswendungen zu verstehen ist. Der Kunsthistoriker Herbert von Einem (1905–1983) spricht im Nachwort der Goethe-Edition (Goethe 1994, 564) etwa vom „großartige[n] und wunderbare[n] Schauspiel seiner Italienreise", der Anglist Christoph Bode verschärft dies sogar noch im Blick auf die moderne Psychoanalyse: „Der Raum der Fremde ist immer auch Theater des Psychischen" (Bode 1994, 74). Der Dialog mit dem Leser dagegen, den der Autor ganz bewusst inszeniert, „um seine erkenntnistheoretischen Prämissen und seinen Reflexionsmodus zu diskutieren" (Neuber 1989, 59), war vor allem in der Aufklärung ein bevorzugtes Mittel, den „mündigen" Rezipienten anzusprechen und damit nicht zuletzt auch die eigene Glaubwürdigkeit zu bekräftigen. Im Gegensatz dazu versucht etwa die Ratgeberliteratur mit ihrer geradezu emotionslosen Listung und peinlich genauer (alphabetischer oder systematischer) Ordnung eine monologische Eindeutigkeit zwecks praktischem Nutzen der Informationen zu geben. Anweisungen, Instruktionen und gezielte Warnungen bestehen mit eindringlicher Kürze, Prägnanz und Schärfe im Sinne völlig negierter Spielräume, in denen relativierende Assoziationen oder mögliche Zweifel aufkommen könnten.

Besonders aufschlussreich für die Bestimmung des Darstellungsmodus sind die Kategorisierungen der betreffenden Texte selbst, etwa in den Komposita ihrer Untertitel. Hieraus ließe sich eine kritische Typologie entwickeln, die den zumeist aus literaturfernen Vorgaben entlehnten Bezeichnungen nachgeht und die entsprechenden Zusatzbereiche auswertet:

Selbstkategorisierung

Sub-Gattung	Charakteristika	Beispieltext
Reiseskizze Reiseimpression	offen, unverbindlich, vorläufig, suggestiv, animierend	Viktor Aimé Huber: *Skizzen aus Spanien* (1828)
Reisebeschreibung	maßstabsgetreue Vermessung (Kartografie), auch mechanische Wiedergabeapparatur (Video, Überwachungskamera), im Zusammenhang mit *aufzeichnen* auch *abkonterfeyen*, als Ekphrasis; siehe „Naturgemälde" (*tableau physique*) bei A. v. Humboldt	Carsten Niebuhr: *Reisebeschreibung nach Arabien und anderen umliegenden Ländern* (1774–78)
Reisebericht, -reportage und -protokoll	objektiv und neutral, Rechenschaftspflicht (vgl. Militär, Laborwissenschaft, politische Beschlussfindung)	Maria Leitner: *Reportagen aus Amerika. Eine Frauenreise durch die Welt der Arbeit* (1932)
Reisechronik Tagebuch/Blog	verbürgte zeitliche Abfolge und Kausalität, verschiedene Grade zwischen öffentlich und privat	Moritz Hartmann: *Aus der bretonischen Reisechronik* (1854)
Reiseführer, Reisehandbuch	Monologische Steuerung eines ansonsten „blinden" Einzelverhaltens	*Von Wien nach Triest. Reisehandbuch für alle Stationen der k.k. Südbahn* (1858)
Reisewarnung	Starker Appellcharakter, höhere verantwortliche Autorität	„Vorrangige Anschlagsziele sind Orte mit Symbolcharakter" (Auswärtiges Amt 2016)

Tab. 5 Checkliste zur Diskussion einer stilkritischen Gattungstypologie

Auktoriale Kategorien

Auch der Autor unterzieht sich – zumeist im anregenden Spannungsverhältnis zur etikettierten Textsorte – einer Selbstkategorisierung. So gibt er sich etwa als Pilger, Pendler, Krieger, Manager, Nomade, Forscher, Abenteurer oder Weltenbummler zu erkennen, spielt auf sein Reisealter, seine soziale Herkunft oder andere unverwechselbare Merkmale seiner Person an. Deutlich profiliert er sich zumeist in den Paratexten (Vorworte) mit einer dezidierten Erklärung seiner Ziele und Motive, mit emphatischen Beteuerungen (Agitator) oder energischen Distanznahmen (Aussteiger). Nicht selten erfolgt eine ausdrückliche Eigenwerbung mit Verweis auf breite Sachkenntnis (Prätextzitate) oder vielfältige Erfahrung, auch die Selbstzuschreibung von besonderen Entdeckerehren, Tapferkeiten oder karitativem Verhalten ist nicht unüblich. Ein Pilger spricht dann eher im Duktus der Selbsterniedrigung und versteht seine Wanderung, den „Wandel" oder auch den lebenslangen Gang (*homo viator*) zerknirscht als umfassende innere Selbstreinigung.

Erzählinstanz und Textgenese

Wer aber kommt im Text konkret zu Wort? Ein auktorialer (gereister/mitgereister) Ich-Erzähler oder ein fremder (vielleicht nicht gereister) Berichterstatter? Ist der Autor fokalisiert (Genette), also als „Brennpunkt" des Geschehens ausgewiesen, oder nimmt er sich als „teilnehmender Beobachter" eher zurück? Möglicherweise sind die Mitteilungen auch von einer distanzierten Regie auf wechselnde Sprecher verteilt – Redakteure, Koautoren oder auch Ersatzautoren wie der stellvertretend aufzeichnende Hofmeister schalten sich ein, auch Förderer, Ratgeber oder Weisungsbefugte können das Wort erhalten, wenn es dem Autor bzw. Redaktor geboten erscheint.

Erzählelemente und ihre Anordnung

Auch für die Reiseliteratur gilt im Wesentlichen das Stufenmodell der klassischen Rhetorik: nach der subjektiven Auswahl (Selektion der vorhandenen Daten: *inventio*) erfolgt die strategische Anordnung der Elemente (Hierarchie, Folge und Fokussierung: *dispositio*) und die ansprechende Ausformulierung (stilistische Einkleidung: *elocutio*).

Disposition und anteilige Unterfunktionen

Aus Gründen der Glaubhaftigkeit hält man sich bei der Anordnung meist an die authentische, das heißt die raum-zeitliche Abfolge des Erlebten (*ordo naturalis*) und rekonstruiert die tatsächliche Reise in ihrer zielorientierten Linearität. Ein topisch-thematischer, kumulativer und systematischer Aufbau (*ordo artificialis*) bleibt zumeist den Nachschlagewerken oder Ratgebern vorbehalten. In Anschlag zu bringen ist hier nicht zuletzt auch ein durchaus veränderlicher Wirklichkeitsbegriff: im Mittelalter etwa galt die „Wirklichkeit als Abbild einer höheren Ordnung, auf die sie verweist", was zu einem abweichenden „Wahrheitsbegriff" führte: „Nicht die Chronologie der Erfahrung strukturiert den Text [...], sondern das in der Bibel beglaubigte heilsgeschichtliche Geschehen, dem die Erfahrung dispositionell beigeordnet wird." (Neuber

1989, 56) So folgt der Aufbau einer nahöstlichen Pilgerreise eher einer heilsgeschichtlichen als der geografischen Topografie Palästinas.

Man unterscheidet in der Forschung drei idealtypische Anteile eines Reiseberichts: die eher an der Oberfläche verbleibende Beschreibung (Deskription), die handlungs- und gefühlsstarke Erzählung (Narration) und die eher argumentativ theoretisierende Betrachtung (Reflexion) – (Siebers 2009, 49–57). Ausmaß und Gewichtung dieser im sprachlichen Modus durchaus zu unterscheidenden Abschnitte können sich allerdings individuell verschieben, so dass sich auch hieraus die Gattungsfrage entwickeln ließe: eine dominierende Beschreibung macht den Bericht zum Handbuch, eine alles übergreifende Erzählung mutiert schließlich zum Roman und ein Übergewicht der Reflexion führt unweigerlich zum Essay. Die gebotene Darstellungsweise in der Reiseliteratur liegt jedoch mit dem Blick auf den Leser in einem sinnvollen Ausgleich der entsprechenden Anteile und orientiert sich generell an einem „narrativen Minimum" (Siebers 2009, 51): reduzierte Handlungen, zurückgenommene Reflexionen, dafür aber eine dominante Präsenz von objektiven Raumverhältnissen bzw. räumlich angeordneten Einzelobjekten, die für sich selbst sprechen und deren Verknüpfung durch eine Handlung weitgehend ausbleiben sollte.

Deskription, Narration, Reflexion

Neben dem klassischen Dreiklang aus Beschreibung, Erzählung und Betrachtung bieten sich noch andere Möglichkeiten der Variation bzw. der Verbindung: Einschübe, Abschweifungen oder Unterbrechungen mit sachlichen Konnotationen, subjektiven Assoziationen oder leserfreundlichen Allusionen. Es obliegt dem Verfasser und der Strategie seiner Adressatenlenkung, eher sanfte Überleitungen zu bieten oder mit schroffen Konfrontationen zu brüskieren, auch mit Voraus- und Rückverweisungen die Lesebewegung und damit die Gedächtnisfunktion zu verstärken. Der Autor kann eine strenge Gedankenführung oder eine meditative Öffnung, abstrakte Logik oder suggestive Anschaulichkeit bevorzugen, er kann mit Dehnung oder Straffung arbeiten. Er kann eine beliebige Fülle oder einen Mangel an Details ansetzen, die Beschreibung mit Illustrationen anreichern oder nicht: all das unterliegt seiner Regie. Insgesamt aber entspricht die Verknüpfung und Schlüssigkeit aller Elemente in der Disposition immer einem unterschwelligen Deutungsvorgang: die Nachbarschaft von bestimmten Komponenten bedingt für den Leser unweigerlich auch deren spezifische Ausleuchtung im Sinne des Autors.

Beglaubigungsstrategien und Autorisierung

Der Südamerika-Reisende und Entdecker der Osterinsel, **Carl Friedrich Behrens** (1701–1750), liefert in seinen Beschreibungen eine symptomatische Versicherung:

> **Quelle**
>
> Carl Friedrich Behrens: Der wohlversuchte Südländer, 1738. Zit. nach: William E. Stewart: Die Reisebeschreibung und ihre Theorie in Deutschland des 18. Jahrhunderts. Bonn 1978, 32f.
>
> „[Dem Leser] liefere Ich hier ein Werckgen/ welches diejenige Reiß=Beschreibung der Länder/ die ich durchgereiset/ in sich fasset; an deren Warheit nun so weniger zu zweiffelen/ da Ich/ als der Verfasser annoch im Leben/ und folglich hiervon als ein wahrer Zeuge/ der alles hierin beschrieben/ selbst erfahren/ und mit angesehen habe. Da nun historische Warheiten/ deren Quelle die selbst eigene Erfahrung ist/ die richtigste sind/ zumahl wann deren Urheber sich zur Verantwortung und Vertheidigung seiner selbst gesehenen Erzehlungen annoch darstellen kann; So zweiffelt der Verfasser nun so viel weniger an dem Beyfall seiner Großgünstigen Leser."

Affinität zur Lüge

Durchaus besteht zwischen Autor und Leser ein asymmetrisches Verhältnis: der Reisende/Erzähler muss auf das Vertrauen des Rezipienten hoffen, dass dieser ihm das als Wahrheit Mitgeteilte auch glaubt. Der Leser dagegen kann selten wirklich überprüfen, was er liest, weil er selbst nicht dabei war. So haftet der Gattung Reiseliteratur immer schon eine gewisse „Affinität zur Lüge" (Brenner 1989, 14) an. Oft argwöhnten bereits die Zeitgenossen, dass der Verfasser „untrewlich" handle und vieles „ertichte". Der Polyhistor und Jurist Nicolaus Hieronymus Gundling (1671-1729) mahnt explizit zur Skepsis, „dass man nicht Alles glauben dürffe, Was, in Reise-Beschreibungen, stehet." (zit. nach Stewart 1978, 24) Deshalb weisen die Texte oft spezifische Strategien auf, mit denen die Verfasser ihre Aufrichtigkeit glaubhaft zu machen versuchen. Gelehrte der Aufklärung etwa beteiligen ihre Leser ausdrücklich an der Problematik Fiktion oder Faktizität und thematisieren das ambivalente Verhältnis zwischen Sichtbarkeit und Deutung, so dass sich Möglichkeiten für den Leser ergeben, hier selbst kritisch mitzudenken, abzuwägen und durchaus mit zu entscheiden. Georg Forster lässt keinen Zweifel: „[…] denn da ich von menschlichen Schwachheiten nicht frey bin, so mussten meine Leser doch wissen, wie das Glas gefärbt ist, durch welches ich gesehen habe" (*Reise um die Welt*, Vorrede; Forster 1967, Bd. 1, 18).

Referenzwerke

Vorrangig sind es eingestreute Phrasen wie „das habe ich alles selbst gesehen" (*ex evidentia*), die den Vorwurf der Unwahrheit entkräften sollen. Neben der behaupteten oder erwiesenen Zeugenschaft erfolgt aber auch die Überprüfbarkeit des Gesagten anhand seriöser Quellen (*ad fontes*), weshalb besonders exakte Quellenangaben – also der Hinweis auf unabhängig aufzufindende wissenschaftliche Referenzwerke – suggerieren sollen, wie solide die gezeigte Faktizität sei. Der Reise-Autor erlangt Seriosität durch den Nachweis seiner Kenntnisse und die gezielte Konfrontation mit anderswo Geschriebenem, etwa im „Vergleich von empirischen Resultaten früherer Berichte über denselben oder einen analogen Gegenstand" (Neuber 1989, 57f.).

Als Verfahren der Beglaubigung gilt nicht nur die Zitation, sondern gerade auch die explizite Diskussion anderer Texten. Somit können auch zweifelhaft erscheinende Mitteilungen die Bestätigung durch eine Autorität erhalten, sie verlieren ihre Beliebigkeit durch ihre Einordnung in einen allgemeinen, solide gewachsenen Kosmos des Wissens. Die im Text verwendeten Prätexte können in diesem Sinne kenntlich gemacht werden, als Angebot für den Leser, Zusammenhänge selbst zu verifizieren (Bönisch-Brednich 2007). Für die Autoren des Humanismus verstößt bereits ein ungeprüftes Weitergeben von lediglich Gelesenem oder gar Gehörtem gegen das wissenschaftliche Ethos, akzeptabel ist nur die kritische Selbstwahrnehmung. Mit der Überwindung einer dogmatischen Theologie im 18. Jahrhundert richtet sich diese Haltung dann auch gegen einen ungeprüften Aberglauben, ebenso aber gegen Verklärung und Idealisierung. Vor allem der Gestus der betonten Neutralität gilt als Garant der Glaubwürdigkeit: man solle sich vor allem mit Werturteilen zurückhalten, so die Empfehlungen für Reiseschriftsteller, zu viel Zeigefinger ließe rasch eine zweckdienliche Manipulation der Wirklichkeit vermuten: „nur moralisches Desinteresse des Augenzeugen am Bericht macht ihn unverdächtig" (Neuber 1989, 55).

Prätexte und Neutralität

In entsprechender Absicht tritt zur reinen Deixis der Authentizität auch die betonte Performanz: eine mit aussagekräftigen Verben nachgezeichnete Körpererfahrung (Mühsal, Hunger, Krankheit) soll Erlebnis und Echtheit anzeigen. Mit der Koppelung des Geschilderten an die eigenen Person entsteht auch eine gewisse Bürgschaft, ja geradezu eine rechtliche Überprüfbarkeit: Reiseinhalte und persönliche Lebensweise verbinden sich, woraus im Zeitalter der autonomen Individualität bald die „Mikrologie" entsteht, eine detailgetreue Mitteilung von biografischen Fakten, also der „kleinen Dinge", die aufgrund von objektiven Bedingungen nicht erfunden sein können (= Wahrheit durch Kleinteiligkeit, Genauigkeit und Stimmigkeit). Gegen eine zu starke Ordnung kann aber auch die betonte Unsystematik eine besondere Echtheit verbürgen: man wirkt glaubhaft durch Zufälle, denn Unvorhergesehenes ereignet sich immer, das entspricht der Lebenserfahrung des Lesers und wird oft auch formal imitiert.

Performanz statt Deixis

Wahl der sprachlichen Mittel

Auch das dominierende Stilideal der Reiseliteratur, die größtmögliche Einfachheit der Begriffe und Syntagmen, resultiert natürlich aus dem Wunsch nach Glaubhaftigkeit: fremde Sachverhalte in Verbindung mit gelehrtem Schwulst wirken wenig vertrauenerweckend, präzise Terminologie und straffe Satzstrukturen steigern dagegen den Wahrheitsanschein der Beschreibung. Zudem sind die Tempusverwendung bzw. der Tempuswechsel indikatorische Entscheidungen: Gilt ein Zustand als abgeschlossen und somit als unzugäng-

Stilideal

lich oder wirkt er noch in die Gegenwart hinein? Die zeitliche Kontinuität öffnet damit auch die räumliche, signalisiert sie doch die potentielle Noch-Begehbarkeit der geschilderten Orte, also eine konkrete Möglichkeit zur Überprüfung des Gesagten. Andernfalls ist das Territorium in eine hermetische Vergangenheit getaucht. Vorgänge und das Verhalten der auftretenden Subjekte stehen vorwiegend im Präteritum, Objektbeschreibungen dagegen im Präsens (dauerhafte Gültigkeit). Oft orientiert sich ein sprachlicher Duktus auch an namhaften Vorbildern, um in der Imitation des Bekannten etwa die Akzeptanz des möglicherweise verstörend Neuen zu fördern.

Repräsentanz des Fremden

Eine bedeutende Frage ist die sprachliche Repräsentanz des Fremden: Findet die Alterität über den Originalton ihrer gesprochenen Sprache Eingang in den Text, und wenn ja, ist diese wissenschaftlich und ernsthaft oder etwa abwertend und despektierlich (ironisch) wiedergegeben? Wie wertet der Verfasser das Verhältnis der eigenen Sprache zu anderen Sprachen, thematisiert er entsprechende Verständigungs- und Übersetzungsprobleme? Kommt es zur Übernahme von fremden Begriffen und damit zur intellektuellen Akzeptanz des Anderen, erscheint Fremdkulturalität als übernahmefähige Eigenständigkeit für eigene Erkenntnisleistung? Die jüngere Forschung versucht durchaus, den Grad einer „intertextuellen Beschreibungspoetik" bzw. eine repräsentativen „Vielstimmigkeit" in den Texten zu taxieren und die Verhältnisbildung zwischen einem reisenden Subjekt und den jeweils eingetretenen Reaktionen auf sein Tun bzw. auf seine genuine Eigenheit zu klären (Scherpe 2000, 44).

Stil- und Vermittlungsebenen

Stil und Stimmung

Natürlich wird in den prospektiven Textsorten (Instruktionen) eher sachkundig informiert oder begründet gewarnt werden, auch der Autor in den retrospektiven Berichten geriert sich sachlich und unterwirft sich der Verbindlichkeit höherer Wertordnungen. Allerdings muss ein Erzählduktus nicht generell neutral und distanziert bleiben. Emotionalität kann als Erlebniskategorie (sich wundern, empören, bewundern, staunen, befürchten) auch noch in die nachträgliche Darstellung einfließen. Der Erzähler darf sich als Betroffener vorführen, kann sich duldsam und erleidend einem Verhängnis ergeben, sich gar als ein von höheren Mächten für ein besonderes Erleben Ausgewählter stilisieren und sich zum Vorbild und Richtmaß erheben. Es obliegt ihm, seine Reaktionen und Stimmungen wortreich auszugestalten, seltsame und wunderliche Dinge sowohl mit rationalen als auch betont geheimnisvollen Erklärungen zu versetzen. Mit der Romantik rücken entsprechend rezeptionsästhetische Intentionen stärker in den Vordergrund: der Leser soll das Benannte selbst und aktiv nacherleben und sich vom Dichter verwandeln, ja verzaubern lassen. Der Autor weckt in ihm Gefühle, Stimmungen und Sehnsüchte, öffnet ihm das „innere Auge", damit auch auf seiner Seite die gemeinten Inhalte adäquat entstehen. Landschaften erscheinen dann rätselhaft aufgeladen oder sind wie Hieroglyphen zu entziffern, alles spricht, raunt, singt und tönt – wenn der Autor es nur anrührt – dann auch für den Adressaten. Im Realismus erfolgt unweigerlich das Gegenteil: in Rücksicht auf den Leser gilt es gerade alles zu entzaubern, zu entlarven und zu ernüchtern, ja auch zur Kenntlichkeit zu verzerren und satirisch zu überzeichnen, um das passive und mutmaßlich träge Subjekt zum Eingriff in die Geschichte zu motivieren. Der Leser soll dann aktiv gegen die Missstände vorgehen.

Am Ende bleibt jedoch immer ein Text: eine intentionale Verwobenheit der Eindrücke in Abhängigkeit von ihren objektiven Bezugspunkten (Kulturen). Zur Analyse steht immer ein zeitgenössisches Konstrukt für einen zeitgenössischen Leser. Es bleibt interpretatorisch zu klären, wie durch die erfolgte Selektion, Addition oder Konzentration, kurz durch die kunstgerecht versprachlichte Reise sich insgesamt nicht nur die „Lesbarkeit der Welt" (Hans Blumenberg) erweist, sondern ein „Weltbild" entsteht oder eine „Weltaneignung" erfolgt, die sich dann auf den Leser überträgt.

Erfahrene und erzählte Welt

4. Theoretische Ansätze zur Erforschung der Reiseliteratur

Die methodische Neuorientierung der Geisteswissenschaften im Zuge des *cultural turn* bot den Philologien die Möglichkeit, nicht nur zusätzliche Wissensbereiche zu akquirieren, sondern auch verfeinerte Instrumentarien für die Textinterpretation zu erproben. Die in der Reiseliteraturforschung ja schon länger geübte Praxis eines multidisziplinären Umgangs mit den Quellen erhielt jetzt ein theoriegesättigtes Fundament, vor allem aber eine systematische Konsolidierung: im interdisziplinären Dialog konnten etwa der enge Literaturbegriff oder die starre Dreieckskonstellation aus „Autor/Werk/Leser", aber auch die ideologisch verfestigten Dualismen wie „Heimat/Fremde", „Zivilisation/Primitivität" bzw. „Identität/Alterität" relativiert und nuanciert werden. Komplexe Diffusionsvorgänge in der Kulturkontaktbildung, die Reaktions- und Reflexionsprozesse zwischen Subjekt und Alterität erfuhren inhaltlich wie terminologisch im Blick auf andere Fächer nun eine entsprechende Differenzierung, etwa durch die Vorgaben der Neurophysiologie (Sinneswahrnehmung, Selektion, Strukturbildung, Emotion) oder einer psychoanalytisch verstandenen Kulturwissenschaft (Arche- bzw. Stereotypenlehre). Über die jeweiligen *turns* (*spatial*, *postcolonial*, *translational* u.a.) vernetzten sich die Philologien mit der geopolitischen Kulturraumforschung (*area studies*) oder der vergleichenden Fremdheitsforschung (*Xenologie*), ohne dabei ihr eigenes Profil zu verlieren. Im Gegenzug wächst der Kulturwissenschaft ja mit dem Topos von der „Kultur als Text" (Bachmann-Medick 2004) und den damit verbundenen

Reiseforschung und cultural turn

hermeneutischen Kompetenzen auch eine genuin philologische Analysetechnik zu.

Reiseforschung als Kulturwissenschaft

Subjekt, Raum und Text

Der konkrete Vorgang des Reisens besteht zweifellos aus einer Vielzahl von Komponenten und Bezugsebenen, die sich dann natürlich auch in der Vertextung auffinden lassen: das reisende Subjekt mit seiner Individualität, Religiosität und Nationalität bildet bereits per se einen Forschungskomplex, der über rein sprachliche oder ästhetische Fragen weit hinausreicht. Ebenso natürlich auch der bereiste Raum mit seiner Natur, Geschichte, Technik und Einwohnerschaft. Durchaus kann die Reiseliteratur dabei als Organon wirken, um die heterogene Fülle aus mitgebrachtem Wissen, aktuellen Beobachtungen und kommunikativen Erfahrungen vor Ort, also das Erlebte wie das Gelesene, in einer kohärenten Erzähloberfläche zu verbinden. Um die Semantik der Einzelheiten ebenso wie die ihrer vielfältigen Zusammenhänge präziser bestimmen zu können, ist die Konsultation einer jeweils zuständigen Fachdisziplin außerhalb der Literaturwissenschaft nahezu unausweichlich. Es dürfte sich deshalb lohnen, an dieser Stelle ein Tableau der betreffenden Disziplinen und ihrer unterschiedlichen Ansatzpunkte zu diskutieren.

Tab. 6 Diskussionsimpulse für eine multidisziplinäre Reiseforschung

Disziplin	Inhalte und Zielbereiche	Bezüge zur Reiseforschung
Anthropologie	Selbstverständis des Menschen als Gattung zwischen höheren (Gott) und niedrigeren (Tier) Bezugsebenen	Menschliche Konstanten und Wahrnehmung differenter Formen des Menschseins
Biologie und Lebenswissenschaften	Formen und Funktionsweisen des Organischen; verbunden mit Neurologie bzw. Gehirnforschung	Reise als Wahrnehmung von Lebensformen (Flora, Fauna); Vorgänge der Reizverarbeitung
Ethnografie	Kulturen in ihren Eigenheiten und Beziehungen (Xenologie, Imagologie)	Erschließung von interkulturellen Wahrnehmungs- und Dialogmustern
Geografie/Kulturgeografie	Erdgeschichtliche Formationen, Topografien und Klima bzw. deren Auswirkung auf den Menschen	Registratur der anorganischen Natur, Zusammenspiel von geomorphen und geopolitischen Faktoren
Geschichtswissenschaften	Datierung und Relativierung historischer Ereignisse bzw. sozialer oder ökonomischer Rahmenbedingungen	Reisetexte als Organon in politischen, diplomatischen oder wirtschaftlichen Konstellationen
Kunstgeschichte	Sammlung und Analyse von visuellen Artefakten (Malerei, Skulptur, Architektur)	Bildkünste vor Ort: Wahrnehmung und Deutungsansätze
Psychoanalyse	Subjektkonstitution (Ängste, Triebe, Verdrängung, Sublimation) und Gruppenverhalten	Selbstbehauptung in eigenen wie fremden Kollektiven (Projektion, Kompensation)

Religionswissenschaft und Theologie	Konfessioneller oder glaubensneutraler Vergleich von Religionen (Dogmen, Schriften, Praktiken)	Kontakt mit fremden Ritualen und kanonischen Texten (Verketzerung, Synkretismus und Toleranz)
Technik- und Verkehrsgeschichte	Dokumentation und Erforschung mechanischer Apparate bzw. deren wirtschaftlicher Nutzung	Raumerfahrung durch optimierte Bewegungsmittel (Geschwindigkeit, Bequemlichkeit, Bezahlbarkeit)

Endogene Erfahrungsmodi: Subjekttheorie und Psychologie

Die Person des Reisenden bzw. des Autors lässt sich wie die seiner Koakteure und Kontakte natürlich mit universalen Kategorien wie Nation, Religion, Gender, Stand oder Bildungsgrad näher bestimmen. Dagegen steht die jeweilige Eigenständigkeit als Subjekt in diesen Formationen, die nun ihrerseits historisch wie kulturräumlich ja stark veränderlich erscheinen. Die Forschung spricht von einem ständigen „Oszillieren" der Subjektivität zwischen „Selbstbehauptung und Selbstaufgabe" (Zima 2000, xxii). So unterscheidet man einen autonomen, stark selbstbewussten Subjekttypus im Sinne der Genieästhetik des späten 18. Jahrhunderts von einer eher vormodernen, aber auch im 20. Jahrhundert wieder dominierenden Variante, die sich in biografischer Abhängigkeit von Sprache (Ideolekt, Dialekt, Soziolekt), Systembindung (Dogmen, Normen, Diskurse) oder psychischer Kondition als stärker fremdgesteuert erweist. Daran knüpfen sich dann die modernen Vorstellungen von einem „zerfallenden" Subjekt, was nach den französischen Denkern Gilles Deleuze (1925-1995) oder Jacques Derrida (1930-2004) sogar gänzlich zum „Tod des Subjekts" führen muss – konsequent gefolgt vom „Tod des Autors" (Roland Barthes). Dies hat natürlich Auswirkungen auf die interpretatorische Arbeit und die Frage, wer hier eigentlich schreibt.

Subjekt

Um solche Aspekte untersuchen zu können, sind die umfassenden Deutungssysteme der Theologie, der Philosophie oder der Psychologie unverzichtbar. Anhand der dortigen Kategorien gilt es zu analysieren, welche Faktoren eine wirksame Rolle für das Selbstbewusstsein bzw. die Wahrnehmungsfähigkeit des Individuums spielen. In Bezug auf die Identität begegnet beispielsweise das interessante Faktum, dass mancher Reisender ja gar nicht identisch mit sich selbst auf die Reise geht: Neben der Wahl der Kleidung (Übernahme aus anderem Stand oder einer fremden Landestracht) zeigt sich das vor allem, wenn sich jemand einen „Reisenamen" zulegt und die ihm unbekannten geografischen wie gesellschaftlichen Räume „inkognito" aufsucht. Eigenname, Berufs- und Standesbezeichnung als Konstituenten der Person erscheinen somit aufgehoben, durchaus ein traditionsreiches Verhaltensritual in der Diplomatie (Barth 2013), aber eben auch nicht ganz frei von individualpsychologischen Aspekten. Goethe etwa reiste nicht als berühmter *Werther*-Dichter oder

Identität und Selbstbewusstsein

herzoglicher Geheimrat nach Italien, sondern als „Johann Philipp Moeller" aus Leipzig resp. „Signore Filippo Miller Pittore Tedesco". Ein Identitätswechsel bzw. die Leugnung der eigentlichen Person lässt den Reisenden eigene Erfahrungen unter fremdem Namen machen, woraus sich bestimmte Unverbindlichkeiten oder gar charakterbildende Freiheitserlebnisse ergeben können. Man öffnet sich neue mentale Radien bzw. bislang verschlossene Zugänge zur Wirklichkeit und verschafft sich damit – anderweitig durchaus verwehrte – Kenntnisse von Welt.

Motivation und Erlebnismodi

Motivation zur Reise

Neben der vestimentären und nominellen Selbstbestimmung konstituiert sich das Subjekt auf Reisen natürlich vorrangig über die jeweilige Motivation, das heißt über die persönlichen (oder anderweitig aufdiktierten) Zielsetzungen einer Reise. Diese konditionieren dann im Sinne eines Wunsch- oder Pflichtenkatalogs die Eigen- wie die Fremdwahrnehmung. Geht es bspw. eher um die Selbstbestätigung im physischen Bereich – also um sportliche Herausforderungen (Leistungsgrenzen erfahren beim Extremwandern, Freeclimben, Wingsuit-Fliegen), hormonelle Regulierung (Sextourismus und erotische Reise) oder eine Flucht in neue Existenzformen (Exotik, Abenteuer, Freiheit) – oder dominiert eine prinzipielle Selbstveränderung in der psychischen Sphäre (Rechenschaft, Buße, Überwindung oder Neufindung des Ich)? Die besondere Sinnzuweisung der Reise lässt sich bereits in der jeweiligen Bezeichnung ablesen, weshalb ein kurzer Blick auf die Etymologie bzw. Metaphorik von Reisen durchaus lohnt (Schildknecht 2011): abhängig von dem gemeingermanischen Verbum *rîsan* bezeichnet das Lexem ursprünglich eine Bewegung nach oben, ganz im Sinne von Erhebung und Aufbruch (auch „Aufbruch zum Krieg"). So unterscheidet sich ferner *peregrinare* („gezielt in die Fremde reisen") von *vagari* („ziellos umherschweifen"), erst recht aber von flanieren, pendeln, jetten oder „das Weite suchen". Ausflug, Exkursion, Pilgerfahrt, Tour oder Trip artikulieren jeweils aussagekräftige Abschattierungen, die eine indikatorische Festlegung des erlebenden Subjekts innerhalb der abzuleistenden Raumerfahrungen anzeigen.

Fremderfahrung als Spiegel

Neben einer eher introvertierten Selbsterfahrung erprobt das Individuum dann auch die Herausforderung von außen, etwa im unmittelbaren Kontakt mit einer ihm bislang nicht bekannten Ethnie. Aus dem Spannungsgefüge zwischen dem Eigenen und dem Fremden resultiert eine dynamische Wechselwirkung, es gilt sich auch mit Hilfe des anderen selbst zu erkennen. Über eine entsprechende Spiegelfunktion kann zwar die explizite Ablehnung des Fremden erfolgen, durchaus aber auch die Befragung, Relativierung oder gar Korrektur des eigenen Standpunkts. Die Frage nach dem „Horizont" und den Räumen dahinter erhält damit ihre metaphorische Qualität: Zieht sich hier eine unüberwindbare Begrenzung um das Subjekt oder öffnet sich eine mögliche Erweiterung der persönlichen Weltsicht („Hintergehbarkeit")?

Der deutsche Philosoph Hans Blumenberg (1910-1996) spricht in diesem Zusammenhang von einem polysemantisch füllbaren „Möglichkeitshorizont" für das Individuum (Blumenberg 1986, 149), während der historische Anthropologe Helmuth Plessner (1892-1985) hier auch einen Begriff wie „Weltoffenheit" diskutiert. Er postuliert, dass Definition und Taxierung des „Fremden" weitgehend epochen-, kultur- und biografieabhängig zu bestimmen ist. Plessner war selbst Emigrant und stellt vor diesem Hintergrund ganz besonders die Fähigkeit des Menschen heraus, sich immer wieder auf neue Kontexte einzulassen und sich zu rekonstituieren. Bereits in den 1950er Jahren spricht er von der „Relativierung der eigenen Kultur", während die ältere Forschung noch mit feststehenden „Nationalcharakteren", mit „Völkerpsychologie" oder einer „Kulturmorphologie" operiert. Gegen überkomme Vorstellungen von Kultur als einem verschlossenen Behälter mit definiertem Inhalt kündigt sich hier bereits die Vorstellung einer dynamischen Durchdringung an, die eine Genese von neuen Sinnbezügen über fließende Grenzen zwischen der eigenen und fremden Ethnie möglich bzw. sogar wünschenswert erscheinen lässt.

Blumenberg und Plessner

Aspekte der Perzeption

Damit rückt nun die Frage der unmittelbaren Wahrnehmung, des Wahr-Nehmens und der nachfolgenden Reflexion (Verarbeitung) des Wahrgenommenen in den Fokus. Das richtet sich zunächst ganz essentiell auf die Funktionsweise des aktivierten Sinnesapparats, wäre dann aber auch auf einer höheren Ebene in den Zusammenhang mit individualbiografischen, kulturellen und anthropologischen Prägungen zu bringen. Einzelne Stadien der Perzeption (Sinnesreiz, Verarbeitung und Memorierung) basieren ja zunächst auf biologischen Voraussetzungen, womit die Kognitionstheorie und Neurobiologie aufgerufen wären: „Mechanismen" der Wahrnehmung wirken als (physiologische) Konditionierung von (geistiger) Erkenntnis. Als Extrem diskutiert die Forschung das Modell eines ausschließlich selbstbezüglichen, also gegenüber der entsprechenden Kognition des Anderen völlig verschlossenen Nervensystems: „Die uns einzig zugängliche Welt ist die von unserem Gehirn konstruierte kognitive Welt." (Murath 1995, 3 bzw. 9).

Bewegung, Wahrnehmung und Perzeption

Die Perzeptionsvorgänge auf der Reise sind natürlich primär abhängig von akzidentellen und vor allem motorischen Bedingtheiten wie dem jeweiligen Bewegungsmodus: zu Fuß, zu Pferde oder im Fahrzeug, in der Kutsche (Ochse oder Pferd), auf dem Fahrrad oder Segway, im Auto, Wohnmobil, Schiff, Ballon, Eisenbahnwaggon, Flugzeug oder Raumschiff erfolgen natürlich völlig andere Wahrnehmungen des Unbekannten. Der amerikanische Philosoph Henry David Thoreau (1817-1862) sinniert etwa in allen nur erdenkli-

Dynamiken der Bewegung

chen Facetten über *Walking* (1851, Druck postum 1862, dt. *Vom Spazieren. Ein Essay*, 2004). Dagegen stünde u. a. geschientes Gleiten (Eisenbahn), Rasen, Stop-and-go, Stillstand (Autobahn) oder die Bewegung auf einer unbegehbaren Wasserfläche (Schiff). Das Warten an der Straße in der Hoffnung auf Mitnahme (per Anhalter) zieht zeitliche Dehnung nach sich, die Unterbrechung der Reisewahrnehmung durch Schlaf im Verkehrsmittel oder durch das Überfliegen ganzer Landstriche bedingt Straffungen. Meditation entsteht durch Langsamkeit, Kompression durch entwertete Einzelreize in hoher Geschwindigkeit. Spontane Umplanungen (etwa aufgrund temporärer Freifahrkarten) stehen gegen geführte Pauschalreisen oder Irrtumsreisen ins „Blaue" mit Umwegen, die bekanntlich die Ortskenntnis erhöhen.

Raum als Erfahrung und Konstrukt

Raumtheorien

Der bereiste Raum wird somit – abgesehen von der mitgebrachten eigenkulturellen Prägung – immer subjektiv er-fahren. Die reflexive Klärung der Eindrücke in der sprachlichen Retrospektive erfolgt entsprechend persönlichkeitsbestimmt im Dialog mit dem jeweiligen Weltareal: Der französische Wissenschaftshistoriker Gaston Bachelard (1884–1962) spricht im Zusammenhang von Raumerfahrung, Sprech- und Lektüreakt sogar von einer „Poetik des Raums" (*La poétique de l'espace*, 1957) und analysiert die Beziehung der menschlichen Psyche zu den Orten, die ein Subjekt wahrnimmt, bewohnt oder aufsucht. Der französische Diskursanalytiker Michel Foucault (1926–1984) bestimmte – im Gegensatz zu „Utopien" – mit „Heterotopien" besondere „Andersorte", also tatsächlich existente Alternativräume für Kulturerfahrung und -reflexion und hatte dabei vorwiegend Ausnahmeorte wie die Psychiatrie im Blick. Der Anthropologe Marc Augé (*1935) spricht sogar von „Nicht-Orten" („non lieux") wie Flughäfen, Autobahnen oder Einkaufszentren, die keine Geschichte, keine Beziehung mit anderen Räumen und damit auch keine Identität, sondern nur noch eine Monofunktionalität aufweisen (Rehberg 2005). Neuere Forschungen haben diese Fragen noch weiter ausdifferenziert, wovon etwa die Lemmaliste des *Lexikons der Raumphilosophie* (Günzel 2012) ein eindrucksvolles Bild vermittelt. Im Zuge des *spatial turns* erfuhr diesbezüglich auch die Kartografie als Korrelat und Metapher für Geist und räumliche Ordnung (*mind mapping*) eine bislang unbekannte Aufwertung, was Titulierungen wie *kognitives Kartieren* (1990) oder die *Macht und Lust in Karten und Literatur* (Stockhammer 2007) belegen.

Kulturrelativierung und Transkulturalität

Die kolonialismuskritische Forschung seit den 1970er Jahren betrieb eine nachhaltige Relativierung des „Eurozentrismus" und sorgte für durchaus fruchtbare Verschiebungen in der wissenschaftlichen Wahrnehmung von Textinhalten im Bezugsfeld von Raum und Kultur. Kurz nachdem der französische Ethnologe Claude Levi-Strauss wegen der nunmehr fehlenden Fremderfahrung – die Welt sei im 20. Jahrhundert ja vollständig entdeckt, bereist und beschrieben – im Jahre 1955 das „Ende des Reisens" ausgerufen hatte (Levi-Strauss 1955), verfestigte sich schon mit Joachim Ritters Überlegungen zur problematischen „Europäisierung" (1956), vor allem aber mit den postkolonialen Ansätzen Edward Saids zum „Orientalismus" (1978) und schließlich mit Homi Bhabhas Thesen zur „transnationalen Kultur" (1994) ein völlig neuer Ansatz. Jetzt ging es um eine möglichst ausgewogene, vermittelnde Betrachtung der globalen Kulturformationen, die Levi-Strauss ja selbst bereits mit seinem Begriff der „Kulturrelativierung" initiiert hatte. Die hierauf gründende Kulturwissenschaft nimmt anstelle der schroffen Konfrontation aus hegemonialer Kultur (Europa) und subalterner Reaktion (Kolonien), anstelle der trennenden Hierarchie von Zentrum und Peripherie, nun verstärkt die Paradigmen des aktiven Ausgleichs in den Blick, etwa solche eines „dritten Raums" bzw. eines besonderen Vorgangs des „Aushandelns". In der Rückkopplung mit der Theoriediskussion zu „Subjekt" und „Subjektivität" trat dann als menschliche Konkretion dieses Konzepts der „Hybrid" in den Fokus der Debatten. Damit wären die neuen Betrachtungsgrößen von Raum, Handlung und Subjekt angesprochen, mit denen es dann auch und gerade die Gattung der Reiseliteratur zu tun bekommen sollte. Alle genannten Paradigmen sind im Folgenden genauer zu erläutern.

Statik der Kulturen und Kulturdynamik

Die Wahrnehmung des Fremden unterliegt wie ihre sprachliche Umsetzung bestimmten Vorprägungen und vorab festgelegten Steuerungsmustern, die prägnant etwa in der umfassenden Anleitungsliteratur zu greifen sind. Hier begegnen bereits die entsprechenden Schablonen für die Erfassung von Reisebeobachtungen in Form von „Gesichtspunkten", Hilfsfragen und prästrukturierenden Systemen, die der Vor- wie auch der Nachbereitung gleichermaßen starre Raster aufzwingen. Justin Stagl spricht von vorab „mitgebrachte[n] Erlebnisdispositionen und Betrachtungsschemata" (Stagl 1980, 145). Diese wachsen sich seit dem 16. Jahrhundert bereits zu komplexen „Interrogatorien" aus, die durchaus als Vorläufer des modernen Fragebogens gelten können und zumeist als „To-do-Liste" und Recherchekatalog fungieren, mit denen die im Auftrag eines Fürsten oder einer Forschungsakademie Reisenden versehen werden. Auf der Basis der Systematisierungslehre des französischen Logikers Petrus Ramus (1515–1572), der das gesamte menschliche Wissen mit einer fortschreitenden begrifflichen Zergliederung widerspruchslos aufzubereiten versuchte, entwickelten die Apodemiker Hugo Blotius (1533–1608), Theodor Zwinger (1533–1588) oder Hieronymus Turler minutiös ausdifferenzierte Gliederungsschemata, die ein neues Land etwa nach *nomen* (Namen), *figura* (Gestalt), *capacitas* (Umfang), *iurisdictio* (Herrschaftsordnung) und *situs* (Landschaft, Städte,

Fremdwahrnehmung als statische Interkulturalität

Objekte) zu erfassen suchten. Die *Instruktionen* des Sibirienforschers Gerhard Friedrich Müller (1705-1783), die er in den Jahren 1732-1740 für sich selbst, aber auch für Mitarbeiter und Nachfolger als Aufstellung präziser Leitfragen ausfertigte, sind in ihrer gedanklichen Struktur bereits als Beginn einer systematischen Feldforschung zu bewerten. Das vorhandene Wissen sollte gezielt vervollständigt werden (Bucher 2002, 172-183).

Wirkung der Aufklärung

Mit der zunehmenden Relativierung eines streng dualistischen Welt-Modells (Himmel/Hölle, Christ/Heide oder Gott/Teufel) forderte der Rationalismus des 18. Jahrhunderts eine möglichst wertfreie Differenzierung von Wahrnehmung und Systematisierung. Durchaus im Namen der Toleranz ging man von einer allen Menschen gemeinsamen Vernunft aus, auch den „Wilden" oder „Heiden" sprach man ein *lumen naturale* zu, eine angeborene Teilhabe an der universalen *ratio*. Das Fremde und zunächst Unerklärliche sollte nicht mehr essentiell ausgegrenzt, sondern in den eigenen (gleichwohl europäischen) Horizont integriert werden. Seit den Philosophen Francis Bacon und René Descartes (Brenner 1989, 33) arbeiten verschiedene Theoretiker an Modellen einer widerspruchsfreien systemischen Darstellung der entsprechenden Wahrnehmungen. Auch damit aber verfestigen sich dann kategorische Muster (Vorurteil, Klischee, **Imagotype**) und Vorstellungen vom (Stereo-)Typischen. Wirklich neue und zu stark vom Bekannten abweichende Daten können in ihrer Eigentlichkeit weiterhin nur schwer Anerkennung finden (Voltrová 2015) – langlebige Werturteile theologischer oder anthropologischer Natur bleiben in Kraft. Gemessen an Urs Bitterlis Typologie der „Grundformen des Kulturkontakts" (Bitterli 1986), die er mit „Kulturberührung, Kulturzusammenstoß, Kulturbeziehung" charakterisiert, bleibt es auch nach der Aufklärung beim „Zusammenstoß" mit konfrontativem Impetus bzw. fehldeutenden Attitüden, so dass eine dynamische, wechselseitige und für eine Selbstveränderung offene „Kulturbeziehung" weiterhin die Ausnahme bleibt.

> **Stichwort**
>
> **Imagotype und Imagologie**
>
> Ausgehend vom lateinischen Begriff *imago* (Bildnis, Vorstellung von einer Sache, Phantasma) hat sich im Blick auf die Produktion, Verwendung und Auswirkung von Fremd- oder Eigenbildern verschiedener Kollektive (insbes. von Nationen) ein disziplinenübergreifender methodischer Fokus gebildet. Die „Imagologie" untersucht nicht nur eine schlagwortartige Verkürzung der Merkmalszuweisung (Stereotype), sondern erforscht in komparatistischer Perspektive gerade auch die Formen einer subtilen narrativen, ja suggestiven Vermittlungstechnik, erkundet die Radien ihrer komplexen Ausdehnung und die möglichen Ursachen im Sinne einer kognitiven Sozialpsychologie (O'Sullivan 1989) bzw. der kollektiven Gedächtnisforschung (Trauma, Ereignis, Topoi, Medien). Im Versuch, von festen Vorstellungen wie „Völkerpsychologie" oder „Nationalcharakter" und der damit verbundenen Gefahr einer Ideologisierung abzurücken, etablierte sich seit den 1960er Jahren

eine Forschung, die sich nun vorrangig auf verdeckte Mechanismen und diffizile Praktiken von situativ generierten und damit dynamisch veränderlichen Schemabildungen konzentriert. Ziel ist die genauere Bestimmung von verbal wie visuell vermittelten Prägungsmustern, die neben der mentalen Wirkung auf das Eigenbewusstsein (Identitätsbildung) vor allem auf Denken und Handeln (Schuldzuweisungen, Sanktionsbildung) gegenüber einer anderen Ethnie Einfluss nehmen. Die Ergebnisse firmieren mittlerweile sogar als definierte Lehrinhalte einer transnationalen Kommunikation („interkulturelle Kompetenz"), zur aktiven Verbesserung der Völkerverständigung.

Überwindung von arretierten Dualismen

Eine kritische Selbstwahrnehmung aufgrund eines kontrastiven Dialogs mit dem Fremden begegnet gelegentlich bereits in älteren Reisetexten. Jürgen Osterhammel beobachtet schon über längere Zeiträume eine „kategoriale Prägung der Distanzerfahrung", indem manche Reisende aus Europa bzw. Nordamerika ihre bislang gültigen Ordnungssysteme durch die Begegnung mit dem Anderen durchaus modifizieren (Osterhammel 1989, 33). Bereits 1632 mahnte Paul Fleming (*An Herrn Martin Christenien[...]*): „Denkt, dass in der Barbarei | Alles nicht barbarisch sei!" Und Georg Forster versichert 1778: „Alle Völker der Erde haben gleiche Ansprüche auf meinen guten Willen" (Forster 1967, 18). Die Frage nach den Möglichkeiten einer Überwindung von Stereotypen und Deklassierungen mündet dann spätestens zur Jahrtausendwende in die theoretische Vorstellung bzw. in die praktische Erprobung von globalen Ausgleichsmodellen. Man erkennt nun eine praktikable Chance für die Auflösung von schroffen Bilateralitätsschablonen und diskutiert die Begegnung in einem „dritten Raum", der nun eher dialogische Formen („aushandeln") begünstigen könnte, also eine gegenseitige performative Annäherung im Diskurs. Verschiedene Kulturen sollen ihre mögliche Kompatibilität selbst herausfinden. Unter dem Stichwort der „Transkulturalität" bzw. „Transnationalität" versucht man, die zu einseitig auf eine dominante Ethnie bezogenen Modelle zu entwerten und die an der Hegemonie orientierten Erklärungsmuster, etwa solche der „Akkulturation" (Zwangsanpassung) bzw. der „Verschmelzung", zu meiden. Der indische Literaturtheoretiker Homi Bhabha (*1949) regte an, zunächst die räumliche Wahrnehmungsoptik auszugleichen, d. h. die Aufmerksamkeit von den Zentren auf die Ränder zu verlagern und anstelle einer ausschließenden Dichotomie (aus einem eigenen bzw. fremden Raum) eine „begehbare" Zwischenzone anzunehmen, in der sich beide Seiten begegnen könnten. Der Kulturkontakt sollte zu verstehen sein als ein in beide Richtungen verlaufender Wirkungsprozess, bei dem die Heterogenität der Beteiligten erhalten bleibt, der aber für beide Seiten eine Chance bietet, sich gleichermaßen in der Begegnung zu verändern. In einer Art Spiegel-Funktion läge dann die Möglichkeit,

Angebotsspektrum der postkolonialen Studien

die jeweils vielleicht verdrängten Anteile der eigenen Geschichte gerade durch die Begegnung mit der Eigenheit des Anderen wieder bewusst zu machen und auf den Weg einer vertieften Selbstfindung zu gelangen. So glaubt man, dass die „separierende Idee von Kultur faktisch durch die externe Vernetzung der Kulturen überholt" werden könnte (Welsch 2005, 323).

Hybridität

Als figurative Konsequenz aus diesen Vorstellungen eines *in between*, einer Existenz in den auszulotenden Zwischenräumen, ergab sich die Person des Hybrids. Der aus der Biologie stammende und aufgrund seiner Geschichte („Mischling", „Bastard") nicht unproblematische Begriff zielt auf die Erfassung eines Phänomens, das im Zusammenfinden von ursprünglichen Verschiedenheiten als etwas grundlegend Neues entsteht. Konkretisiert zielt das auf ein authentisches Individuum, das seine Herkunft gleichrangig auf zwei unterschiedliche Kulturen beziehen kann und in der wechselhaften Spannung, in der dynamischen Synthese, ja auch im postmodernen Spiel zu einer neuartigen Existenzform gelangen könnte, die einem ausschließlich „monokulturellen" Subjekt stets vorenthalten bliebe. Die polaren Entitäten „fremd" oder „eigen" diffundieren in Form einer biografischen Synthese, für die ein entsprechend modifizierter Reisebericht dann gleichwohl eine Art Selbstprotokoll wäre. Es geht nicht mehr um ein (multi)kulturelles oder interkulturelles Nebeneinander, nicht mehr um zwei getrennt kommunizierende Größen, auch nicht um eine dialektische Aufhebung der Gegensätze, sondern um einen beiderseitigen Abgleich, der zur Ausbildung der eigenen, als Zweiheit bejahten persönlichen Identität führen würde. Auch die bisherigen Positionen bzw. Rollenzuweisungen als hegemoniales oder subalternes Subjekt entfielen somit.

Aktuelle Theorie und aktuelle Reiseliteratur

Diesbezüglich wäre die historisch zurückliegende, vor allem aber die zeitgleich zur entsprechenden Theoriebildung entstehende Reiseliteratur zu befragen, welche Konkretion bzw. welche Bewertung dieser Phänomene sie jeweils anzubieten hätte. Beispielsweise stellt sich die alte Frage nach der „Heimat" notwendig neu. Ist sie noch ein Fix- und Bezugspunkt wie in den Reisen vor der zweiten Jahrtausendwende, gibt es noch ein definiertes Zuhause als Maßstab und Rückzugsort? Oder ist diese Kategorie in der Moderne bereits obsolet, indem neue transnationale Existenzen multilingual und multiareal auf wechselnde Orte oder eben „Nicht-Orte" (etwa Transitorte wie Flughäfen oder Flüchtlingscamps) verteilt sind? Ottmar Ette spricht von „Literaturen ohne festen Wohnsitz" und hat dabei das wirtschaftliche oder life-style-Nomadentum im Blick (Ette 2005). Mit der zunehmenden Digitalisierung von Arbeitsabläufen entfällt die Notwendigkeit einer räumlich fest zugeordneten Daseinsform, *freelancer* können als digitale Nomaden über das Netz überall und zu jeder Zeit kommunizieren und produzieren, unabhängig von der aktuellen Position ihres biologischen Körpers. Abgesehen von den Auswandererbewegungen etwa des 19. Jahrhunderts erfolgt Reisen nun erstmals in großem Maßstab ohne geplante oder planbare Rückkehr. Das zyklische Muster ist aufgehoben, es geht um permanente Ortswechsel und geteilte Biografien. Gleichermaßen in existentieller Zuspitzung wäre hier die Literatur der Migranten und Flüchtlinge zu befragen. Sind Flüchtlingscamps etwa „Andersorte" oder „Nichtorte"? Fungieren sie als *contact zones*? Hier stellen sich der künftigen Forschung völlig neue Fragekategorien für alle Texte, die Raum und Subjekt, Bewegung und Wahrnehmung thematisieren.

Auf einen Blick

Das Kapitel machte skizzenartig mit dem literaturtheoretischen Rahmen und den kulturwissenschaftlichen Bezügen von Reiseliteratur bekannt, vor allem in der Absicht, die eigene Arbeit mit den Dokumenten anzuregen und anzuleiten. Makrostrukturelle Ordnungen wie Gattungen (nach Reisetypen, Funktion und Schreibsituation) und Medien (Text, Bild, Verbreitungsformen) sind bei der Analyse ebenso als Beschreibungskategorien zu beachten wie die mikrostrukturellen Produktionsmuster: der Autor (Motivation, Intention, Imitation), der Text (Selektion, Aufbau, Stil) und das Publikum (Status, Erwartung, Akzeptanz), also das klassische Dreieck von Kommunikation, wird in seiner Leistung aber zunehmend verfeinert durch die kulturwissenschaftliche Neuorientierung der Philologien (bspw. Postkolonialismusforschung) und die einfließenden Anteile benachbarter Disziplinen wie der Anthropologie, Biologie, Ethnografie, Geografie, Kunst- und Geschichtswissenschaft, Psychoanalyse, Religionswissenschaft und Verkehrsgeschichte.

Literaturhinweise

Kittelmann, Jana: Von der Reisenotiz zum Buch. Zur Literarisierung und Publikation privater Reisebriefe Hermann von Pückler-Muskaus und Fanny Lewalds. Dresden 2010. *Zeichnet an zwei Beispielen die redaktionellen und literarischen Bearbeitungsstufen vom privaten Reisebrief bis zum gedruckten Buch im Detail nach.*

Rees, Joachim: Die verzeichnete Fremde. Formen und Funktionen des Zeichnens im Kontext europäischer Forschungsreisen 1770–1830. Paderborn 2015. *Anregende bildwissenschaftliche Untersuchung zum Stellenwert visueller Dokumentation von Fremderfahrung um 1800.*

Babenko, Natalija: Reisebeschreibungen in der Textsortenklassifikation, in: Textsorten und Textsortentraditionen. Hg. von Franz Simmler. Bern (u.a.) 1997, 205–213. *Instruktive Darlegung von sprachwissenschaftlichen Positionen zur Gattungsfrage.*

Opitz, Alfred: Reiseschreiber. Variationen einer literarischen Figur der Moderne vom 18.–20. Jahrhundert. Trier 1997. *Systematische Diskussion von unterschiedlichen Aspekten bzw. Interdependenzen des reisenden und schreibenden Ich.*

Voltrová, Michaela: Terminologie, Methodologie und Perspektiven der komparatistischen Imagologie. Berlin 2015. *Wichtige Einführung zur Imagologie mit Blick auf die Forschungsgeschichte, Begriffsproblematik und interdisziplinäre Verankerung.*

Maier, Anja K./Wolf, Burkhardt (Hg.): Wege des Kybernetes. Schreibpraktiken und Steuerungsmodelle von Politik, Reise, Migration. Berlin 2004. *Perspektivenreicher Sammelband zu unterschiedlichen Erscheinungsformen der raumbezogenen Schreibsysteme in Europa und Amerika.*

Burckhardt, Martin: Metamorphosen von Raum und Zeit. Eine Geschichte der Wahrnehmung. Frankfurt a. M./New York 1994. *Diachronische Studien zu den Modalitäten der veränderlichen Realitätserfahrung und deren Reflexionsformen im westlichen Europa.*

Zimmermann, Christian von: Texttypologische Überlegungen zum frühneuzeitlichen Reisebericht. Annäherung an eine Gattung, in: Archiv für das Studium der neueren Sprachen und Literaturen 154/1 (2002), 1–20. *Skizze zu einer Gattungspoetik der Reiseliteratur mit Blick auf theoretische Positionen der Sprach- und Literaturwissenschaft, illustriert mit ausgewählten Dokumenten aus dem 16. Jahrhundert.*

IV. Historischer Überblick

> **Überblick**
>
> Dieses Kapitel möchte nun einladen, die bislang aufzeigten systematischen Fragen in einem ausgedehnten Gang durch die Geschichte jeweils an ihrem historischen Ort und in ihrer zeitgebundenen Ausprägung, vor allem aber auch in ihrer epochenübergreifenden Entwicklung zu verfolgen. Somit können über die Parameter Raum, Bewegung, Subjekt und Wahrnehmung weit ausgreifende kulturgeschichtliche Kontinuitäten vermessen, aber auch markante Brüche oder Wiederaufnahmen anschaulich herausfokussiert werden. Die kursorische Betrachtung exemplarischer Autoren und Texte soll ferner auf die möglichen Abweichungen von einer theoretischen Norm aufmerksam machen und Hinweise zur Feinjustierung oder Relativierung der Vorgaben im Einzelfall geben. Ein Problem darf nicht verschwiegen bleiben: zu vielen Untersuchungsräumen, etwa zum 17. Jahrhundert oder zu der Zeit zwischen 1933 und 1945, liegt erstaunlich wenig spezialisierte Forschungsarbeit vor, so dass die hier ausgewählten Aspekte und Beispiele nur als vorläufige Kurzcharakteristik zu verstehen sind.

1. Mittelalter: Pilger, Studenten und Adel unterwegs

Reisen in der Antike

Das Problem aller Antikenstudien ist die lückenhafte Überlieferungslage: Diese spiegelt in ihrer zufallsbedingten Gestalt keineswegs die tatsächliche Textproduktion wieder, ganz zu schweigen von der tatsächlichen Reisepraxis, wie sie für die Zeit vor der Krönung Kaiser Karls des Großen (800 n. Chr.) anzunehmen ist. Einige kurze Nennungen dürften zeigen, wie berechtigt bereits in der Antike von Reisekultur gesprochen werden kann. Der große Historiker Herodot (5. Jh. v. Chr.) etwa fertigte Reiseberichte über außergriechische Völker und Länder an (Landfester 2000), von bedeutenden Dichtern wie Horaz (Reise nach Brindisi, 37 v. Chr.), Ovid (Fahrt zum Schwarzen Meer, 8. n. Chr.) oder Statius (Propemptikon für einen Ägyptenreisenden, 1. Jh. n. Chr.) sind verschiedene, lange Zeit auch als Vorbild wirkende Reisedichtungen überliefert. Die Bibel erscheint ebenso als Reiseliteratur, wenn etwa die Briefe des Apostels Paulus (1. Jh. n. Chr.) als Dokument der engagierten Mobilität des frühchristlichen Missionars gelesen werden. Seine recht konkreten Berichte über die Konflikte in den Gemeinden Griechenlands und Kleinasiens bzw. im Heiligen Land, über die dortigen Mentalitäten, Traditionen und Erwartungen zeugen von einer unermüdlichen geo-theologischen Diplomatie zwischen den betreffenden Städten und Regionen. Später zeigen sich etwa mit den fragmentarischen Reisebriefen der Egeria (Aetheria) aus Gallien, die 381–394 in das Hl. Land pilgerte, mit dem Bericht *De reditu suo* des römischen Dichters Rutilius Namatianus (über seine Seereise von Rom nach Gallien 416) oder mit der keltisch-christlichen *Navigatio Sancti Brendani* (9. Jh.) weitere Vorläufer, ja oft sogar frühe Mustertypen der europäischen Reiseliteratur, die im Zusammenhang mit einer entwickelten Mission bzw. dem sich formierenden Kirchenstaat entstehen.

Mobilität und Reiseliteratur

Vielfältige Mobilitätsformen

Im Gegensatz zu den bis heute oft anzutreffenden, von der neueren Forschung jedoch gänzlich überholten Meinungen war das Mittelalter, also etwa die Zeit zwischen 400 und 1400, eine höchst mobile Zeitepoche. Es reisten nicht nur Könige und Herrscher, Kaufleute und Gelehrte, vielmehr waren die Mitglieder aller Schichten unterwegs, darunter Pilger, Studenten, Handwerksgesellen oder auch die Randständigen der Gesellschaft. Im frühen und im hohen Mittelalter (bis etwa 1250) bildete das Reisekönigtum ein Paradigma der Mobilität. Der König oder Kaiser war nahezu permanent mit einem großen Gefolge unterwegs zu den Pfalzen oder Bischofsstädten im ganzen Reich, da es eine Hauptstadt im modernen Sinne nicht gab. Daraus ergaben sich häufig Probleme bei der Unterbringung des umfangreichen Hofstaates, der sich zuweilen auf mehrere Ortschaften aufteilen musste. Erst seit dem 13. Jahrhundert zeigte sich ein kommerzielles Gastgewerbe mit Herbergen, Hospizen und Nachtquartieren. Allmählich bildete sich eine Infrastruktur des Reisens heraus, das von vielen Unwägbarkeiten und Unsicherheiten belastet war und zumeist einer gründlichen Planung, Organisation und Kommunikation bedurfte (Ohler 2004; Reichert 2009).

Mittelalterliche Reiseliteratur

Wenn man von der Reiseliteratur des Mittelalters spricht, hat man zumeist die Berichte seit dem 14. Jahrhundert im Blick. Die Reisetätigkeit der früheren Jahrhunderte schlug sich entweder kaum in einem eigenständigen Fachschrifttum der Epoche nieder oder wurde von weitgehend illiteraten Gruppen durchgeführt. In der überwiegenden Zahl der Fälle wurden Berichte über das Reisen jedoch in die traditionellen Gattungen der Geschichtsschreibung oder Geografie integriert. Hier knüpfte man an Muster der überlieferten antiken Literatur wie Annalen, Chroniken, Enzyklopädien, Biografien oder Länder- und Küstenbeschreibungen an. Mit einer neuen Welle von Pilgerreisen zu den drei wichtigsten heiligen Stätten – Palästina, Santiago de Compostela und Rom – entstehen seit dem 14. Jahrhundert dann eigenständige Reiseberichte, wofür drei Hauptmotive angeführt werden können: repräsentative Zwecke, geistliche Unterweisung oder private *memoria* (Wolf 2012).

Reiseziele der Pilgerfahrten

Frühe Pilgerreisen in das Heilige Land sind seit dem 4. und 5. Jahrhundert in anonymen, in lateinischer Sprache abgefassten Schriften überliefert, die sich bis in das 7. Jahrhundert nachweisen lassen. Nach dem Ende der Kreuzzugsepoche (1291) erlebten diese Reisen einen neuen Aufschwung. Die beiden wichtigsten Berichte des 14. Jahrhunderts wurden von Wilhelm von Boldensele († um 1339), dem Angehörigen eines norddeutschen Adelsgeschlechtes, und dem westfälischen Pfarrer Ludolf von Sudheim (14. Jh.) herausgegeben. Wilhelm, der von 1334 bis 1336 unterwegs war, beschrieb in seinem lateinischen *Liber de quibusdam ultramarinis partibus et praecipue de Terra sancta* (1337) die Anreise nach Jerusalem über Syrien und Ägypten und stellte den Nachweis der biblischen Orte in den Vordergrund, gab jedoch auch Beobachtungen des Volks- und Stadtlebens sowie der Tier- und Pflanzenwelt wieder. In großen Teilen auf dem *Liber* beruhend, verfasste Ludolf um 1350 sein *Itinerarium Terrae Sanctae*, das eine große Verbreitung erfuhr. Er schilderte darin die fünf Jahre dauernde Orient- und Mittelmeerreise mit enzyklopädischem Anspruch.

Palästinareisen

Für die innereuropäischen Pilgerreisen nach Santiago de Compostela zum Grab des Heiligen Jakobus und nach Rom zu den Gräbern der Apostel Petrus und Paulus sind weit größere Zahlen von Reisenden anzusetzen; sie entwickelten sich geradezu zu einer Massenbewegung. Dem steht jedoch eine ungleich geringe Zahl an überlieferten Reiseberichten gegenüber. Ein Grund mag darin liegen, dass hier Fußreisende aus unteren, zumeist illiteraten Schichten dominierten, ein weiterer darin, dass der Repräsentationswert der Reiseziele nicht so groß war wie bei einer Pilgerreise in das Heilige Land. So beschrieb etwa der niederrheinische Adlige Arnold von Harff (um 1471–1505) während seiner 1497/98 durchgeführten Pilgerfahrt nach Rom, ins Heilige Land und über Südfrankreich nach Santiago die letzte Reisestation nur sehr kurz, wobei er sich auf ein Itinerar und knappe landeskundliche Anmerkungen beschränkte. Sehr viel genauer berichtete der fränkische Servitenmönch Hermann Künig von Vach († um 1500) in einem gereimten Pilgerführer über seine Santiagofahrt. Geografisch genau und an praktischen Ratschlägen (empfehlenswerte Wirtshäuser, alternative Reiserouten) orientiert, zeichnet Hermann in seiner *Walfart und Strass zu St. Jacob* (Druck 1495) seinen Fußweg nach. Das Werk gilt als der älteste deutsche Pilgerführer nach Compostela.

Reiseziel Santiago

Für das Reiseziel Rom lagen den spätmittelalterlichen Pilgern zwei texttypologisch bedeutsame Muster vor, einerseits die *Mirabiliae Romae* (seit dem 12. Jahrhundert), welche eine Zusammenstellung der antiken Bauwerke boten, sowie die *Indulgentiae ecclesiarum urbis Romae*, welche die christlichen Kirchen und die jeweils geltenden Ablassregeln beschrieben. Oft wurden besondere Ereignisse genutzt, um die Berichterstattung zu vervollständigen und

Reiseziel Rom

zu aktualisieren. So schilderte der Nürnberger Patrizier Nikolaus Muffel (1410-1469), der sich zur Krönung von Kaiser Friedrich III. (reg. 1452-1493) in Rom aufhielt, in *Von dem Ablass und den heiligen Stätten in Rom* detailgenau und unter Hinweis auf zahlreiche Sagen und Legenden die Reliquienausstattung nahezu sämtlicher heiliger Stätten, Kirchen und Kapellen einschließlich der zu erwirkenden Ablässe. Auf der anderen Seite wurde gelegentlich auch der repräsentative politische Charakter einer Pilgerfahrt in den Mittelpunkt gerückt. Dies ist bei dem hessischen Amtmann Dietrich von Schachten (†1503) der Fall, der seinen Landesherrn auf einer Palästinareise in den Jahren 1491/92 begleitete. Dabei hielt man sich für eine längere Zeit in Rom auf. Seine Reisebeschreibung umfasst deshalb ausführliche Passagen zu den Lebensumständen, Sitten und Gebräuchen der Römer und gilt bis heute als aufschlussreiche kulturhistorische Quelle.

Innereuropäische Reisen

Studenten und Gesellen

Neben den Pilgern, oder auch den eher regional orientierten Wallfahrern (zu Orten eines Wunders oder einer Erscheinung), gab es weitere Sozialgruppen im Mittelalter, die „unterwegs" waren, bspw. die Studenten und die Gesellen, deren Reisen jeweils mit ihrer beruflichen Ausbildungszeit verknüpft sind. Neuere Forschungen haben ergeben, dass die überholte Vorstellung vom reisefreudigen „fahrenden Scholaren" nicht der Wirklichkeit entspricht. Tatsächlich traf die Studienwanderung während der universitären Ausbildungszeit nur auf eine kleine Gruppe von angehenden Akademikern zu (Asche 2005). Schätzungsweise sind weit unter 10 Prozent eines Studienjahrgangs im Mittelalter zu einer *peregrinatio academica* aufgebrochen. Literarische Zeugnisse dieser Wanderungen gibt es kaum, in den Gelehrtenbiografien werden diese Reiseerfahrungen jedoch regelmäßig vermerkt. Die Wanderung von Handwerksgesellen zu Ausbildungszwecken erfasst seit dem 14. Jahrhundert immer größere Kreise dieser Sozialgruppe, nach und nach formen sich bestimmte Regeln und Rituale der „Walz" aus. Die Gesellenwanderung ist bis in das 19. Jahrhundert hinein nachweisbar, Reiseberichte und Selbstzeugnisse entstehen aber in größerem Umfang erst seit dem 18. Jahrhundert.

Adelsreisen

Eine besonders mobile Sozialgruppe des Mittelalters stellte der Adel dar. Für seine Angehörigen war das Reisen eine substantielle Lebensbetätigung, die sich aus der privilegierten Stellung als Herrschaftselite und den vorhandenen materiellen Ressourcen zur Durchführung der Fahrten ergab. Vier Haupttypen des adligen Reisens im Mittelalter können unterschieden werden: die Heidenfahrt, die Pilgerfahrt, die Ritterreise und die Kavalierstour. Die Heidenfahrt war in die Kreuzzugsidee eingebunden und umfasste die Reisen zu den Kriegsschauplätzen und Konfliktzonen im gesamten christlichen Europa, um dort in den „Heidenkampf" einzugreifen. Im 14. und 15. Jahrhundert setzte sie sich u. a. in den „Preußenreisen" fort, mit denen europäische Adlige den Deutschen Orden in seiner Auseinandersetzung mit Prußen und Litauern unterstützte. Die Pilgerfahrt blieb diejenige Reiseform des Adels und des Patriziats, die am engsten mit den Anzeichen für einen „manifeste[n] Tourismus" (Paravicini 1993, 100), z. B. dem Reisen aus Wissbegierde (*curiositas*) oder der Badereise, verknüpft war. Ein dritter Typus war die Ritterreise, welche die Adligen von Hof zu Hof führte. Die Ritterreise konnte Elemente der anderen Reisetypen enthalten, folgte jedoch vorwiegend dem Erwerb adlig-ritterlicher Ehre durch den Empfang bei Hofe und die Teilnahme an ritterlichen Turnieren. Schließlich ist auf die Kavalierstour hinzuweisen, in der die Qualifikation der Adligen in den Mittelpunkt rückte. Um in der ständischen Konkurrenz zu bürgerlich-gelehrten Amtsträgern mithalten zu können, musste der Adel zunehmend Fachwissen und akademische Kenntnisse nachweisen. Hierzu wurden Reisen an ausländische Bildungsstätten und Universitäten u. a. zum Sprachstudium durchgeführt; die Kavalierstour war in ihren Anfängen – Vorformen sind seit dem 14. Jahrhundert bekannt – eine weltliche Bildungsreise für Erwachsene und noch nicht wie in späteren Jahrhunderten auf die Jugend beschränkt (Paravicini 1993).

Der machtpolitische Aufstieg des Osmanischen Reichs, zeitgenössisch als „Türkengefahr" bezeichnet, schlug sich ebenso in der Reiseliteratur der Epoche nieder. Zu den frühesten deutschsprachigen Zeugnissen über diese Zielregion zählt das Reisewerk Hans Schiltbergers (um 1380 – nach 1427). Der bayerische Adlige Schiltberger nahm an einem Türkenfeldzug teil, bei dem er in eine dreißig Jahre dauernde Gefangenschaft geriet. Gehören diese Reiseerlebnisse noch zu Schiltbergers eigenem Erfahrungsschatz, so ist der Großteil seines Berichts, den er nach seiner Rückkehr ab 1427 verfasste und der aus einer Chronik und einer systematischen Abhandlung besteht, aus der historischen und geografischen Literatur der Zeit entnommen. Sein Reisebuch war noch bis in das 17. Jahrhundert hinein weit verbreitet (Reichert 2001).

Reise in militärischen Konfliktzonen

Literaturgeschichtliche Aspekte

Sporadisch zeigen sich auch erste, oft stark fiktionalisierte Berichte über Gesandtschafts-, Missions- und Handelsreisen, ferner Veröffentlichungen über Fernreisen im Sinne von Erkundungs- und Entdeckungsreisen. Die vielgestaltige Reiseliteratur des Mittelalters entwickelte sich mit dem 14. Jahrhundert zu einer eigenen sachliterarischen Formengruppe. Dazu trugen die ständig erneuerten Kenntnisse über das naturkundliche und ethnografische Weltwissen bei, die aktuell im Reisegenre verarbeitet werden konnten. Allerdings wurden weiterhin noch zahlreiche Mythen und Wunderbegebnisse tradiert. Ein Verdienst nicht weniger mittelalterlicher Autoren ist es, die „Neugier" im Rahmen ihrer Reiseberichte aufgewertet und als Antriebsmotiv für

Abb. 4 Rudolf von Ems († um 1250/54): Die Reise Jakobs zu seinem Sohn Joseph nach Ägypten. Buchmalerei, um 1411 (Toggenburg-Bibel).

Auslandsfahrten anerkannt zu haben: die *curiositas* galt aus theologischen und moralphilosophischen Gründen, u.a. wegen ihrer Nähe zum lasterhaften Hochmut, noch lange als verpönt. Die Hinwendung zur Außenwelt bestätigte somit gleichzeitig, dass der gesamte Erdkreis als eine Bildungsstätte zu gelten habe. Erzählerisch boten viele mittelalterliche Reiseberichte der individuellen Wahrnehmung und der Autopsie – der eigenen Anschauung und Erfahrungsbildung – einen Resonanzboden. Überdies schufen sie damit eine neue, literarisch konstruierte Raum-Zeit-Gliederung, die sich auch auf die Erzählweisen der fiktionalen Literatur auswirkte. Als pragmatisches Literaturgenre waren die Reiseberichte und Itinerare zudem in praktische Gebrauchssituationen eingebunden, die wiederum eine große Vielfalt an Typen, Formen und Textsorten entstehen ließen (Wolf 2012).

2. Frühe Neuzeit: Humanismus und gelehrte Netzwerke

Die Gesellschaft der Frühen Neuzeit – eine Epoche, die in literaturgeschichtlicher Perspektive etwa von 1450 bis um 1750 anzusetzen ist (Keller, A. 2008) – war durch verschiedene übergreifende Entwicklungen gekennzeichnet: Im Zuge der Konfessionalisierung etablierten sich mehrere Bekenntnisse (katholisch, lutherisch, calvinistisch) als dominierende religiöse Einflusskräfte, im Rahmen der europäischen Expansion aber nahm die vielfältige Kulturbegegnung mit außereuropäischen Völkern einen neuen Stellenwert ein. Im Prozess der „Sozialdisziplinierung" der staatlichen Untertanen wurde ein in Teilen schon moderner Verwaltungsstaat geschaffen, mit dem Aufstieg der untereinander konkurrierenden landesfürstlichen Territorialherrschaften verfestigte sich die kulturelle Formation der höfischen Gesellschaft, während die geistigen Strömungen des Humanismus, der Renaissance und der Aufklärung ein neues, vorwiegend rationalistisches Weltbild propagierten. Allerdings begegnen in verschiedenen Regionen auch immer wieder praktizierte Formen der mystischen, schwärmerischen oder spekulativen Religiosität. Als Schlüsselbegriff für die Epoche könnte das Konzept der Pluralisierung von Diskursen und Funktionen in allen Bereichen dienen, die Gesellschaft war sowohl in ständischer als auch in geografischer Hinsicht „in Bewegung". Diese Dynamik betraf in besonderer Weise das Reiseverhalten der Epoche. Eine neuere Kulturgeschichte zum Thema (Gräf/Pröve 1997/2015) entwirft ein Panorama der unterschiedlichen Bevölkerungsschichten, die man auf den frühneuzeitlichen Straßen und Plätzen der Groß- und Kleinstädte antreffen konnte: Man begegnete fürstlichen Reisegesellschaften mit zahlreichen Kutschen, daneben Herzögen, Grafen, Diplomaten und Gesandten, hohen Militärs und geistlichen Würdenträgern, Adligen und Studenten, Gelehrten und Bildungsreisenden, Bade- und Kurgästen, Gesellen auf der Walz, Wallfahrern und Pilgern, Kaufherren, Händlern, Hausierern, Marketendern, Landsknechten, Soldaten und Söldnern, Bettlern und Flüchtlingen, Schaustellern und Wahrsagern, Vaganten, Kriegsversehrten und Invaliden, Bauern, Boten und Kurieren. Allerdings hat man sich dabei bewusst zu machen, dass nur ein kleiner Teil dieser mobilen Sozialgruppen die erlebten Reiseereignisse schriftlich festgehalten und über das Reisen reflektiert hat.

Reiseliteratur der Frühen Neuzeit als offene Schreibkonzeption

Dieser übergreifenden sozialen Dynamik entsprechend gibt es für die Reiseliteratur der Frühen Neuzeit noch „keinen stabilen Gattungsrahmen" (Neuber 2009, 209), mit dem sie poetologisch etwa im System einer „schönen" Literatur verankert werden könnte. Sie gilt in dieser Epoche als Sachliteratur, deshalb unterliegt sie rhetorischen und wissenschaftstheoretischen, weniger aber poetischen Regeln; sie kann aus diesem Grund auch in die unterschiedlichsten Textsorten und Schreibmodelle eingelagert werden – u.a. in Familienbücher, Autobiografien, Tagebücher, Briefe – oder als selbstständige Publikation erscheinen. Der frühneuzeitliche Reisebericht orientiert sich somit rhetorisch-stilistisch an der Geschichtsschreibung (*historia*), an der geografischen Regionalbeschreibung (Chorografie; Erdkunde) sowie an der ethnografischen Anschauung (*vita et mores*). Die gelehrten Ursprünge dieses Gattungsmusters liegen einerseits in dem humanistischen Projekt einer poetischen Beschreibung des „Vaterlandes" (*Germania illustrata*), wie es etwa der deutsche Humanist und Bildungsreformer Konrad Celtis (1459-1508) programmatisch forderte und umzusetzen begann (z.B. *De origine, situ, moribus et institutis Norimbergae libellus* [*Büchlein über Entstehung, Lage, Erscheinungsbild und Einrichtungen der Stadt Nürnberg*], 1502), und andererseits seit etwa 1580 im streng methodisch durchgeführten Beobachtungsmodell der humanistischen

Offene Schreibkonzeption

Apodemik (Kunst des Reisens). Von daher ist zu erklären, dass ein Großteil der frühneuzeitlichen Reiseliteratur in lateinischer Sprache verfasst war. Einen wegweisenden Vorschlag zur Charakterisierung der vormodernen Reiseliteratur hat der Heidelberger Germanist Wilhelm Kühlmann am Beispiel der neulateinischen Reisedichtung des 16. Jahrhunderts formuliert und dabei den Begriff der **offenen Schreibkonzeption** eingeführt.

> **Zitat**
>
> Wilhelm Kühlmann: Rezension zu Hermann Wiegand: Hodoeporica. Studien zur neulateinischen Reisedichtung des deutschen Kulturraums im 16. Jh. Baden-Baden 1984, in: Literaturwissenschaftliches Jahrbuch N.F. 27 (1986), 317f. (Hervorhebung durch die Autoren).
>
> „Das ‚Hodoeporicon' [= die neulateinische Reisebeschreibung] ist keine Gattung im Sinne einer eindeutigen und historisch durchgehaltenen Kohärenz von Formtraditionen und Gegenstandsbereichen, sondern eine *offene Schreibkonzeption*. Gerade deshalb besaß es für die Dichter eine große Anziehungskraft. Offen ist die poetische Reisebeschreibung deshalb, weil sie synkretistisch verschiedenste Aussagebedürfnisse und diskursive Muster in sich aufnehmen bzw. sich in solche einlagern konnte: situativ konzentrierte Momente autobiographischer Erinnerung, Personalpanegyrik im eher privaten oder öffentlichen Rahmen, unterhaltsame narrative Kleinformen (Anekdote, Schwank), didaktisch oder dokumentarisch motivierte Landesbeschreibungen in der Interferenz zu benachbarten Dichtungstypen (z. B. Städtelob, Fürstenspiegel) oder Gebrauchsgenres (Reisehandbücher), schließlich die politisch-propagandistische Publizistik wie im Fall der diplomatischen Reisen in die Türkei."

Religiöse und ethnografische Reiseberichte im 15. Jahrhundert

Der Mönch Fabri

Der dominierende Strang der Reiseliteratur des 15. und frühen 16. Jahrhunderts ist die Pilgerreise nach Jerusalem gewesen, hinter der die anderen Pilgerziele wie Santiago de Compostela oder Rom erheblich zurückstanden. Für den Zeitraum von 1300 – also mit dem Ende der Kreuzzugs-Epoche – bis 1550 hat man rund 570 Pilgerberichte gezählt, davon sind etwas weniger als die Hälfte (240 Berichte) in der Zeitspanne von 1450 bis 1550 erschienen (Wolf 2004, 675). Diese späteren Berichte sind durchweg in Prosa geschrieben und von Kaufleuten, Geistlichen oder adligen Würdenträgern in einer zumeist anspruchslosen Diktion verfasst. Die Motive für eine religiöse Pilgerfahrt waren vielfältig: Im Mittelpunkt stand der persönliche Heilsgewinn, die Reisen konnten aber auch als Bittgänge oder als Sühnerituale ausgestaltet sein oder der Statuserhöhung wie auch dem Geschäftsinteresse dienen. Zwei Berichte seien hier exemplarisch vorgestellt: Das *Evagatorium* (lat. „Abschweifung", 2 Bde., 1484–1488; Edition in 3 Bdn., 1843–1849) des schweizerischen Dominikanermönchs Felix Fabri (1437/38–1502) und die *Peregrinatio in terram sanctam* (Erstdruck 1486; dt. *Die heyligen reyßen gen Jherusalem zuo dem heiligen grab*, 1486) des Mainzer Domherren Bernhard von Breidenbach (um 1434-1497). Fabri schildert seine Reise in das Heilige Land in elf Traktaten sowohl informativ und anschaulich als auch subjektiv und anekdotenreich. Das Itinerarium der Reise hat er mit Exkursen zu naturkundlichen, theologischen und historischen Fakten angereichert. Sein schmuckloser, gleichwohl detailreicher Stil ist im Ganzen auf die Unterrichtung seiner mönchischen Mitbrüder ausgerichtet. Aufgrund dieser Qualitäten gehört Fabri zu den „bedeutendsten deutschen Pilgerliteraten" des 15. Jahrhunderts (Wolf 2004, 511).

Einen anderen Stellenwert hatte die Reise von Bernhard von Breidenbach, der einer der einflussreichsten Amtsträger des Erzbistums Mainz war. Entsprechend gewann seine Reise eine politische Dimension, es galt die deutschen Fürsten zur Verteidigung der Christenheit gegenüber den Zugriffen aus dem Osmanischen und Moskowitischen Reich aufzurufen. Breidenbach hatte die Reise sorgfältig geplant und für die Realisierung von zwei innovativen Buchprojekten den niederländischen Maler und Zeichner Erhard Reuwich (um 1455 – um 1490) als Mitfahrer engagiert. Als sie 1486 parallel in einer lateinischen und deutschen Ausgabe veröffentlicht wurde, nahm die *Peregrinatio in terram sanctam* nicht mehr den Weg über die handschriftliche Verbreitung, sondern wurde sofort im neuen Medium des Buchdrucks mit den Holzschnitten Reuwichs, darunter den erstmalig topografisch getreuen Städteansichten von Venedig und Jerusalem, präsentiert. Sie gilt deshalb als das erste gedruckte illustrierte Reisebuch in der deutschen Literaturgeschichte.

Der Domherr Breidenbach

Amerika-Berichte

Nach der Entdeckung des amerikanischen Kontinents im Zuge verschiedener, zwischen 1492 und 1504 durchgeführter Schiffsreisen unter der Leitung des Genueser Seefahrers Christoph Kolumbus (um 1451-1506) gelangten im 16. Jahrhundert auch deutsche Konquistadoren in die Neue Welt. Die drei hier einschlägigen Autoren Nikolaus Federmann (um 1505-1542), Ulrich Schmidl (um 1500/10-1580/81) und Hans Staden (um 1525 – nach 1558) stammen teils aus kleinbürgerlichen, teils aus patrizischen Familien, für sie alle ergab sich die Möglichkeit ihrer überseeischen Ausfahrten jedoch im soldatisch-landsknechtlichen Milieu der Zeit. Federmann wirkte als Beauftragter der Augsburg-Nürnberger Handelsdynastie der Welser seit 1530 in Venezuela. Als Rechtfertigungsschrift für die Geschäftsführung des Handelshauses schrieb er nach seiner Rückkehr die *Indianische Historia. Ein schöne kurtzweilige Historia Niclaus Federmanns des Jüngern von Ulm erster raise* (1557), einen stark schematisierten Bericht, der einen diaristisch-protokollarischen Stil pflegte, von geringem Aktualitätswert war und keine Illustrationen aufwies. Ulrich Schmidls *Warhafftige und liebliche Beschreibung etlicher fürnemen indianischen Landschafften und Insulen* (1567) hingegen gilt als eine der frühesten

Quellen zur Geschichte Argentiniens und insbesondere zur Gründungsgeschichte der Stadt Buenos Aires. Den ersten Reisebericht eines Deutschen über Brasilien hat Hans Staden verfasst, seine abenteuerlichen Erlebnisse zwischen 1548 und 1555, darunter eine neunmonatige Gefangenschaft bei einem Indianervolk, schilderte er in der *Warhaftigen/ Historia vnd beschreibung eyner Landt/=schafft der Wilden/ Nacketen/ Grimmigen Menschfresser Leuthen/ in der Newenwelt America gelegen* (1557). Nach dem Freikauf aus der Gefangenschaft kehrte Staden 1555 nach Deutschland zurück. Der Marburger Arzt und Anatomieprofessor Johannes Dryander (1500-1560) überzeugte ihn, das Erlebte niederzuschreiben. Seine Beobachtungen aus dem Innenleben der Tupinambá-Indianer, deren Sprache er lernte, bilden heute eine wertvolle historische Quelle zur Ethnologie Brasiliens ebenso wie die nach seinen Vorlagen angefertigten illustrativen Holzschnitte. Die von Staden dargelegten kannibalistischen Tendenzen der brasilianischen Indianer lösten eine zeitgenössische wissenschaftlich-publizistische Kontroverse aus. Sein Bericht, der in acht Sprachen übersetzt wurde und in über 80 Auflagen vorliegt, beeinflusste das europäische Bild von den südamerikanischen Ureinwohnern langfristig und nachhaltig (Berg 1989; Neuber 1991; Wolf 2004).

Innereuropäische Gesandtschaftsreisen

Russland-Reisen

Neben den Reisen aus religiösen und vorwiegend handelspolitischen Gründen hatten die diplomatischen Missionen und Gesandtschaftsberichte einen großen Anteil an der Reiseberichterstattung der Frühen Neuzeit. Insbesondere waren Informationen aus den im 15. und 16. Jahrhundert mit Nachdruck in das europäische Mächtesystem drängenden Staatenverbünden des Moskowitischen und des Osmanischen Reiches begehrt. Der in habsburgischen Diensten stehende Diplomat und Historiker **Sigmund von Herberstein** (1486-1566) fasste in seinen *Rerum Moscoviticarum Commentarii*; (1549; dt. *Moscouia der Hauptstat in Reissen/ durch Herrn Sigmunden Freyherrn zu Herberstain, ... zusamen getragen. Sambt des Moscouiter gepiet/ vnd seiner anrainer beschreibung vnd anzaigung* 1557) die Beobachtungen und Ergebnisse zweier über 20 Jahre zurückliegender diplomatischer Reisen in den Moskauer Staat zusammen und schuf damit das erste Grundwerk der Russlandkunde. Herberstein berichtete über Geschichte, Religion, die Wirtschafts- und Sozialverfassung Russlands und bot zugleich eine geografische Landeskunde der benachbarten Völker (u.a. Tartaren und Litauer). Für rund 100 Jahre galt sein Werk als die beste Informationsquelle über den Moskauer Staat, es wurde erst durch Adam Olearius' *Offt begehrte Beschreibung Der Newen Orientalischen Rejse* (1647, erneut 1656) abgelöst.

> **Quelle**
>
> Sigmund von Herberstein: Von den Tataren, in: ders.: Das alte Rußland. In Anlehnung an die älteste deutsche Ausgabe aus dem Lateinischen übertragen von Wolfram von den Steinen. Mit einem Nachwort von Walter Leitsch. Zürich 1984, 217 u. 222f.
>
> „Wie nun die Tataren Weide und vielerlei Land besitzen, so kommen sie auch in Manier und Wesen nicht in allem überein. Jedoch die Nächsten in der Krim sind von mittlerer Länge, breitem, fleischigen, wie geschwollenen Gesicht, kleinen, einwärts gedrehten Hohlaugen; sie tragen einen Knebelbart, sonst sind sie ganz geschoren. Nur ihre Obersten tragen lange Zotten von Haar, über die Ohren schwarz herabhängend und eingedreht. Sie sind kräftigen Körpers und kühnen Muts; unkeusch und von verkehrten Trieben. […] Kleider haben Mann und Weib die gleichen, allein dass die Weiber das Haupt mit einem Leinentuch bedecken; doch auch sie tragen leinene Hosen, wie sie sonst Schiffsleute haben. Wenn ihre Königinnen offen heraustreten, bedecken sie ihr Angesicht. Die gemeinen Leute, die auf den Feldern hinleben, haben Kleider von Schaffell; die tragen sie so lang, bis sie ganz verfaulen. Sie bleiben nie lang an einem Ort: sie halten es für große Unbequemlichkeit, irgendwo zu verweilen."

Ein zweiter Brennpunkt der Berichterstattung betraf die Nachrichten und Erkenntnisse aus dem Osmanischen Reich, weshalb Reisen an die Hohe Pforte – dem Sitz der Regierung in Konstantinopel – nach und nach zunahmen. Eine der ausführlichsten Schilderungen des politischen, wirtschaftlichen und religiösen Lebens der Osmanen lieferte der aus dem Wiener Humanistenkreis stammende Handelsvertreter Hans Dernschwam (1494 – um 1568), der sich von 1553 bis 1555 einer kaiserlichen Gesandtschaft an die Hohe Pforte angeschlossen hatte. Sein handschriftlich überliefertes, mit eigenen Zeichnungen versehenes *Tagebuch einer Reise nach Konstantinopel und Kleinasien* (Edition 1923) hat diaristischen Charakter, ist aber prinzipiell enzyklopädisch ausgerichtet, so dass sich häufige Stilwechsel und Schwankungen zwischen einem neutralen und tendenziösen Darstellungsmodus ergeben. Abgesehen davon sind seine Beobachtungen ausführlich und instruktiv, insbesondere was die Herrschaftsmentalität der Osmanen betrifft, und kritisch, was bestimmte kulturelle Begrenzungen der islamischen Religionsausübung angeht (Wolf 2004).

Reisen in das Osmanische Reich

Berufsspezifische Reisen

In einer sich fortschreitend sozial ausdifferenzierenden Gesellschaft wie der frühneuzeitlichen nahm auch die Zahl der berufsspezifischen Reisen zu. Sowohl im Bereich des Handwerks als auch im universitären Bildungswesen schälten sich spezifische Reiseformen heraus. Dabei geht die Gesellenwanderung, die Handwerker zum Abschluss ihrer Ausbildung absolvierten, auf ältere Traditionen zurück, allerdings sind bis 1800 nur selten schriftliche Zeugnisse erhalten. Als Beispiel können die autobiografischen Aufzeichnungen des Elsässer Zinngießers Augustin Güntzer (1596-1657) von seinen Wanderschaften in

Handwerker-Reisen

den Jahren 1615-1621 genannt werden (*Kleines Biechlein von meinem gantzen Leben*, ediert 1896, erneut 2002) oder jene des Bildhauergesellen Franz Ferdinand Ertinger (1669-1747) über seine siebenjährige Reise durch Niederbayern, Österreich, Mähren, Schlesien und Böhmen aus dem Jahre 1690 (Druck 1907). Über eine sechsjährige Scholarenwanderung (*peregrinatio academica*) von 1488 bis 1494 berichtete der hessische Webersohn Johannes Butzbach (1478-1516) in seiner Autobiografie *Odeporicon* (lat. Handschrift 1506, dt. Übers. 1869, Edition 1991).

Künstler auf Reisen

Auch die Fahrten von Künstlern, Malern, Bildhauern und Baumeistern unterlagen oft eigenen Handwerksordnungen, wenngleich diese Berufsgruppe zur Ausübung ihrer Tätigkeit auf zahlreiche weitere Auslandsfahrten angewiesen war. Zwei Beispiele aus dem 16. Jahrhundert dürfen ein besonderes Interesse beanspruchen. Von 1520/21 hielt sich der Nürnberger Künstler Albrecht Dürer (1471-1528) zusammen mit seiner Frau und einer Ziehtochter in den burgundischen Niederlanden auf. Vom Standquartier Antwerpen aus unternahm er Ausfahrten in verschiedene umliegende Städte, darunter Brügge, Mecheln und Brüssel. Grund der Reise war es, die fortgesetzte Zahlung eines kaiserlichen Stipendiums zu erreichen, was Dürer am Rande der Krönungsfeierlichkeiten des neuen Kaisers Karl V. (1500-1558) im Oktober 1520 in Aachen auch erreichte. Dürers Aufenthalt war eine Geschäftsreise, denn er führte zu Verkaufszwecken einen umfangreichen Bestand eigener Druckgrafik mit, nahm zahlreiche Aufträge an – überliefert sind 45 Zeichnungen und 22 Leinwandbilder – und füllte sein zeichnerisches *Raißbüchlein* mit Skizzen. Das handschriftliche *Tagebuch seiner Reise in die Niederlande 1520 und 1521*, eigentlich ein Rechnungsbuch mit erzählerischen Einschüben, wurde erstmals 1828 gedruckt und 1956 historisch-kritisch ediert (Rees 2010).

Der Hofarchitekt Schickhardt in Italien

Der Hofarchitekt des Herzogs Friedrich I. von Württemberg (reg. 1593-1608), Heinrich Schickhardt (1558-1635), begleitete seinen Auftraggeber während dessen sechsmonatiger Reise nach Italien an der Jahreswende 1599/1600, um das offizielle Reisetagebuch zu führen. Schickhardt protokollierte den gesamten Verlauf der Reise, die über Mailand und Genua nach Rom und von dort über Verona und Venedig zurück nach Deutschland führte. Die in einer kleinen Reisesuite durchgeführte Fürstenreise hatte den Zweck, den Bildungshorizont des damals schon weitgereisten Herzogs um die Italienanschauung zu erweitern sowie Kunstgegenstände, Druckgrafik, Skulpturenrepliken, Münzen und Luxusgegenstände für die fürstlichen Sammlungen anzukaufen. Schickhardt berichtet im nüchtern-registrierenden Stil der zeitgenössischen Reiseliteratur aber auch über Empfänge, Jagden oder Theateraufführungen. Neben dem offiziellen Tagebuch führte er ein dreiteiliges Skizzenbuch mit, das zahlreiche Aufrisse, Ansichten, Konstruktionspläne sowie Alltagsszenen der Reise enthielt. Die kurz nach der Rückkehr gedruckt erschienene *Beschreibung. Einer Reiß/ Welche ... Friderich Hertzog zu Würtem-*

berg unnd Teck… Im jahr 1599. … in Italiam gethan (1602) ist das seltene Beispiel einer öffentlich kommunizierten Fürstenreise um 1600 (Jonkanski 2002).

Das 17. Jahrhundert

Infolge der konfessionellen Spannungen nach den Reformationsereignissen und der sich entsprechend verschiebenden politischen Statusverhältnisse zwischen dem „Teutschen Reich" und seinen zahlreichen weltlichen wie geistlichen Binnenterritorien war das 17. Jahrhundert wie kaum ein anderes durch zahllose kriegerische Auseinandersetzungen geprägt. Nicht nur in der Phase zwischen 1618 und 1648, sondern fast durchgängig bis zum Spanischen Erbfolgekrieg (1701-13) waren die Reiseaktivitäten dadurch stellenweise sehr stark eingeschränkt, auch blieben Besucher aus anderen Ländern weitgehend aus.

Vor allem mit der nach dem Westfälischen Frieden (1648) anwachsenden Souveränität der einzelnen Territorien kam den unterschiedlichen Reiseaktivitäten eine äußerst wichtige Funktion zu: vorrangig natürlich auf dem Feld der Diplomatie, aber genauso auch im Blick auf den technischen wie administrativen Wissenstransfer. Bezugspunkt blieb dabei durchweg die Verstetigung der dynastischen Herrschaft. Dies galt analog auch für reichsunmittelbare Städte und deren Patriziat: so begab sich etwa im Jahre 1606 ein Danziger Ratsherr, Arnold von Holten (1561-1629), mit dem Auftrag nach Spanien bzw. Oberitalien, um dort zwei Jahre lang für eine Städtepartnerschaft zu werben bzw. eine solche zu festigen und damit – nach dem Niedergang der Hanse – neue Kooperationen zu initiieren und tragfähige Wirtschaftskontakte zu knüpfen.

Diplomatie

Im „enzyklopädischen Zeitalter" (der diskutable Begriff erscheint bereits bei Prutz 1847/1973, 35) dominiert auch ein „enzyklopädisches Reisen": die Sammlung, (Re-)Präsentation und Deutung von Reisedaten folgte nun weniger den einzelbiografischen Zufällen als vielmehr der Systematik einer allgemeinen Wissensgeschichte – man orientiert sich an der „Polyhistorie" und den Vorgaben des sie betreibenden Universalgelehrten, des „Polyhistors". Der Reisebericht übernahm neben seiner retrospektiven Dokumentation nun vor allem die Funktion als „Wissensspeicher" (Maurer 2015), als Materiallieferant für die gelehrten Studien und die Lexikografie, eine sich nun an den neuen Universitäten bzw. Akademien etablierende Grundlagendisziplin. „Kosmosgrafien" als Reisetexte „zweiter Ordnung" tragen aus den verschiedenen Reiseberichten die heterogenen Kenntnisse zusammen, um sie als „Historien" (eine Gattung der geografischen Literatur) zu klassifizieren und für den allgemeinen Gebrauch aufzubereiten.

Wissenstransfer

Besonders der bekannte Basler Verleger Matthäus Merian (1593-1650) wäre zu nennen, der zwar auch selbst durch das Deutsche Reich bis in die Niederlande gereist war, der aber vor allem als Kupferstecher und Herausgeber von umfangreichen Universaldarstellungen bekannt geworden ist: 1638 veröf-

Matthäus Merian

fentlicht er mit Texten von J. L. Gottfried eine *Archontologica cosmica*, eine Beschreibung aller Reiche der Erde. Hauptsächlich aber wirkt seine *Topographia Germaniae* (Druck ab 1642) bis heute nach, die mit den Texten von Martin Zeiller (1589-1661) und verschiedenen Landkarten, vor allem aber mit den über 6000 Städteveduten einen unerschöpflichen Fundus für die historische Urbanistik bietet.

Formen der Adelsreise

Grand Tour

Unter dem für das 17. Jahrhundert zentralen Begriff der (des) „Grand Tour" firmieren unterschiedliche Reisetypen, die sich natürlich auch überschneiden können: die Studienreise im engeren Sinne (*peregrinatio academica*), die Bildungs- und Kavaliersreise, aber auch die diplomatische oder ökonomisch orientierte Reise. Alle diese Bewegungen, „voyages" und „relations", aber sind ebenfalls mit den genannten „Datenerhebungen" verbunden, die über die individuelle Nutzung hinaus dann immer auch der Wissensgemeinschaft zufließen. Als Vorbereitung, gelegentlich auch als Ersatz für die „Grand Tour" besuchte der zu erziehende Nachwuchs des Territorialadels auch die neu eingerichteten Ritterakademien, wo die für das höfische Auftreten relevanten Fächer wie Politik und Geschichte, Reiten, Konversation, Tanz und Fechten gelehrt wurden. Es galt, das komplizierte Zeichensystem der europäischen Zeremonialordnung kennen und anwenden zu lernen, sich in Fragen der Etikette, des Protokolls, der Rangordnung und der veränderlichen Empfangsregularien entsprechende Sicherheit zu verschaffen. Um die Manieren zu verfeinern, ja um sich des Vorwurfs einer deutschen „Plumpheit" und „Ungehobeltheit" unverdächtig zu machen, begab man sich dann als „homme du monde" an die französischen Höfe – vor allem natürlich nach Versailles, in der Hoffnung, später über eine entsprechend freundliche Aufnahme berichten zu können.

Beispiele

Als der Markgraf Christian Ernst zu Brandenburg (reg. 1655-1712) beim französischen König vorstellig wurde, bescheinigt ihm sein persönlicher Berichterstatter, dass der junge Deutsche „hierbei eine solche *amiableté* verströmt habe, „dass der König daraus ein sonderbares Vergnügen schöpfte/ und die/ so bey Hofe waren/ bekennten/ S. May. hätte noch nie mit einem fremden Fürsten oder *Ambassadeur* so viel/ als mit diesem Hochfürstl. Prinzen geredet" – so der Nürnberger Gelehrte Sigmund von Birken (1626-1781) in seinem *Hochfürstliche[n] Brandenburgische[n] Ulysses oder Verlauf der Länderreise […] durch Teutschland, Frankreich, Italien […]* (1668, 78). Parlamentsbesuche in England oder entsprechende Studien in den Niederlanden standen aber ebenso auf dem Programm der Reisenden, um sich gleichermaßen über die Funktionsweisen einer Republik zu informieren. Auch bürgerliche Reisende, wie bspw. der Gelehrte Christoph Arnold (1627-1685) berichten über

Regierungsfragen, insbesondere über die politische und religiöse Situation nach der Hinrichtung des englischen Königs Karl I. (1649). Eine ähnlich orientierte Unternehmung ist die von Ferdinand Albrecht I., Herzog von Braunschweig-Lüneburg (reg. 1667-1687; gereist 1664-1665), der als Mitglied in der Royal Society reist und vor allem für die zeitgenössische Dramatik und das Theaterwesen auf der britischen Insel großes Interesse aufbringt, nicht zuletzt auch für lokale Kriminalfälle (Bepler 1988). Vor allem in der Frühaufklärung wird England – neben seinen Leistungen im Landschafts- und Gartenbau – wegen der naturwissenschaftlichen Forschungen äußerst attraktiv, auch der Universalgelehrte Gottfried Wilhelm Leibniz (1646-1716) reiste 1672-1673 nach London, um dort den Physiker Isaac Newton (1643-1727) zu treffen.

Der Begriff der Kavalierstour, eine Prägung des 19. Jahrhunderts, ist in der Forschung umstritten (Leibetseder 2004, 18). Die Zeit selbst bezeichnete als „Kavalier" ganz allgemein „sowohl Studenten und Akademiker bürgerlicher Herkunft als auch Mitglieder des Adels und des Militärs", also „all jene jungen Männer, die reisten und studierten" bzw. alle, die „noch keine eigenen Meriten erworben und noch keinen Platz am Hof erobert hatten" (Leibetseder 2004, 22). Neben dem politisch erhellenden wie kulturell informativen Besuch der Höfe (Kunstkammern, Antikensammlungen) bzw. der gelehrten Einrichtungen, neben der Betrachtung der örtlichen Leistungen in Ingenieurskunst und Verwaltung, stand vor allem das Anknüpfen persönlicher Kontakte im Vordergrund der Bildungsreise, in der höfischen nicht weniger als in der bürgerlichen (Stannek 2001). Hier leisteten die genannten Stammbücher (*alba amicorum*) unverzichtbare Dienste, um die lokalen Bekanntschaften zu verzeichnen, die man dann nach der Rückkehr zu pflegen gedachte. So führte etwa Johannes Friedrich Gronovius (1611-1671), der als Sohn eines Hamburger Patriziers zwei Adlige aus Amsterdam nach England, Frankreich und Deutschland begleitete, von 1639 bis 1642 akribisch ein solches Buch, indem er alle wichtigen Personen um eine authentische Eintragung bat.

Kavalierstour

Neulateinische Reiseberichte

Der auch im 17. Jahrhundert noch weithin dominierenden Gelehrtensprache geschuldet, verfassten viele Reisende ihre Berichte auf Latein oder reflektieren in diesem Medium über die Fragen von Reisen, Studieren und Schreiben: Daniel Gruber mit seinem *Discursus historico-politicus de peregrinatione studiosorum* (1619), Johann Heinrich Boecler mit *De Peregrinatione Germanici Caesaris* (1654) oder Johann Paul Felwingers *De peregrinatione* (1666) liefern wichtige Beispiele für das Textsegment der entwickelten Reisetheorie. Diese informativen Quellen erlangten in der Forschung allerdings bislang nur wenig Aufmerksamkeit (Ludwig 2007). Neben dem antiken Idiom war es für die reisende Jugend zunehmend von Bedeutung, die französische

Sprache zu beherrschen, um sich einen gesellschaftlichen Status in den besuchten Ländern zu verschaffen.

Religiöse motivierte Reisen

Die religiös motivierten Einzelreisen gehen zwar zurück, finden aber in Form der Missionsreise ihre epochentypische Fortsetzung: So begibt sich der messianische Dichter Quirinus Kuhlmann (1651-1689) nach Konstantinopel, um den Sultan zu bekehren, so reisen vor allem die verschiedenen geistlichen Orden, allen voran die Jesuiten, nach den beiden Amerika, nach Asien und Ozeanien, um dort ihre katholisch reformierte Auffassung des Christentums zu etablieren. *Der Neue Welt-Bott*, ein umfassender Missionsbericht (1726-1758, herausgegeben von Joseph Stöcklein, Peter Probst und Franciscus Keller), legt hiervon ein beeindruckendes Zeugnis ab. Er bietet *Allerhand So Lehr- als Geist-reiche Brief, Schrifften und Reis-Beschreibungen, Welche von denen Missionariis der Gesellschaft Jesu Aus Beyden Indien, und andern Über Meer gelegenen Ländern Seit An. 1642. biß auf das Jahr 1726 in Europa angelangt seynd.* Um „denen blinden Heyden mit meiner geringen Wissenschaft […] zu dienen", macht sich dagegen in Hanau 1671 der 21-jährige evangelische Theologe Johann-Christian Hoffmann (1650-1682) auf: seine *Oost-Indianische Voyage* (1680, Ndr. 1983) gibt Rechenschaft über seine entsprechenden Erfahrungen.

Reiseziele im Osten

Orient

Im wachsenden Spektrum der Reiseziele wandte man sich nun verstärkt dem Orient zu: Der niedersächsische Adlige Johann Albrecht von Mandelslo (1616-1644) legte eine von Adam Olearius herausgegebene *Morgenländische Reyse-Beschreibung* vor (1658). Seine diplomatischen Aktivitäten im Auftrag des Herzogs von Schleswig-Holstein-Gottorf hatten ihn zunächst nach Isfahan geführt. Von dort begab er sich dann 1638 allein nach Indien, studierte daselbst die Verhältnisse des Mogulreichs und bewegte sich weiter im Fernen Osten. Als begeisterter Großwildjäger und temperamentvoller Charakter brachte er sich in durchaus schwierige, für den späteren Leser aber eher unterhaltsame Situationen.

Russland

Aber neben dem ferneren Orient rückten nun auch gänzlich neue Gebiete auf die Agenda: Der Kaufmann Adam Brand zieht durch Sibirien nach China und berichtet darüber mit Beschreibungen der ihm begegnenden Völker (Unsicker 1974). In Sibirien sind im späten 17. Jahrhundert auch deutsche Soldaten für den Zaren tätig, die ihre Beobachtungen schriftlich formulierten. Nach Russland selbst reist neben den Norddeutschen Adam Olearius und Paul Fleming im Jahre 1661 auch der österreichische Diplomat Augustin Baron Mayerberg als Sekretär eines kaiserlichen Gesandten, um in Latein über die dortigen Sitten zu berichten, umgekehrt äußern sich nun auch russische Abgeordnete über ihren Aufenthalt in Deutschland (Kaiser 1980). Johann Herbinus will mit seiner Darstellung *Religiosae Kijoviensibus Cryptae* („Unterirdisches" Kiew, 1675) aufklärend wirken und mit offensichtlichen Legenden über die Region aufräumen. Er thematisiert die unterirdischen Gänge in der Stadt und setzt sich mit den dort angeblich vorhandenen griechischen Heiligengräbern auseinander.

Abb. 5 A. Olearius: Verm. Newe Beschreibung Der Muscowit. vnd Pers. Reyse. Schleswig 1656, Kupfertitel. Nachdr. Tübingen 1971.

Reiseziele im Norden

Schon im 17. Jahrhundert wächst das Interesse für die Schönheit, aber auch für die existenzielle Herausforderung der hochalpinen Bergwelt: 1610 erscheint in Ingolstadt *Die Grewel der Verwüstung Menschlichen Geschlechts* von Hippoloytus Guarinonius mit einer ausgedehnten Schilderung, wie er 1607 zusammen mit drei Freunden einen Tiroler Gipfel besteigt.

Alpen

Johann Daniel Major unternimmt 1693 eine Fahrt nach Dänemark, Schweden und Norwegen, erstmals um dort die Herkunft der „Edlen Cimbrischen Nation" mittels ihrer „Überbleibungen", also frühgeschichtlicher Gräber zu erforschen und zu belegen. Für seine frühe Archäologie im Norden bzw. deren eigenhändige Dokumentation gibt es sogar einen zeitgenössischen Rezeptionsbeleg: Die schwedische Poetin Sophia Elisabeth Brenner (1659–1730) lobte auf deutsch noch im Jahre 1693 das u. a. hierin bekundete „gelehrte Wissen", vor allem aber: „Drum läßt er deutlich gnug auf wenig Blätter lesen, | wie fruchtbar neulich noch sein reisen sei gewesen, | und das er nimmermehr der Meinung plichte bey | Dass lauter kaltes Blut in kaltes Ländern sei" (zitiert nach Unsicker 1974, 112).

Skandinavienreisen

Reiseziele im Süden

Auch der für Europa noch weitgehend unbekannte Kontinent rückt nun in den Fokus: erstmals begeben sich sporadische Expeditionen nach Afrika. Neben Naturforschern, Kaufleuten und Soldaten (Abessinien, Habesch, Kap-

Afrika

land) missionieren auch hier die Jesuiten. Darüber legt das Sammelwerk *Historia Aethiopia* (1681) eingehend Rechenschaft ab, vor allem mit wertvollen frühen Beobachtungen zur Religion der fernen Gebiete. Das Konzil von Trient (1545 ff.) hatte bestimmt, dass die dortigen „Heiden" wie alle anderen auch als künftige Christen zu betrachten seien. Sie wären sowohl erlösungsbedürftig wie auch erlösungsfähig, sie irrten eben nur derzeit im Glauben (Faes 1981). Man folgte hierin dem großen Humanisten Erasmus von Rotterdam (1466 oder 1469-1536), nach dessen Auffassung alle Menschen über ein *lumen naturale*, eine allgemeine Vernunft verfügen, die jedem zu eigen ist. Von großen politischen Ambitionen getragen ist dagegen die Afrika-Mission des brandenburgischen Majors Otto von der Groeben (1657-1728) an der Guineaküste. Es galt, die bereits seit 1680 aktiven brandenburgischen Handelsunternehmungen in den Gebieten militärisch abzusichern. Diese hatten durchaus erste vertragliche Erfolge mit den autochthonen Partnern vorzuweisen. Eine „Brandenburgisch-Afrikanische Compagnie" galt es zu gründen, um das märkische Fürstentum wirtschaftlich voran zu bringen. 1694 publizierte der Pensionär dann die *Orientalische Reisebeschreibung des Brandenburgischen Edelichen Pilgers Otto Friedrich von der Gröben, nebst der Brandenburgischen Schiffahrt nach Guinea, und der Verrichtung zu Morea*.

3. 18. Jahrhundert: Aufklärung und Welterforschung

Dimensionen der Reiseliteratur im 18. Jahrhundert

Grundzüge

In mancherlei Hinsicht kann das 18. Jahrhundert, das Zeitalter der Aufklärung, als *die* paradigmatische Epoche des Reisens und der Reiseliteratur bezeichnet werden. In keinem anderen Jahrhundert erreichte die Reiseliteratur im Vergleich zu anderen Gattungen ein derartiges quantitatives Wachstum und eine solche publizistische Verbreitung, zudem etablierte sich erst in der Aufklärungsepoche das Reisegenre auch als ernstzunehmende Äußerungsform im Rahmen der „Schönen Literatur". Schließlich wurde die Reiseliteratur im 18. Jahrhundert zu einem der zentralen Medien der Naturbeschreibung und Gesellschaftsbeobachtung. Die allgegenwärtige Präsenz des Reisens, die Literarisierung des Reiseberichts sowie die Nutzung der Reiseliteratur als Informationsträger der Wissenschaft und als aktuelle Ereignisreportage sind Grundzüge des Zeitalters (Hentschel 1999). In der modernen Aufklärungsforschung werden erste Ansätze der Frühaufklärung in den 1680er Jahren namhaft gemacht, der Kernzeitraum wird auf die Zeit von 1720 bis 1780 fixiert, die Spätaufklärung läuft erst in den 1810er Jahren aus; um diesen umfassenden und übergreifenden Aufklärungsbegriff bündig zu fassen, spricht man vom „langen" 18. Jahrhundert.

3. 18. Jahrhundert: Aufklärung und Welterforschung

Eingerahmt wird die Epoche von vier Reisewerken, die einem in diesem Jahrhundert sowohl erfahrungswissenschaftlich fundierten als auch moralphilosophisch aufgeladenen Begriff der Natur verpflichtet sind: Dabei handelt es sich um (1) Maria Sibylla Merians (1647-1717) naturkundliches Abbildungswerk *Metamorphosis insectorum Surinamensium* (1705; Neudr. 2016), das die Tier- und Pflanzenwelt Surinams dokumentiert, um (2) Engelbert Kaempfers (1651-1716) *Amoenitatum exoticarum politico-physico-medicarum fasciculi V* (1712), das eine Natur- und Gesellschaftskunde vor allem Japans enthält, um (3) Georg Forsters (1754-1794) *Reise um die Welt während den Jahren 1772 bis 1775 in dem von Seiner itztregierenden Großbrittanischen Majestät auf Entdeckungen ausgeschickten und durch den Capitain Cook geführten Schiffe the Resolution unternommen* (2 Bde., 1778-1780), welche die Ereignisse der zweiten Weltumsegelung von James Cook schildert, und schließlich um (4) Alexander von Humboldts (1769-1859) *Voyage aux régions équinoxiales du Nouveau Continent* (34 Bde., 1805-1838; Neudr. 1970-1973), der Summe seiner Südamerikareisen unter dem Gesichtspunkt der physikalischen Geografie als moderner Leitwissenschaft. Bei allen vier Publikationen rückt überdies die bildliche Dokumentation der Reise in den Mittelpunkt, da ihre Autoren selbst zeichneten und der Nachwelt bis heute wertvolle Abbildungen aus dem Tier- und Pflanzenreich hinterließen. Auch in dieser Hinsicht ist das Zeitalter der Aufklärung ein paradigmatisches, wenn man den Befund der Gleichursprünglichkeit von Reisen und Abbilden ernst nimmt.

Schlüsselwerke

Titelzahlen und neue Publikationsformen

Von der Anzahl der gedruckten Reiseberichte her, einschließlich der Übersetzungen aus anderen Sprachen sowie der Veröffentlichungen in der periodischen Presse und in den Reisesammlungen, nimmt das 18. Jahrhundert einen Spitzenplatz unter den Reiseepochen ein. Für den deutschsprachigen Raum rechnet man mit rund 12.000 Texten (Luber 2014). Diese Schätzung verdankt sich der *Bibliographie zur deutschsprachigen Reiseliteratur*, die an der Eutiner Landesbiliothek erarbeitet wurde und dort als Datenbank einsehbar ist (www.lb-eutin.de); für den Zeitraum des 18. Jahrhunderts ist die Bibliografie nahezu vollständig. Zu der angegebenen Zahl haben u.a. einige neue Verbreitungsmedien beigetragen: die Reisesammlungen, die Reiselexika und die Reisezeitschriften. Reisesammlungen waren mehrbändige Anthologien von Reiseberichten, die häufig auf unveröffentlichtes Archivmaterial zurückgriffen; Reiselexika waren alphabetisch angelegte Nachschlagewerke zumeist über die Zielorte einer bestimmten Region. Seit der Mitte des 18. Jahrhunderts stellten geografische Zeitschriften die neu erschienene wissenschaftliche Literatur vor und sammelten zudem aktuelle Nachrichten aus dem Fach (z. B. *Geographischer Büchersaal*, 30 Bde., 1764-1778). Des Weiteren wurden Spezialzeitschriften zur Landkartenkunde veröffentlicht, etwa die *Wöchentlichen Nachrichten von neuen Landkarten, geographischen und statistischen Sachen* (15 Bde., 1773-1788). Nach und nach traten Zeitschriften anderen Zuschnitts hinzu, die etwa auch umfangreiche Reiseberichte in Teilfortsetzungen abdruckten, erstmals unveröffentlichte Manuskripte edierten oder aktuelle Originalreportagen publizierten (Griep 1999). Eine der erfolgreichsten und bekanntesten Reisezeitschriften war *London und Paris* (30 Bde., 1798-1815), die von dem Weimarer Verleger Friedrich Justin Bertuch (1747-1822) begründet und herausgegeben wurde und reichhaltiges Material zur Kultur- und Alltagsgeschichte der Zeit enthält. Zudem zeichnet sie sich durch die mehr als 270 kolorierten Kupfertafeln renommierter Künstler aus.

Polyhistorische Bestandsaufnahmen in der Frühaufklärung

Klaute und Keyßler

Die Autoren einer Großzahl von innereuropäischen Reisen waren in der Frühaufklärung zumeist bürgerliche Hofmeister, welche die Auslandsfahrten ihrer adligen Zöglinge beaufsichtigten oder den Landesherrn begleiteten. Zwei Musterbeispiele können stellvertretend für diese Art Reiseberichte angeführt werden: Der hohe Beamte Johann Balthasar Klaute (1653-1733) verfasste während der fünfmonatigen Italienreise des kunstsinnigen Landgrafen Karl von Hessen-Kassel (reg. 1670-1730) in den Jahren 1699-1700 ein detailliertes Tagebuch, das unter dem Titel *Diarium Italicum* (1722; Neudr. 2006) im Druck erschien. Klautes Bericht ist u. a. deshalb eine so wertvolle Quelle, weil die schriftlichen Aufzeichnungen von Fürstenreisen in dieser Zeit äußerst selten veröffentlicht wurden. Die Reisebeschreibung des gelehrten Hofmeisters Johann Georg Keyßler (1693-1743) *Neueste Reisen durch Teutschland, Böhmen, Ungarn, die Schweitz, Italien, und Lothringen* (2 Bde., 1740/41; 2. Aufl. 1751, 3. Aufl. 1776) ist in Briefform abgefasst, die hier als Element einer traditionsreichen wissenschaftlichen Mitteilungsform aufgefasst werden muss. Keyßlers *Reisen* sind enzyklopädisch umfassend und nüchtern registrierend angelegt. Die dabei entstehende Form der polyhistorischen Reisebeschreibung bildet eine markante Zwischenstufe auf dem Weg zu den Reiseberichten bürgerlicher Gebildeter des späten 18. Jahrhunderts. In Keyßlers Bericht wird ein bedeutsamer mentalitätsgeschichtlicher Wandel erkennbar, der sich als aufklärerisch-gelehrte Umdeutung der Adelsreise durch einen akademisch gebildeten Hofmeister vollzieht (Siebers 2009). Zeitgleich zu dieser Entwicklung tritt die naturwissenschaftliche Gelehrtenreise ihren Siegeszug an, wie sie beispielhaft der schweizerische Mediziner und Universalgelehrte Albrecht von Haller (1708-1777; *Tagebücher seiner Reisen nach Deutschland, Holland und England*, 1723-1727; Neuedition 1973) und der schwedische Naturforscher Carl von Linné (1707-1778; *Iter Lapponicum*, 1732; *Flora Lapponica*, 1737; dt. *Lappländische Reise*, 1964) praktizieren.

Zentrale Formen des Reisens in der Aufklärung

Mit seinem Reiseroman *A Sentimental Journey Through France and Italy* (1768; dt. *Yoricks empfindsame Reise durch Frankreich und Italien*, 1768) löste der bereits genannte Laurence Sterne eine Welle von Nachahmungen in ganz Europa und auch im deutschen Sprachbereich aus. Der Erfolg seiner Reisedarstellung beruhte darauf, dass er faktische Erlebnisse mit fiktiven Ereignissen humorvoll verknüpfte und in völligem Gegensatz zum rationalistisch geprägten Reisebericht die subjektiven Empfindungen in den Mittelpunkt rückte sowie die Sensibilität, die Sinneswahrnehmung als Erkenntnisinstanz des Menschen propagierte. Bekannt wurde der schlesische Schulmann Johann Gottlieb Schummel (1748-1813) mit seinen *Empfindsamen Reisen durch Deutschland* (3 Bde., 1771/72), die sich jedoch fast ganz vom Reiseschema lösen und die Geschichte eines früh verwaisten Jünglings erzählen. Dagegen beruht Moritz August von Thümmels (1738-1817) *Reise in die mittäglichen Provinzen von Frankreich im Jahr 1785-1786* (10 Bde., 1791-1805) auf den Erfahrungen langjähriger Europareisen, die der Autor vor allem in den 1770er Jahren absolvierte. Hier sucht ein Ich-Erzähler sich von der ihn quälenden Schwermut zu befreien, wird in zahlreiche Liebesabenteuer verstrickt und entdeckt das Reisen als Instrument der Bildung wie der Selbsterkenntnis (Sauder 1983).

Empfindsame Reisen

Sind die bisher erwähnten Werke durch eine Mischung von Fakten und Fiktionen gekennzeichnet, so gibt es auch einen Zweig des faktografischen Reiseberichts, der die Tendenzen der Empfindsamkeit aufnimmt und verarbeitet. Als musterbildende Autorin darf in dieser Hinsicht Sophie von La Roche (1730-1807) gelten, die in schneller Folge drei Reisebücher verfasste: *Journal einer Reise durch Frankreich* (1787), *Tagebuch einer Reise durch die Schweitz* (1787) und *Tagebuch einer Reise durch Holland und England* (1788). La Roche verstand ihre schriftstellerische Tätigkeit als Teil eines umfassenden Bildungsprogramms, insbesondere im Sinne einer emanzipativen Geschlechtererziehung. Deshalb stellte sie in ihren Reiseberichten die Darstellung weiblicher Lebensentwürfe und die Muster wohltätigen Handelns in den Mittelpunkt. La Roche ist nur ein Beispiel dafür, dass seit dem frühen 18. Jahrhundert vermehrt Frauen auf Reisen gehen und über ihre Erfahrungen und Erlebnisse berichten (Griep/Pelz 1995).

Sophie von La Roche

Aus den Traditionen der adligen Kavalierstour, der akademischen Gelehrtenreise und Einflüssen der empfindsamen Reise entwickelte sich im 18. Jahrhundert ein neuer Reisetyp, der im 19. Jahrhundert eine weite Verbreitung finden sollte und noch im 20. Jahrhundert anzutreffen ist: die bürgerliche Bildungsreise, die Rundfahrt der Gebildeten zwecks Welterfahrung und Selbsterkenntnis. Das „Kulturmuster Bildungsreise" (Maurer 2010) wurde im Aufklärungszeitalter auch dazu genutzt, unterschiedliche Differenzerfahrungen in kulturanthropologischer Perspektive zur Sprache zu bringen. Ein Beispiel hier-

Bürgerliche Bildungsreisen

für ist der vergleichende Bericht über *England und Italien* (3 Bde., 1785), den der preußische Offizier und Historiker Johann Wilhelm von Archenholtz (1743-1812) herausgab, wobei er England als ein Musterexempel für ein aufgeklärtes und fortschrittliches Staatswesen charakterisierte, während er Italien als das Gegenbild eines schlecht verwalteten und vernachlässigten Landes zeichnete. Das Verfahren einer „Komparatistik der Verfassungsformen" (Rees/Siebers 2005, 81) wurde in zahlreichen Reiseschriften dieses Typs angewandt. Modellcharakter hatten dabei die Zielländer England und die Niederlande (Maurer 1987; Chales de Beaulieu 2000). Auf andere Art und Weise stellte der Berliner Professor für Ästhetik, Karl Philipp Moritz (1756-1793), die beiden Länder England und Italien gegenüber. In zwei Reiseberichten (*Reisen eines Deutschen in England im Jahr 1782*, 1783; *Reise eines Deutschen in Italien in den Jahren 1786 bis 1788*, 3 Bde., 1792/93) schilderte er die Erlebnisse seiner Auslandsfahrten. Während er sich in England zu Fuß fortbewegte und vor allem das Volks- und Alltagsleben studierte, war die Fahrt in den Süden seiner Kunstbetrachtung bzw. der Erarbeitung einer ästhetischen Theorie am Beispiel der italienischen Kultur gewidmet.

Spätaufklärung

Provinzreisen im deutschen Reich

Ein eigentümliches Phänomen der letzten Dezennien des 18. Jahrhunderts ist die Regionalisierung der Reiseberichterstattung. Dieser Prozess wird in der britischen Reiseliteraturgeschichte mit den Begriffen *home tours* oder *home travels* bezeichnet, während für den deutschsprachigen Bereich die Bezeichnung „Provinzreise" vorgeschlagen wurde (Schmidt 1994). Spätestens mit Friedrich Nicolais (1733-1811) *Beschreibung einer Reise durch Deutschland und die Schweiz, im Jahre 1781* (12 Bde., 1783-1796) – dem letzten Versuch einer enzyklopädischen Reisebeschreibung – wird die Bereisung und kritische Untersuchung der verschiedenen Regionen des Alten Reichs zu einer programmatischen Forderung der bildungsbürgerlichen Elite, in der sich zwei Entwicklungen verknüpften: Einerseits sollte der Stand der Aufklärung nun nicht nur im Vergleich mit dem Ausland, sondern auch innerhalb des Reiches bestimmt werden, andererseits aber wurde das Kulturpotential der einzelnen Territorien gerade in ihrer Verschiedenartigkeit und Vielgestaltigkeit gesehen. Rund ein Jahrzehnt später ließ der Berliner Oberkonsistorialrat Johann Friedrich Zöllner (1753-1804) seine *Briefe über Schlesien, Krakau, Wieliczka, und die Grafschaft Glatz auf einer Reise im Jahr 1791* (2 Bde., 1792) erscheinen. Zöllner versuchte hier noch einmal, die am Ende des 18. Jahrhunderts deutlich auseinanderstrebenden Erkenntnisansprüche allgemeinpolitischer und fachbezogener Informationsvermittlung auf der einen, und einer aktualitätsbezogenen, auf das Individuum gerichteten, literarisch-publizistischen Berichterstattung auf der anderen Seite zusammenzuführen. Die sich abzeichnende

Zweiteilung des Lesepublikums von Reiseberichten setzt sich dann im 19. Jahrhundert unter veränderten Bedingungen des Buchmarktes weiter fort (Siebers 2007).

Fürsten- und Fürstinnenreisen

Die geistigen Strömungen der Aufklärung und der Empfindsamkeit wandelten sich nach ersten moralphilosophischen Impulsen zu einem umfassenden, auch gesellschaftspolitisch ambitionierten Reformprogramm. An diesem Wandlungsprozess hatte auch der Adel seinen Anteil, zumal zahllose Fürstinnen und Fürsten sich die Sache der Aufklärung zu eigen machten. Von dieser Entwicklung blieb die Fürstenreise nicht unberührt. Leopold III. Friedrich Franz, Fürst von Anhalt-Dessau (reg. 1758-1807), reiste in den Jahren 1765-1768 mit Gefolge nach Italien, Frankreich und Großbritannien; die Tour wurde von seinen Begleitern Friedrich Wilhelm von Erdmannsdorff (1736-1800) und Georg Heinrich von Berenhorst (1733-1814) in jeweils eigenen Tagebüchern dokumentiert (Rees/Siebers 2005). Während Erdmannsdorffs Journal von einem sachlich-faktographischen Zug bestimmt wird, der auf die Erörterung historischer, antiquarischer und kunstgeschichtlicher Sachverhalte gerichtet ist (*Tagebuch der zweiten Italienreise 1765/66*, frz., 1765-1789; dt. Übers. ediert 2001), erstrecken sich Berenhorsts Notizen auch auf gegenwartsbezogene landeskundliche, gesellschaftliche, politische, ökonomische und militärhistorische Themen (*Journal de voyage des princes Léopold Frédéric François et Jean George d'Anhalt du 18. Octobre 1765 jusqu'au 3. mars 1768*, 1765-1775; dt. Übers. ediert 2012). Die Reise gilt allgemein als Initialzündung für die in den folgenden Jahren unternommenen Maßnahmen zur Landeskultivierung im Fürstentum Anhalt-Dessau. Sichtbarstes Zeichen hierfür war der 1768 errichtete Schlossbau in Wörlitz, dem eine Schlüsselrolle in der kontinentaleuropäischen Verbreitung des an antiken, palladianischen und englischen Vorbildern geschulten Klassizismus in der zweiten Hälfte des 18. Jahrhunderts zukommt.

Friedrich Franz von Anhalt-Dessau

Die Herzogin Anna Amalia von Sachsen-Weimar-Eisenach (1739-1807) hielt sich von August 1788 bis Juni 1790 in Italien auf. Aus den zahlreichen Quellen zu dieser Reise ragen die von der Herzogin selbst verfassten *Briefe über Italien* (Handschrift, 1796/97; ediert 1999) heraus, die eine literarische Neugestaltung der eigenen dokumentarischen Aufzeichnungen darstellen. Ergänzt werden diese Schilderungen durch das Tagebuch der Hofdame Luise von Göchhausen (1752-1807), in dem für den gesamten Zeitraum des Aufenthaltes minutiös der Ablauf jedes Reisetages festgehalten wird (Handschrift, 1788-1790; ediert 2008). Nach ihrem Italienaufenthalt erweiterte Anna Amalia fortlaufend ihre Kenntnisse über das Land und vervollständigte ihre Sammlungen zur italienischen Kunst und Musik in Weimar.

Anna Amalia von Sachsen-Weimar

Wissenschaftliche Reisen

Die Große Nordische Expedition

Forschungsreisen, die von Landesherrn initiiert und von wissenschaftlichen Akademien ausgeführt wurden, sind eine Domäne des 18. Jahrhunderts. Als Beispiele seien einige Expeditionen unter deutscher Beteiligung genannt. Der aus Tübingen stammende Naturhistoriker Johann Georg Gmelin (1709-1755) nahm von 1733 bis 1743 an der von der Petersburger Akademie der Wissenschaften durchgeführten „Großen Nordischen Expedition" teil, einem Unternehmen, mit dem insgesamt 570 Personen befasst waren. Nach zahlreichen rechtlichen und finanziellen Auseinandersetzungen mit der Akademie veröffentliche Gmelin schließlich seine vierbändige *Reise durch Sibirien, von dem Jahr 1733 bis 1743* (4 Bde., 1751/52), die auf anschauliche Weise Erlebnis- und Forschungsbericht miteinander verknüpft und ihm den Ruhm eintrug, als wissenschaftlicher „Entdecker" Sibiriens zu gelten. Zwei Jahrzehnte später publizierte der gebürtige Berliner Naturkundler Peter Simon Pallas (1741-1811) die Ergebnisse einer weiteren Sibirien-Expedition (*Reise durch verschiedene Provinzen des Rußischen Reichs*, 3 Bde., 1771-1776).

Die dänische Arabien-Expedition

Neben diesen Forschungsfahrten ist die vom dänischen König finanzierte große „Arabische Reise" (1761-1767) zu einem Ereignis geworden, u.a. deshalb, weil von den fünf teilnehmenden Wissenschaftlern nur der deutsche Kartograph, Mathematiker und Astronom Carsten Niebuhr (1733-1815) zurückkehrte, während seine Begleiter im Verlauf der Reise an Malaria verstarben. Den Reisenden hatte der Göttinger Orientalist Johann David Michaelis einen exakt 100 Nummern umfassenden Fragenkatalog unter dem Titel *Fragen an eine Gesellschaft Gelehrter Männer, die auf Befehl Ihro Majestät des Königes von Dännemark nach Arabien reisen* (gedruckt 1762) zur Beantwortung mit auf den Weg gegeben. In seiner *Beschreibung von Arabien* (Kopenhagen 1772; 2. erw. Aufl. 1774-1837) bezieht sich Niebuhr dann tatsächlich sehr häufig auf die von Michaelis angesprochenen Gegenstandsbereiche. Die dänische Arabien-Expedition zeigt trotz ihres unglücklichen Gesamtverlaufs die für diese Art von kollektiven Forschungsreisen typischen Stufen der Erhebung empirischen Wissens: öffentliche Bekanntmachung und Vorbereitung, gemeinschaftliche Durchführung mit einer interdisziplinären und internationalen Forschergruppe sowie ausführliche publizistische und museale Auswertung der Reise (von Zimmermann 2002).

Expeditionen und Weltreisen

Forster

Das „Zeitalter der Revolution" – so nannte der britische Historiker Eric Hobsbawm die europäische Geschichtsperiode von etwa 1780 bis 1850 – ist zugleich als „zweites Entdeckungszeitalter" (Bitterli 1976, 19) bezeichnet worden, wobei der „Entdeckungs"-Begriff inzwischen kolonialismuskritisch problematisiert wird. England und Frankreich waren die Nationen, die sich auf dem Gebiet des überseeischen Handelsverkehrs und bei Forschungsexpeditionen zur Erschließung neuer Weltgegenden in dieser Zeit einen Wettlauf lieferten. Beispielhaft hierfür sind die Weltumseglungen (1768-1771, 1772-1775, 1776-1779) des britischen Kapitäns James Cook (1728-1779) sowie des französischen Seefahrers Louis-Antoine de Bougainville (1729-1811) in den Jahren 1766-1769. An der zweiten Cook'schen Fahrt waren der deutsche Naturkundler Johann Reinhold Forster (1729-1798) und sein Sohn Georg (1754-1794) beteiligt. Während der ältere Forster zum wissenschaftlichen Personal gehörte, war der 17-jährige Sohn als sein Assistent und als Zeichner tätig. Nach der Rückkehr erschien der Expeditionsbericht der beiden Forster unter dem Namen des Sohnes zunächst in englischer Sprache. Die deutsche Übersetzung der *Reise um die Welt* (2 Bde., 1778-1780) machte Georg Forster als Naturforscher und Schriftsteller auf einen Schlag berühmt. Aufklärerische Philosophen wie Denis Diderot (1713-1784) nutzten die naturgeschichtlichen und ethnografischen Befunde dieser Weltreisen, um in pointierter Form kulturanthropologische Differenzerfahrungen zu artikulieren und zu einem neuen Bild des Menschen in globaler Perspektive beizutragen (*Supplément au voyage de Bougainville*, verf. 1772/75, ediert 1796).

Das Reisewerk Alexander von Humboldts ist das Ergebnis eines fünfjährigen Aufenthaltes in Südamerika, der 1799 begann und den er sechs Jahre lang vorbereitet hatte. Seine Gesamtdarstellung *Voyage aux régions équinoxiales du Nouveau Continent* (34 Bde., 1805-1838; dt. Übers. 1815-1832), die er in französischer Sprache zusammen mit seinem Begleiter Aimé Bonpland (1773-1858) verfasste, ist eine der umfangreichsten in der Geschichte der Reiseliteratur und beschreibt nicht nur die Reiseereignisse, sondern stellt eine Gesamtsicht des Kontinents in Form einer multidisziplinären Landeskunde dar. In Anlehnung an Forster entwickelte Humboldt das Konzept des „Naturgemäldes" (*tableau physique*), um größtmögliche Anschaulichkeit zu erreichen, etwa durch die rund 1.500 Kupferstiche des Werks. Humboldts Methodik, aber auch sein Natur- und Menschenbild verkörperte am Ende des 18. Jahrhunderts noch einmal umfassend die philosophischen Impulse der Spätaufklärung. Der Autor gilt als ein „ziemlich bekannter Unbekannter" (Krätz 1997, 6) in der deutschen Reiseliteraturgeschichte, da einer breiten Aufnahme seines Reisewerks zahlreiche Rezeptionshindernisse im Wege standen: der monumentale Umfang, der verschachtelte Aufbau (u.a. die Trennung von Reisechronologie und systematischen Abhandlungen zu Botanik, Klimatologie und Geografie), die Darstellung in französischer Sprache sowie die unvollständigen und teilweise stark literarisierenden Übersetzungen.

Humboldt

Reiseziel Revolution: Reportage und politische Meinungsbildung

Informierende Schriften

Mit dem Beginn der Französischen Revolution gab es seit 1789 für zahlreiche europäische Reisende ein neues Ziel: die „Reise in die Revolution" mit Paris als Ereignisort. Die Geschehnisse in Frankreich verfolgte man auch im Alten Reich, und etliche Deutsche machten sich auf den Weg, um aus eigener Anschauung vom Schauplatz des Revolutionsgeschehens zu berichten, Fakten zu recherchieren und politische Meinungsäußerungen abzugeben (Boehncke/Zimmermann 1988; Grosser 1989). Dabei können zwei Berichtstypen unterschieden werden: Reisebücher mit einem eher informierenden Gestus, die ein realistisches Darstellungsprinzip wählen und Informationen aus erster Hand bieten wollen. Dazu gehörten der Braunschweiger Pädagoge und Verleger Joachim Heinrich Campe (1746-1818; *Briefe aus Paris zur Zeit der Revolution geschrieben*, 1790) und der Oldenburger Schriftsteller Gerhard Anton von Halem (1752-1819; *Blicke auf einen Theil Deutschlands, der Schweiz und Frankreichs bey einer Reise vom Jahre 1790*, 2 Bde., 1791). Als einer der wichtigsten Zeugen der Revolution gilt der seit 1790 in Paris lebende politische Publizist Konrad Engelbert Oelsner (1764-1828), der aufgrund seiner ausgezeichneten Kontakte zu deutschen und französischen Intellektuellen freimütig und aus erster Quelle berichten konnte (*Bruchstücke aus den Papieren eines Augenzeugen und unparteiischen Beobachters der Französischen Revolution*, 1794, erw. auf 2 Bde., 1797/99).

Politische Reportagen

Der zweite Typus ging eher agitatorisch vor: Der Leser sollte u. a. durch eine stark kontrastive, polarisierende Schilderung der feudalabsolutistischen Missstände von der politischen Notwendigkeit der Revolution überzeugt werden. Den „Bildern der Pracht" wurden die „Bilder des Elends" gegenübergestellt, wie der sächsische Publizist Georg Friedrich Rebmann (1768-1824) in seinen *Kosmopolitischen Wanderungen durch einen Theil Deutschlands* (1793) formulierte (Rebmann 1968, 95). Ein Meisterwerk der politischen Reportage, der ästhetischen Kunstkritik sowie der gesellschaftsgeschichtlichen Gegenwartsanalyse legte Georg Forster mit seinen *Ansichten vom Niederrhein, von Brabant, Flandern, Holland, England und Frankreich, Im April, Mai und Junius 1790* (3 Bde., 1791-1794) vor. Dass der Reisebericht seit 1790 zur journalistischen Reportage tendiert und zur politischen Meinungsbildung dient, ist ein „Novum in der Reisegeschichte" (Brenner 2015, 434). Vorbereitet wurden diese Entwicklungen durch die innerdeutsche sozialkritische Reiseliteratur der 1780er Jahre (Griep 1980), etwa Wilhelm Ludwig Wekhrlins (1739-1792) *Anselm Rabiosus Reise durch Ober-Deutschland* (1778) oder Johann Kaspar Riesbecks (1754-1786) *Briefe eines Reisenden Franzosen über Deutschland An seinen Bruder zu Paris* (2 Bde., 1783). Damit einher geht die Wiederentdeckung der Fußreise, für die der spätaufklärerische und politisch meinungsfreudige *Spaziergang nach Syrakus im Jahre 1802* von Johann Gottfried Seume (1763-1810) als Modell stehen kann (Albrecht/Kertscher 1999).

4. 19. Jahrhundert: Kulturnation und Nationalkultur

Wenn ein Überblick zur Reisekultur des 19. Jahrhunderts mit Goethes *Italienischer Reise* ansetzt, so konfrontiert dies unweigerlich mit einer der Grundfragen jeder Reiseliteraturforschung, nämlich mit der nach der zeitlichen Divergenz zwischen einer tatsächlichen Reise und ihrer Verschriftlichung bzw. deren Drucklegung. Im Falle Goethes gilt nun das publizistische Erscheinen bzw. die lange Wirkungsphase des Berichts als ausschlaggebend und nicht die tatsächliche Reisezeit. Alexander von Humboldt oder Johann Gottfried Seume veröffentlichten ihre entsprechenden Darstellungen zwar auch erst im 19. Jahrhundert, gehören aber mental noch deutlich zur Spätaufklärung des 18. Jahrhunderts. Nicht aber Goethe: obwohl er bereits 1786 reiste, publizierte er seine *Italienische Reise* in der Hauptsache erst 1816/17, vollständig sogar erst 1829. Und nicht nur aufgrund des Zeitpunkts seines Erscheinens gehört das Werk in die Zeit der bürgerlichen Moderne, es ist vor allem die lange Rezeptionsgeschichte eines prototypischen Italienerlebnisses und seiner klassischen Verschriftungsform, die über das lange 19. und 20. Jahrhundert hinweg noch bis zur Jahrtausendwende (Rolf Dieter Brinkmann 1979, Joachim Fest 1988, Martin Mosebach 1997) reichen sollte. Das Werk galt zeitweise sogar überhaupt als das „meistgelesene Buch Goethes" im 19. Jahrhundert (Wild 1997, 367f.), ja als „Referenzbuch für die deutschsprachige Reiseliteratur" in diesem Zeitraum (Lauer 2011). Noch „im heiligen Jahr 1925" würde der Freiburger Journalist Hermann Beuerle eine *Italienfahrt* als *moderne Pilgerfahrt im Auto* beschreiben, 1959 beschwört der Literarhistoriker Wilhelm Emrich das Italienerlebnis gar als „Schlüssel zur Seelengeschichte des deutschen Volkes". Die Relativierung der Italienbegeisterung bzw. der damit verbundenen bildungsbürgerlichen Reiseform formulierten dann in der Nachfolge Heinrich Heines verschiedene Satiriker wie der Düsseldorfer Hermann Harry Schmitz (1880-1913) in seinen grotesken *Reisen und andere Katastrophen* (1907). Stereotypen wie „dicke Obstfrauen" (Heine) kontrastierten den idealistischen Diskurs, Joseph Imorde (2012) dokumentiert „dreckige Laken" und andere zunehmend „negative Urteile deutscher Italienreisender im 19. Jahrhundert". Als dann tatsächlich andere Reiseziele in den Vordergrund traten, hat Gerhard Polt mit dem satirischem Reisefilm (*Man spricht deutsch*, 1988) einen vorläufigen Schlusspunkt gesetzt.

Goethe und Italien

Klassische Bildung

Goethe selbst sah seine Reise als eine intensive Selbsterfahrung in der Begegnung mit einer ausgedehnten Topografie aus originalen bzw. imitierten Relikten der Antike. Aber auch die ethnische Differenz oder landschaftliche Eigenheiten trugen wesentlich zur Wirkung bei. Ein neues subjektives Lebensge-

Italienische Reise

fühl, angeregt durch die sukzessive Auseinandersetzung mit den Reichtümern der vorgefundenen geologischen, botanischen und architektonischen Morphologie, sollte sich zusammen mit einer künstlerischen Transformation aller Eindrücke in Zeichnung und Text zu einer außergewöhnlichen Steigerung der Selbst- wie Fremdwahrnehmung verbinden. Um die „Falten", die sich in seinem „Gemüt geschlagen und gedrückt" hatten, wieder „auszutilgen" (Goethe 1994, 25), setzt sich der Weimarer Minister einem kulturgeschichtlichen Erfahrungsraum aus, der ihm Beobachtungsgeist, Inspiration und generelles Weltinteresse neu aktivieren soll. Als entsprechend selektiv zeigt sich Goethes Wahrnehmung: Der deutsche Autor wählt im großen Angebot der bereisten Ferne auffällig aus, was ihm momentan behagt bzw. stimmungsgemäß entspricht, und übersieht dabei geflissentlich das Unbehagliche – etwa Bilder, die sich mit Angst, Sterben und Tod befassen. Da gilt es lieber den „Triumph des Schönen" zu feiern. In der späteren Redaktion würde er diese Spuren seiner Psyche allerdings nicht tilgen: das Protokoll einer Selbstfindung, also einer aktiven und produktiven Distanznahme gegenüber der Weimarer Existenz als verantwortlicher Beamter, Erfolgsautor und Gesellschaftsmensch, bleibt in seinen Brüchen erhalten. Diese allerdings gelten dem Dichter als „Stufen meiner Bildung" (1814), die in der Folgezeit sogar einen prototypischen, vorbildhaften Charakter erhalten würden.

Entwicklungsbegriff

Goethes Entwicklung zum universalen Künstler, der Leben und Kunst in idealer Synthese vereint, Erfahrungen transformiert und die temporäre biografische Krise auf einer höheren Ebene überwindet, ist Gegenstand und didaktisches Ziel der Publikation. Das klassische Bildungskonzept findet damit in der Reisebeschreibung eine eindringliche und authentische Umsetzung. Die sukzessive Schulung des Sehens, die vergleichende Wahrnehmung und das Erkennen von verbindenden Gesetzlichkeiten aller Erscheinungen (Morphologie) stabilisiert das Dasein des Individuums. Bedrohliches, Dämonie oder Todesangst erfahren ihre strukturelle Unterordnung: „Ungenießbares wird genießbar" gemacht (Brief an Herzogin Anna Amalia, 17. April 1789). Tatsächlich wirkt der Text auch als Gegenentwurf zum mittlerweile aufgekommenen romantischen Reisebegriff, der sich auf eine reine, „weltlose" und Ich-bezogene Subjektivität (Lauer 2011, 24) bezieht, die von Träumen, Visionen oder momentanen Stimmungen des isolierten Einzelnen dominiert wird und ganz ohne den Anspruch einer allgemeinen Verbindlichkeit auftritt.

Romantisches Erleben der Vergangenheit

Ruinen und Fragmente

Die Romantik verlegte sich aber nicht nur auf die subjektive Persönlichkeit als Erfahrungsinstanz: Im Zuge eines wachsenden Geschichtsbewusstseins galt auch die kollektive Individualität im Sinne der „Nation" als eine die Wahrnehmung prägende Kategorie. Insbesondere das aussagekräftige Fragment, sei es als poetisches Dokument oder bauliche Ruine, galt hier als produktiver Zeuge der gemeinsamen Vergangenheit, lädt es doch gerade in seiner Unvollständigkeit zur spekulativen Vervollständigung ein. Der Ruinenkult des späten 18. und frühen 19. Jahrhunderts (Baum 2013) führte dann auch zur Reproduktion der Objekte als sichtbare Spuren einer eigenen Geschichte, mit der sich die (deutsche) Nation dann selbst konstituierte, ganz konkret im Falle der vervollständigten Überreste des mittelalterlichen Doms zu Köln (1842-1880). Die Reste der Antike galten Goethe und seinen Nachfolgern (Heine) dagegen eher als Zeugen einer idealen und damit universalen Humanität, wobei auch das im 18. Jahrhundert entdeckte Pompeji eine stark wirksame „rekonstruktive Phantasie" (Baum 2013, 260) auslöste. Romantische Reiseberichte, wie etwa Justinus Kerners *Reiseschatten* (1811) oder Wilhelm Müllers *Rom, Römer und Römerinnen* (1820) bezogen dies auch auf sprachliche Überbleibsel, indem sie vorgefundene Märchen oder Sagen als autochthone Fundstücke der Vergangenheit in ihre Texte einfügten.

Nation und vaterländische Wanderungen

Mit dem Kampf gegen Napoleon und mit der politischen Neuordnung (Restauration) nach dem Wiener Kongress (1814/15) verstärkt sich das Bewusstsein, nicht nur durch die persönliche Herkunft, sondern auch durch gemeinsame Geschichte und ein zukunftsorientiertes kollektives Handeln eine Identität im höheren Sinne zu besitzen. Schon im späten 18. Jahrhundert fungiert „Nation" nicht mehr wie in der Vormoderne als reine Bezeichnung der „Gebürtigkeit", sondern wird als Gruppenbindung von politisch verfassten, geografisch und kulturell eingrenzbaren Kollektiven verstanden, durchaus aber noch ohne den aggressiven Ausschluss von anderen. „Die Idee der Nation ist die wirksamste historische Erscheinung einer Partikularisierung der Welt", die nun neben der Regionalisierung oder Sozialisierung eine weitere Zugehörigkeit des Einzelnen formiert (Brenner 1989, 25). Kulturelle Identitäten, wie sie der Kulturphilosoph Johann Gottfried Herder (1744-1803) beschrieben hatte, wachsen sich unter politischen Vorzeichen dann jedoch zunehmend auch als Abgrenzung im Sinne eines Konkurrenzverhältnisses aus. Eine „kulturelle Einflussangst" mit drohendem Identitätsverlust fördert die energische und explizite Grenzziehung nach nationalen Kriterien (Frank 2006). Die Reiseliteratur reagiert darauf zunächst mit einer Selbstfindung im Inneren: die Reise zu sich selbst im nationalen („vaterländischen") Sinne fördert der bekannte „Turnvater" Friedrich Ludwig Jahn (1778-1852): in seinem *Deutschen Volksthum* geht es um „Vaterländische Wanderungen", denn „uralt ist der Deutschen Reisetrieb" (Jahn 1810, 443). Die „bürgerliche Wanderlust" (Althaus 1999) richtet sich auf Deutschland als (politisch bis 1871 nicht geeintes) kulturelles Ganzes, aber auch auf seine einzelnen Regionen: über die *Rhein-*

Nation

reisen Johann August Kleins oder Karl Baedekers bis hin zu Fontanes *Wanderungen durch die Mark Brandenburg* zeigen sich in der „Kulturnation" jedoch sehr unterschiedliche Grade eines nationalen Pathos.

Raum, Technik und Gesellschaft

Eisenbahn und Dampfschifffahrt

Neben den politischen, sozialen und wirtschaftlichen Neuerungen im Rahmen der Nation sorgte aber vor allem eine drastische Entwicklung in der Technik für einen Bewusstseinswandel: Die Beschleunigung der Raumbewegung durch nicht-animalische mechanische Kräfte bewirkte langfristig eine starke mentale Veränderung als Folge der optimierten Vernetzung, der effizienten Koordination und damit einer erhöhten Verfügung über die Zeit. Die seit den 1830er Jahren verkehrende Eisenbahn (Schivelbusch 1977) und die bereits etwas früher einsetzende Dampfschifffahrt (1816) sorgten für verkürzte Distanzen bzw. für verstärkte Verlässlichkeit und Berechenbarkeit (Fahrpläne) des Reiseverlaufs, so dass nun auch Aspekte wie Pünktlichkeit und Planung ein stärkeres Gewicht erhielten. Durchaus konvenierte dies mit den politischen bzw. ökonomischen Entwicklungen zu einem zunehmend imperialen Nationkonstrukt. Die Kalkulationen unternehmerischer wie auch diplomatischer Natur erhielten eine größere Durchschlagskraft, die Befugnis, bestimmte Abläufe wunschgemäß zu steuern, stärkte das Selbstbewusstsein des Subjekts wie das des Kollektivs. Die Kritik am allzu langsamen und behäbigen Charakter der Deutschen hatte schon 1821 Ludwig Börne in seiner *Monographie der deutschen Postschnecke* mit deutlicher Schärfe artikuliert. Die im Gegenzug verteidigte Fußreise als Zweifel an den neuen schockartigen Geschwindigkeitserfahrungen ließ nicht lange auf sich warten: Der Dichter Joseph Freiherr von Eichendorff (1788-1857) wirbt aus konservativen Beweggründen für eine naturverbundene, die Nähe zur Erde wahrende Form des Reisens – für das Wandern, vor allem im zyklischen Sinne mit einer ersehnten, aber niemals gesicherten Rückkehr in die Heimat. Carl Julius Weber (1767-1832) verbindet das mit nationalen Bezügen in *Deutschland, oder Briefe eines in Deutschland reisenden Deutschen* (1826). Die offenbar obsolet gewordene Fußreise erhält somit neue Qualitäten: intensivierte Selbsterfahrung, performative Erkundung nationaler Identität, heilende Wirkung und gesteigerte Wahrnehmungsfähigkeit. Begleitende Textformen wie das Wanderlied zeigen eine entschiedene Archaisierung und Verklärung der Erfahrungsinhalte mit durchaus regressiven Zügen.

Reprotechniken

Die technischen Veränderungen bezogen sich aber nicht nur auf die Bewegung im Raum, sondern auch auf deren Dokumentation im Sinne von stark verbesserten Abbildungsmöglichkeiten. Mit dem in seinen Wiedergabequalitäten deutlich optimierten Stahlstich bzw. der ungekannt nuancenreichen und auflagenstarken Lithographie, schließlich aber mit der Erfindung der Fotografie (Lichtzeichnung) ergaben sich gänzlich neue Dimensionen, das Fremde und Unglaubliche jetzt verlässlich, unabhängig vom wahrnehmenden Subjekt und optisch adäquat in die Heimat zu holen. Entsprechend verlagerten sich auch die Text-Bild-Kombinationen in den Reiseberichten; Stahlstichsammlungen wie *Das malerische und romantische Deutschland* (1838-60) garantierten mit ihren beeindruckenden Panoramen und Rundgemälden (Diorama als Bildersequenz) auch kommerzielle Erfolge.

Soziale Fragen und politisches Reisen

Im Zuge der zunehmenden Industrialisierung und der unmittelbar resultierenden Transformationen der Gesellschaft – statt Adel, Klerus und Landbevölkerung begegnen nun Unternehmer, Bürokraten und Arbeiter – verlagern sich in ganz Europa auch die Reisemotivationen bzw. -ziele. Neue Mobilität zeigt sich nicht nur in der bald einsetzenden Landflucht, indem sich die notleidenden Bauern als Industriearbeiter in den Städten verdingen, sondern rasch auch im größeren Maßstab, indem die Menschen ihren Staat, ja sogar ihren Kontinent für immer verließen. Auch darüber aber erstattete man in Reisebriefen oder Auswanderreportagen Bericht. In den zuweilen stark fiktional geprägten Texten, die etwa bei Friedrich Gerstäcker (1816-1872) oder Charles Sealsfield (1793-1864) auch gänzlich zum Roman mutieren konnten (Mesenhöller 1989), finden sich neben Ratgeberelementen für interessierte Nachfolger auch Passagen der Reflexion und der Selbstrechtfertigung mit durchaus enttäuschungs- oder heimwehgetränkten Darstellungen der alten Heimat. In der jeweils neuen waren es dann Zeitungsgründungen (bspw. deutsche Zeitungen in den USA), die eine Koexistenz des Eigenen mit dem Fremden bzw. den Prozess der Akkulturation dokumentieren, ähnliches leisten die emotional geprägten Auswandererlieder. Schon vor den großen Ausreisewellen (siehe Gottfried Duden *Reisen ohne Wiederkehr*, 1829) blickte man bereits auf die USA: Herzog Paul Wilhelm von Württemberg (1797-1860) unternahm *Reisen nach dem nördlichen Amerika in den Jahren 1822 bis 1824* (Druck postum).

Auswanderer

Um die sozialen Veränderungen in allen Konsequenzen zu studieren, sahen sich viele Autoren in England um (Fischer 2004), insbesondere in den Großstädten. Das moderne Phänomen der Urbanisierung ließ sich am Beispiel Londons besonders drastisch verfolgen: die Situation der Arbeiter bzw. der landflüchtigen Bauern in der wachsenden Großstadt war dann auch auf die Verhältnisse in Deutschland zu übertragen (Berlin). Die Frage der Versorgung oder der Hygiene traten hier als mitgeteilte Inhalte stark in den Vordergrund, die Armut als soziographisches Phänomen interessierte in Verbindung mit den Fragen der innovativen Produktionsprozesse und der ökonomischen Umwälzung. Die Irlandreisen des Ethnographen Johann Georg Kohl (1808-1878) bspw., die er 1830 veröffentlichte, fokussieren wiederum das Leben der auf

Kontraststudien

dem Lande verbliebenen Bevölkerung, ebenso wie die entsprechenden Berichte von Philipp Andreas Nemnich (1764-1822; *Neueste Reise durch England, Schottland und Ireland*, 1807), Fürst Pückler (*Briefe aus Irland*, 1826-1829) oder Moritz Hartmann (1821-1872, Reisen um 1850), die neben der politischen Unterdrückung Irlands durch England auch die eigentümliche Landschaft oder das besondere Brauchtum beschrieben, etwa den Aberglauben, die Feengeschichten oder das Ritual der Totenwache (Wake) – mentalitätsgeschichtliche Aspekte, die noch bei Heinrich Böll (1957) erscheinen würden.

Die Mobilität der neuen gesellschaftlichen Schichten

Unternehmerreisen

Vor allem aber war die mit der Industrialisierung aufsteigende und profitierende Klasse der Unternehmer nicht zuletzt aus geschäftlichen Gründen sehr mobil: Als Textsorte dominiert hier das Tagebuch mit detaillierten Aufzeichnungen zu Fragen der Zulieferung, Fertigung und Verwaltung (Personal, Bank- und Finanzwesen), die nach der Rückkehr zwecks Optimierung des eigenen Betriebes genau auszuwerten waren. Der Besuch von produktionstechnischen Vorführungen oder Weltausstellungen war neben dem Kenntniserwerb natürlich auch mit dem Anknüpfen von Geschäftsbeziehungen verbunden.

Sozialpolitisch motiviertes Reisen

Spätestens im Vormärz (1848) verschwindet dann der traditionelle Reisetypus der streng geregelten Elitenreise (Grand Tour) zugunsten der bürgerlichen, später auch proletarischen Selbsterkundung der Welt (Ujma 2009). Das informative Reisen avancierte zur Basis einer politischen Stellungnahme und diente dem Versuch, auf die Entwicklung von Staat und Nation Einfluss zu nehmen, nicht nur aus gesellschaftlich-konservativen oder rein unternehmerischen Beweggründen. Noch stärker waren es die liberalen, fortschrittlich demokratisch orientierten Personen, die im Sinne der Entdeckungsreise als Entlarvungsreise die Zustände im eigenen Land aufzudecken gedachten, was dann ihr soziales Engagement rechtfertigen sollte. Robert Prutz wandte sich 1847 in einer Studie *Über Reisen und Reiseliteratur der Deutschen* gegen die rückwärtige „Trümmerverehrung": man solle doch lieber die „Ruinen unserer Freiheit" als Mahnung verstehen, um jene im politischen Sinne zurückzugewinnen. Der Journalist Ludwig Rellstab (1799-1860) nahm in seinen *Empfindsamen Reisen* (1836) eine deutlich radikaldemokratische Haltung ein, auf entsprechenden Fahrten in Frankreich, England oder in den USA, also in die – politisch, technisch und wirtschaftlich betrachtet – „moderne Welt", entwickelten Ludwig Börne, Heinrich Heine oder Friedrich List als Emigranten, Pendler und Kulturforschende dezidierte Kritikpunkte für die politische Entwicklung in Deutschland. Auf der Basis von Reiseberichten anderer Autoren entwickelte Karl Marx seine Indienartikel, mit denen er seine analytischen Thesen zur Wirtschaft stützte und durchaus lange wirkende Geschichtsbilder generierte (Quintren 2005). Heinrich Laube gehört zur Generation des Vormärz, die entsprechende Studien auch über die Situation in Algerien nach der französischen Eroberung 1830 unternahm. Nach seiner Reise 1839 formulierte Laube seine jedoch durchaus profranzösischen und damit kolonialistischen Eindrücke in *Die Kaschba* (Fendri 1998). Viel später sollte es dann auch Reisen der Arbeiter geben, deren Mobilität sich im 19. Jahrhundert entwickelte. Vor allem waren es die Funktionäre, die sich über die internationale Arbeiterbewegung zu informieren suchten, um im Interesse des Klassenkampfes dann darüber zu schreiben. Erst sehr spät, bspw. 1913 mit Fritz Kummer, ist von *Eines Arbeiters Weltreise* zu lesen.

Naturwissenschaftliche Forschungsreisen

Vom dynamischen Innovationsschub waren nicht nur Politik, Sozialwesen und Technik ergriffen, auch die Wissenschaft reformierte sich: an den (neuen) Universitäten (Berlin 1810) vollzog sich eine pragmatisch orientierte Ausdifferenzierung des Fächerkanons (u.a. Biologie, Geologie, später Physik und Chemie), der vor allem auf eine genauere Naturerkenntnis – „Naturwissenschaften" trennen sich von „Geisteswissenschaften" – gerichtet war und entsprechende Expeditionen notwendig machte (Fisch 1989). Zwischen den ausführlich dokumentierten Forschungsreisen des Dichters Adelbert von Chamisso (1781–1838, *Reise um die Welt*, 1836), des Zoologen Ernst Haeckel (1834–1919, u.a. *Algerische Erinnerungen*, 1890) und schließlich des Kunsthistorikers Aby Warburg (1866–1929) mit seiner Amerika-Reise zu den Hopi-Indianern (1895/96, siehe *Schlangenritual*, 1923), sind zahllose naturwissenschaftliche, ethnologische oder kulturgeschichtliche Erkundungsfahrten über den ganzen Erdball zu verzeichnen, die nun die moderne, rationalistische und materialistische Weltsicht mit statistischen Daten und konkreter Anschauung versorgen. Das Wissen bspw. über Gesteine, über Flora und Fauna wächst im 19. Jahrhundert überproportional an, natürlich auch im Sinne einer Grundlagenforschung für die rapide expandierende Güterindustrie und ihre ständig zu verbessernden Produkte.

Der nach seiner Flucht aus Frankreich in Deutschland lebende Graf Adelbert von Chamisso nahm 1815–1818 an einer Weltreise teil, die ihn als Ethnologen, Botaniker und Zoologen zum Nordpol wie in die Südsee führte und ihm schließlich die Referenz verschaffte, um bis zu seinem Tod (1838) erfolgreich als Leiter des Königlichen Herbariums in Berlin zu wirken. Etwas später begaben sich auch forschende Frauen in die verschiedensten Erdteile: Die Österreicherin Ida Pfeiffer (1797–1858) hatte mit ihren populären Berichten (*Eine Frauenfahrt um die Welt*, 1850) großen Erfolg beim bürgerlichen Publikum, so dass sie mit den Erlösen sogar weitere Reisen finanzieren konnte. Sie schilderte ethnographische Details, religiöse Rituale und lokale Baukünste, aber auch fremde Rechtsformen. Ferner legte sie umfangreiche Naturaliensammlungen an, die bis in das Wiener Naturkundliche Museum gelangten. Später war es etwa die Ethnologin und Fotografin Caecilie Susanna Seler-Sachs, die ihre 1895-1897 in Mexiko gemachten Beobachtungen nicht nur in einem dezidierten Reisebericht (1900), sondern unter gendergeprägten Kriterien (Czarnecka u.a. 2011) auch in kulturkritischen Abhandlungen (*Frauenleben im Reiche der Azteken*, 1919) zusammenführte.

Individualreisen und Selbstfindung

"Reiselust"

Gegen die rationalisierende und objektivierende „Vermessung der Welt" steht in romantischer Tradition dann immer wieder auch die Reise als Flucht aus dem effizienzbestimmten Dasein im Kollektiv bzw. als selbstheilender Weg zum Ich. Schon mit Johann Gottfried Seumes *Spaziergang nach Syrakus* (1803) stand die Reise als Therapie und Selbstfindungsorgan für das sinnsuchende Subjekt auf der Agenda, gelegentlich auch in kontrastiver Verbindung mit dem kritischen Blick auf die allzu prosaische Gegenwart. Reisen kommt generell immer mehr in Mode, an der sich nun breite gesellschaftliche Schichten beteiligen. Die Schriftstellerin und Salonière Johanna Schopenhauer (1766-1838) bemerkt um 1825 eine verstärkte Reiseaktivität und spricht von einer „fast epidemieartige[n] Reiselust", was Karl Immermann zehn Jahre später bestätigt: auch die weniger Wohlhabenden führen vermehrt in die Welt und man reise jetzt überhaupt nur noch, „um zu reisen". Reisen wird zum Selbstzweck (Prein 2005).

Frauenreisen

Mit der genannten Johanna Schopenhauer und ihrem 1818 publizierten Buch *Reise durch England und Schottland* traten seit dem frühen 19. Jahrhundert nun auch verstärkt reisende d.h. allein reisende Frauen als kommentierende Instanz ihrer besonderen Erfahrungen auf den Plan: Fanny Lewald (1811-1889), als Jüdin wie als Frau emanzipierte Kämpferin für Liberalismus und Demokratie, verarbeitete ihre Beobachtungen während der Revolutionen in Paris, Berlin und Frankfurt um 1848 in ihren *Erinnerungen aus dem Jahr 1848* (1850). Die von Fanny Lewald aufgrund ihres eher romantisch-restaurativen Habitus brüsk abgelehnte Ida Hahn-Hahn (1805-1880), eine zum Katholizismus konvertierte Adelige, reiste seit 1835 durch ganz Europa, aber auch in den Orient. Die vorwiegend weiblichen Leser machten ihre im Plauderton gehaltenen, durchaus subjektiven Reiseberichte zu Bestsellern. Mit feuilletonistischen Amerika-Berichten trat die vom „Jungen Deutschland" geprägte Ottilie Davida Assing (1819-1884) hervor: sie hatte sich in den USA der Anti-Sklaverei-Bewegung angeschlossen und sich publizistisch entsprechend stark engagiert. Mit zunehmender Skepsis gegenüber autoritären (männlichen, staatlichen, ethisch-normativen) Vorgaben verstärkten sich die Tendenzen zur Selbstverwirklichung durch das Reisen, die zur Jahrhundertwende dann sogar fluchtartige Intentionen aufweist: Die in ihrer Umgebung rasch als Exzentrikerin und Gesellschaftsschreck geltende Salondame Mechthilde Lichnowsky

(1879-1958) entflieht bspw. dem steifen Zeremoniell des Berliner Hofes und berichtet nach ihrer Reise an den Nil über *Götter, Könige und Tiere in Ägypten* (1912).

Es ist nun aber gerade der Adel, der im modernen Industriezeitalter seinen Stand kritisch reflektiert, diesen aber auch weitgehend neu fundieren muss. Sofern es wirtschaftlich überhaupt noch möglich ist, distanziert sich die hochgeborene Elite gegenüber den „Neureichs" und dem Industrieadel mit individuellen Fahrten und sucht ihren Status zu reformieren. Fürst Hermann von Pückler-Muskau (1785-1871) macht sich etwa einen Namen als durchaus dandyhafte Erscheinung und konsultiert das Fremde nur noch zur Unterhaltung seiner selbst. Entsprechend subjektiv sind seine Mitteilungen, eine aristokratisch entrückte Form der Selbsterfahrung bzw. Selbstpräsentation. Unterwegs erstellt er „Erinnerungsbilder", eine fortlaufend geführte Chronik seiner Wahrnehmungen mit eigentümlichen Kommentaren, vor allem über sein eigenes Fachgebiet, den Landschaftsbau. Er ergänzt dies mit verschiedenem, während der Reise im Original erstandenen Bildmaterial. Seine *Briefe eines Verstorbenen* (1826-1828) erweisen sich als Tagebuch seiner Reisen bis nach England, Wales und Irland, wo er als Mitglied des europäischen Adels leichten Zugang zu den lokalen Standesvertretern hatte. Hochverschuldet jedoch suchte er vor allem eine lukrative Heiratsmöglichkeit.

Aristokratische Selbstfindung

Neue Publikationsformen

Mit der wachsenden Öffentlichkeit und ihrem vermehrten Informationsbedarf (Tagespresse) konstituiert sich im Laufe des 19. Jahrhunderts auch eine neue Textgattung: das periodisch berichtende Reisefeuilleton, sehr prominent vertreten durch Theodor Fontane (1819-1898) – die Zeitschriftenbeiträge und Zeitungsartikel über seine Reisen nach England und Schottland in den Jahren 1844, 1852 und 1855 bis 1859 erscheinen in drei erfolgreichen Sammlungen (*Ein Sommer in London*, 1854; *Jenseit des Tweed*, 1860; *Aus England*, 1860). Sie münden schließlich auch in die neue Form einer realistischen Darstellung des eigenen Umfelds und dessen Geschichte in den *Wanderungen durch die Mark Brandenburg*, deren einzelne Etappen er seit 1859 selbst absolvierte und dann 1862-1889 in Druckform publizierte. Regionales (statt oder neben dem nationalen) Bewusstsein generiert sich in der diskursiven Kombination aus Landschaft und Geschichte. Gerade bei Fontane gehen Romantik und Preußentum, Staatswesen und Nation nun ganz eigene Symbiosen im Sinne eines politischen Selbstverständnisses ein. Das Große erscheint immer wieder gebrochen durch das widerständig Kleinteilige, das emanzipiert Authentische oder eigensinnig Lokale im Sinne der Landschaft Brandenburg. Der Autor schafft sich hier bereits einen Fundus für seine späteren Großromane wie *Der Stechlin* oder *Effi Briest* (Darby 2013).

Reisefeuilleton

Neue und bevorzugte Ziele

Europa und Indien

Neben der Fokussierung der eigenen Region ergaben sich aber auch in umgekehrter Richtung wieder neue Ziele: Reisen führten nun verstärkt nach Skandinavien – wo sich Ernst Moritz Arndt 1804 am Bergwerk zu Falun über die Luftverschmutzung auslässt –, nach Kroatien (Zeman 2013) oder nach einem eben jetzt (wie zuvor Italien) kulturpolitisch verklärten Griechenland. Um 1900 ist unter dem Stichwort des „Exotismus", mit dem eine besonders gesteigerte Form des Fremden im Sinne einer sensationellen Attraktion bezeichnet wurde, ein wachsendes Interesse am fernen Osten zu verzeichnen, insbesondere für Indien: Bereits der Naturforscher und Diplomat Carl von Hügel (1796-1870) hatte zwischen 1840 und 1848 eine wegweisende Reisebeschreibung über *Kaschmir und das Reich der Siek* vorgelegt und der Evolutionsforscher, Philosoph und Zeichner Ernst Haeckel publizierte 1883 seine *Indische[n] Reisebriefe*. Um die Jahrhundertwende galt es dann endgültig, statt Italien nun lieber Indien „mit der Seele zu suchen" (Kamath 1999). Unbekannte Formen des Spiritualismus, asiatische Religionen (Buddhismus, Hinduismus), Ästhetik und Philosophie standen als Gegenmittel zu einem degenerierten europäischen Materialismus ganz hoch im Kurs. Der „Biene-Maja"-Erfinder Waldemar Bonsels (1880-1952) mit seiner *Indienfahrt* (1916), der auflagenstarke Hanns Heinz Ewers (*Indien und ich*, 1919) oder Hermann Graf Keyserling mit seiner Weltreise 1911-1912 wären hier zu nennen.

Japan, China und Brasilien

Auch das noch fernere Ostasien wirkte attraktiv: der deutsche Maler und Schriftsteller Wilhelm Heine (1827-1885) verfasste eine *Reise um die Erde nach Japan an Bord der Expeditions-Escadre unter Commodore M.C. Perry in den Jahren 1853, 1854 und 1855* (1856), gefolgt von einem separaten Werk über *Japan und seine Bewohner* (1860). Der als Romancier bekannte Bernhard Kellermann (1879-1951) legt noch 1910 *Ein[en] Spaziergang in Japan* vor. Der Kriminalautor Norbert Jacques (1880-1954) hielt sich lange in China, aber auch in Südamerika auf, und formuliert aus dieser Perspektive, etwa in *Heiße Städte. Eine Reise nach Brasilien* (1911), seine Kritik am Eurozentrismus. Immer wieder zeigen sich im 19. Jahrhundert kritische Gegenbilder in Form von ethnologischen Fremdwelten, die etwa „primitive" Lebensart als eigenen Wert wahrnehmen. Fernöstliche oder transatlantische Befunde sollen als heilsames Korrektiv in die als degeneriert beklagte europäische Situation eingehen.

Afrika

Vor allem rückt nun der schwarze Kontinent mit seinen verschiedenen Regionen ganz stark ins Blickfeld (Fiedler 2005) – wenngleich unter zweifelhafter Schematisierung, wie es etwa der Titel von Amand von Schweiger-Lerchfeld andeutet: *Afrika. Der dunkle Erdtheil im Lichte unserer Zeit* (1886). Hans Meyer schildert in seinen *Ostafrikanischen Gletscherfahrten* (1890) die Besteigung des Kilimandscharo, ebenso der Gouverneur von Deutsch-Ostafrika Hermann von Wissmann (1853-1905) mit *Meine zweite Durchquerung*

Äquatorial-Afrikas vom Kongo zum Zambesi (1891). Der umstrittene Hans Dominik (1870-1910) – als Offizier der kaiserlichen „Schutztruppe" steht er für eine gewaltsame Unterdrückungspolitik in Kamerun – berichtet in deutlich kolonialistischer Diktion über *Sechs Kriegs- und Friedensjahre in deutschen Tropen* (1901). Mit dem *Kilimandscharoflug* (1930) des Schweizer Luftfahrtpioniers Walter Mittelholzer (1894-1937) und dessen Appell zur Respektierung von Natur und Menschen gründet sich dann eine engagierte Forschungstradition, die bis zu dem populären Verhaltensforscher, Zoologen und Naturschützer Bernhard Grzimek reichen würde, dessen *Serengeti darf nicht sterben* (1959) der erste oscargekrönte deutsche Dokumentarfilm nach 1945 war. Um 1900 steht der Wiener Schriftsteller Peter Altenberg (1859-1919) für eine scharfe Verurteilung der entwürdigenden Afrika-Wahrnehmung seiner Zeit: in der antikolonialistischen Satire *Ashantee* (1897) bezieht er Stellung gegen eine durchaus zeittypische „Völkerschau" in Form eines temporären Freiluftmuseums im Wiener Tiergarten, wo frierende Afrikaner zwecks Unterhaltung des voyeuristischen Publikums ihre Sitten und Gebräuche vorführen durften, sich dabei aber vor allem zum Objekt der sexuellen Begierden in der Kaiserstadt entwürdigen lassen mussten.

5. 1900 bis 1950: Zwischen Monarchie, Republik und Diktatur

Im 20. Jahrhundert verschieben sich die Koordinaten des Reisens gravierend: Technische, mediale, soziale und politische Paradigmenwechsel schaffen einzeln, vor allem aber in ihrem Zusammenspiel völlig neue Konditionen für das Verhältnis von Raum und Bewegung, von Individuum und Reflexion.

Neue Bewahrungs- und Bewegungsmittel

Nach dem Morsetelegraph (1837) ist es seit dem späten 19. Jahrhundert das Telefon (1876), das eine aktuelle Wahrnehmung am Originalschauplatz nun zeitgleich über große Distanzen zu übermitteln vermag. Mit diesem Beschleunigungsmedium von Mitteilungen würde das fernmündliche Wort künftig eine starke Wirkung auf die Wahrnehmung, Verarbeitung und Mitteilung des Fremden haben. Dazu aber kann das einmal in der Ferne original Gehörte nun auch an jedem Ort der Welt beliebig reproduziert werden: Der Phonograph, 1877 von Thomas A. Edison erfunden, diente bald als gefragtes Medium für Musikwissenschaftler, Linguisten und Ethnologen, um nicht nur visuelle, sondern nun auch die auditiven Zeugnisse einer Reise aufzuzeichnen und vor allem systematisch zu archivieren. Etwa ab 1900 sorgen dann die „bewegten Bilder" (Film), die seit 1925 auch noch tönen, für völlig neue Wege der reproduktiven Intensivierung von Reisemitteilungen. Die aus-

Sehen und Hören vergeht nicht mehr

schließliche Macht des geschriebenen Wortes erscheint entsprechend stark relativiert.

Autoreisen: Otto Julius Bierbaum

Auch der technisch bedingte Bewegungsmodus des reisenden Menschen sollte um 1900 noch einen qualitativen Sprung machen: Größere Distanzen in noch kürzerer Zeit zu bewältigen, das gestatteten nun Auto und Flugzeug, die den Einzelnen nicht nur drastisch beschleunigen, sondern ihm auch erweiterte Möglichkeiten der persönlichen Selbststeuerung zubilligen. Geschwindigkeit, Bequemlichkeit und Individualismus erfahren damit nochmals eine drastische Steigerung. Mit dem Titel *Eine empfindsame Reise im Automobil. Von Berlin nach Sorrent und zurück an den Rhein in Briefen an Freunde geschildert* (1903) verbindet der in Sachsen aufgewachsene Journalist und Dichter **Otto Julius Bierbaum** (1865-1910) als Autoreisepionier auf ansprechende Weise das traditionelle Reiseziel bzw. die traditionelle, „im allgemeinen aus der Mode gekommene" Berichtsform des „langen und breiten" Briefs (Bierbaum, Vorwort) mit der Erlebnisform der allerneuesten Technik, die bislang allenfalls unter sportlichen Aspekten Gegenstand der Betrachtung gewesen sei:

> **Quelle**
>
> Otto Julius Bierbaum: Eine empfindsame Reise im Automobil. Von Berlin nach Sorrent und zurück an den Rhein in Briefen an Freunde geschildert. Berlin 1903, S. 7–8.
>
> „Meine Reise aber hat mit dem Automobil *sport* als solchem nicht viel zu tun, – sonst hätte ich sie nicht als eine empfindsame Reise bezeichnen können, denn was ein richtiger ‚Automobilist' ist, der kennt die Empfindsamkeit nicht. Ich meine das Wort natürlich in seiner alten Bedeutung und nicht in dem Sinne von Sentimentalität, den es jetzt angenommen hat. Empfindsamkeit heißt, […] die Fähigkeit und Bereitschaft, neue Eindrücke frisch und stark aufzunehmen. Mit offenen, wachen, allen Erscheinungen des Lebens, der Natur zugewandten Sinnen reisen nenne ich empfindsam reisen, und dieses Reisen allein erscheint mir als das wirkliche Reisen […]. [Ich hoffe meinen Leser zu überzeugen,] dass wir jetzt im Automobil das Mittel an der Hand haben, die Kunst des Reisens aufs neue zu pflegen und noch weiter zu führen, als es ihr in der Zeit der Reisekutschen beschieden gewesen ist, denen unsre Vorfahren Genüsse zu verdanken gehabt haben, wie sie der Eisenbahnreisende nicht einmal ahnt. Der gewöhnliche ‚Automobilist' allerdings auch nicht; der ist dazu zu sehr Sportsman. Erst, wenn der Automobilismus aufhört, ausschließlich ein Sport zu sein, wird er für die Kunst des Reisens das bedeuten, was seine eigentliche Bestimmung ist. […] Meine Reise war der Versuch einer praktischen Probe auf das Exempel des Sports, und ich bringe ihre Schilderung vor die Öffentlichkeit, weil sie gelungen ist, und zwar gelungen nicht mit einem der Millionärsvehikel, die nur Portemonnaiegranden erschwinglich sind, sondern mit einem leichten, billigen Wagen."

Auto, Sport, Empfindsamkeit

Mit seiner italienischen Frau unternahm Bierbaum 1902 in einem vom Verlag gesponserten Wagen eine etwa fünfzehnwöchige Fahrt in den Süden und wieder zurück und reserviert in seinen Briefen reichlich Raum für die Reflexion der Bewegungsart seiner „Erschütterungsmaschine". So preist er etwa eine „gewisse innere Massage", die das Automobil „mit seinem fortwährenden leisen Vibrieren" besorge, weniger ein „Stoßen, Rütteln, Schütteln" als ein „sanftes fast unmerkbares Zittern". Das Auto gilt ihm als Befreiung vom Massentransport und Reisezwang der Eisenbahn, die Beschaulichkeit aber rangiert noch immer vor der Geschwindigkeit: „Reisen sage ich, nicht rasen. Denn das soll schließlich, um es kurz zu sagen, der Zweck der Übung sein: Wir wollen mit dem modernsten aller Fahrzeuge auf altmodische Weise reisen, und eben das wird das Neue an unserer Reise sein. Denn bisher hat man das Automobil fast ausschließlich zum Rasen und so gut wie gar nicht zum Reisen benützt." Wer im Eisenbahnwaggon reise, „vertauscht aber nur sein eignes Zimmer, das er allein besitzt, mit einer Mietskabine, an der jeder Quidam teil haben kann, und er gibt, statt Freiheit zu gewinnen, Freiheit auf". Auch der „kilometerfressende ‚Automobilist'" ist für Bierbaum „kein Reisender, sondern ein Maschinist", der lediglich von leichtsinnigem Sport und lockender „Lebensgefahr" herausgefordert sei, so dass „gerade die Reichsten der Reichen sich die Sensation gerne verschaffen, auf bisher noch nicht dagewesene Manier das Genick zu brechen. Aber mit der Kunst des Reisens hat das soviel zu tun, wie die Schnellmalerei mit der Kunst Böcklins".

Franz Kafka beschrieb die moderne Luftfahrt wohl als erster: 1909 veröffentlichte er einen Artikel über eine Flugschau in Brescia, die er auf seiner Italienreise zusammen mit den Brüdern Max und Otto Brod besuchte. Aus der Bodenperspektive schildert er in *Die Aeroplane in Brescia* die unterschiedliche Gemütsverfassung der Piloten vor dem Abflug, gefolgt von der technischen Beobachtung, wie ein Propeller erst unter großen Schwierigkeiten anspringt und das Flugzeug sich dann in den Himmel erhebt. Der erste Start eines Zeppelins erfolgte am 2. Juli 1900, wie das Flugzeug auch wurde das Luftschiff dann im Weltkrieg militärisch genutzt. Ab 1919 setzte der zivile Luftverkehr ein, Zeppeline flogen im Luxussegment regelmäßig Linie in die USA, 1929 erfolgte eine erste Weltumrundung. Ein verhängnisvoller Unfall in Lakehurst (New Jersey, USA) bedingte 1937 die Einstellung des Verkehrs. Der Dichter Hermann Hesse (1877-1962) schildert 1911 seine „Spazierfahrt in der Luft" und erlebt die Zeppelinreise noch in „wohligem Dahinschweben" als einen besonderen Bewusstseinszustand von geradezu „rechenschaftsloser Reiselust", der ihn auch den angebotenen Sekt ablehnen lässt (Hesse 1973, 199). Als beherzter Luftreisender nutzt Hesse natürlich auch das Flugzeug, etwa für die Strecke Berlin-Stuttgart: *Im Flugzeug* (1912) rätselt er lediglich, wie dieser „Vogelleib" mit der „hölzernen Schraube" am Kopf tatsächlich „zwei Menschen durch die Luft tragen sollte", das erschien dem Dichter doch gar zu „wunderlich, so leicht und liebenswürdig japanisch sahen die Stänglein und Drähtchen aus." (ebd. 205f.) Wissenschaftliche Luftexpeditionen erfolgten vor allem in jene vom Boden her unzugänglichen Gebiete, wie etwa in das nordische Eismeer, wovon der Film *Im Junkersflugzeug über Spitzbergen* (1924) eindrucks-

Luftverkehr

voll Zeugnis ablegt. Vor allem die Luftbildfotografie bzw. das Filmen aus dem fliegenden Apparat sorgte für völlig neue Wahrnehmungsperspektiven in Ergänzung zur konventionellen terrestrischen Expedition.

Weltkrieg und Revolution

Reisen im Weltkrieg

Spezifische Textsorten wie Frontberichterstattung, Spionagebericht oder nationalistische Propaganda belegen, wie sehr Reise und Krieg auch in der Moderne in enger Verbindung stehen. Ein persönlicher Reisebericht kann diese Komponenten ebenso aufgreifen, wie es bspw. Heinrich Eduard Jacob in seiner *Reise durch den belgischen Krieg* (1915) vorführt. Oftmals erscheint der Krieg sogar lediglich als „Urlaubserlebnis" oder „Bildungsreise" (Schwender/ Wölki 2016), da die Autoren sich nicht selten überhaupt das erste Mal von ihrer Heimat entfernten. Postkarten, Briefe und Tagebücher sind die wichtigsten und unmittelbarsten Textträger, vieles wird später aufbereitet, wie etwa Hans Carossas *Rumänisches Tagebuch* (1927). Unter den Kriegsgreueln konvertiert mancher zum Pazifisten und beschreibt seine Reise entsprechend als innere Wandlung, so etwa Armin T. Wegner in *Der Weg ohne Heimkehr. Ein Martyrium in Briefen* (1919).

Russlandreisen

In der Verwirrung von Krieg und Revolution um 1917/18 galt das neue Russland als Reiseziel von orientierungsgebender Bedeutung, Hans-Magnus Enzensberger spricht später von einem neuen „Revolutions-Tourismus" (1972). Bereits 1903 war der Journalist Alfons Paquet mit der Transsibirischen Eisenbahn nach Osten aufgebrochen, worüber er wie später auch über seine Fahrten in die Mongolei, nach China und nach Syrien in der *Frankfurter Zeitung* referierte. In Moskau wird er dann 1918 Zeuge der Revolution, seine Berichterstattung (*Im kommunistischen Russland*, 1919) bildet lange eine wichtige Informationsbasis für das deutsche Bürgertum. Über *Drei Monate Sowjet-Rußland* referiert 1921 Arthur Holitscher (1869–1941) und verspricht damit „Die Wahrheit über Sowjet-Rußland", was angesichts der „Lawinen von Lügen, bewussten Fälschungen und phantastischen Verirrungen", die aus der gezielt desinformativen Praxis des Unterdrückungsstaats resultierten, besonders nötig sei (Fähnders 2006). Die kommunistische Reichstagsabgeordnete Clara Zetkin (1857–1933) informierte sich persönlich *Im befreiten Kaukasus* (1926), auch der linkssozialistische Dramenautor Ernst Toller (1893–1939) bereiste 1926 die nachrevolutionäre Sowjetunion und publizierte seine Beobachtungen in *Russische Reisebilder* (1926/27). Wie viele Autoren seiner Zeit pflegte er eine West-Ost-Betrachtung im erhellenden Gegensatz, so dass 1930 auch *Amerikanische Reisebilder* von ihm erscheinen. Der aus Prag stammende Journalist Egon Erwin Kisch (1885–1948) unternahm nach seiner politischen Neuorientierung seit 1925 mehrfach Reisen in die kommunistische Wirklichkeit. Sein Reportage-Band *Der rasende Reporter* (1924) hatte ihm und der ganzen Zunft zu einem sprechenden Beinamen verholfen. Auch in Algerien, Tunesien, in den USA und in China recherchierte er. 1927 dokumentierte er seine Wahrnehmung der Sowjetunion: *Zaren, Popen und Bolschewiken*, 1932 ergänzt durch *Asien gründlich verändert*, wo auch von den unbekannten Sowjetrepubliken in Zentralasien die Rede ist.

Polen, Rumänien, Albanien (Karl Otten, *Reise durch Albanien*, 1913), die Ukraine, Dalmatien (Hermann Bahr) oder auch Griechenland bildeten als Grenz- und Zwischengebiete nach Russland, nach Asien und dem Orient wichtige Bezugspunkte für die Orientierung der deutschsprachigen Welt nach 1919. Griechenland etwa war nun kein klassisch apollinisches Idealland mehr, eher verlockte es mit dionysischen Irrationalismen: In Folge der verbreiteten Nietzsche-Rezeption suchten hier Josef Ponten, Gerhart Hauptmann (*Reisetagebuch*, 1907) oder Hugo von Hofmannsthal (*Augenblicke in Griechenland*, 1908) wiederum eher die eigene Psyche und Subjektivität. Die dem Augenblick geschuldete Wahrnehmung bestimmt ihr Reiseerlebnis, ein eher assoziatives Reflektieren und vages Nacherleben der Antike.

Osteuropa

Im Auftrag der *Frankfurter Zeitung* unternahm Joseph Roth Ende der 1920er Jahre Reisen nach Osteuropa: 1894 in Ostgalizien geboren, war es für ihn somit auch eine Reise in seine eigene Biografie, es blieb aber bei einer sachlichen Reflexion der politischen Lage nach dem Weltkrieg. „Die Ukrainer", schrieb Roth etwa in einem seiner Artikel, „die in Russland, in Polen, in der Tschechoslowakei, in Rumänien vorhanden sind, verdienten gewiss einen eigenen Staat, wie jedes ihrer Wirtsvölker. Aber sie kommen in den Lehrbüchern, aus denen die Weltaufteiler ihre Kenntnisse beziehen, weniger ausführlich vor als in der Natur – und das ist ihr Verhängnis." Mit kühlem Blick beobachtet Roth die gesellschaftlichen Umwälzungen. Nach dem Verlöschen der Brandfackeln der Revolution vermisst er vor allem die kleinen Lichter stetiger Modernisierung. „Dieses Russland hat keine Genies nötig und schon gar nicht Literaten. Es braucht Volksschullehrer dringender als kühne Theoretiker, es braucht eher Ingenieure als Erfinder, […] es braucht Lesebücher und keine Werke." (Roth 2014, 10) Der Romancier Alfred Döblin hielt sich 1924 in Polen auf, um vor dem Hintergrund des neu gegründeten Staates und den aktuellen Ereignissen wie der Ermordung des ersten Präsidenten (1922) und der Pogrome (1923) eine regional differenzierte Beschreibung des Ostjudentums vorzunehmen. Nicht zuletzt auch, um seine eigene religiöse Identität zwischen jüdischen und katholischen Traditionen zu klären.

Weimarer Republik und politische Selbstfindung

Natürlich erfolgen auch weiterhin Reisen in die USA, oft eben von denselben Autoren, die sich bereits dem Osten zugewandt hatten. Amerika galt für Autoren wie bspw. Arthur Holitscher (*Amerika Heute und Morgen*, 1912) als

Amerikareisen

das „Schaufenster" der Moderne, hier ließen sich Perspektiven und Gefahren einer bereits eingetretenen Zukunft studieren. Ob als Nation der Freiheit und der unbegrenzten Möglichkeiten oder aber als das Land einer schrankenlosen Ausbeutung bzw. eines hemmungslos „entfesselten Kapitalismus" – gleichermaßen lockte der Reichtum und drohte die Armut. Als Gegenmodell stand stets die Sowjetunion mit konsequent reziproker Wertigkeit: klassenlose Gesellschaft oder ideologischer Polizeistaat? Die Reiseberichte galten als seismographische Messungen, die von einer nach politischer Orientierung suchenden deutschen Öffentlichkeit dann mehrwertig und parteigebunden funktionalisiert wurden. Alfons Paquet reist 1913 nach Jerusalem, 1915 nach Palästina – er wurde zu einem der wichtigsten Förderer des Zionismus – aber auch in die USA, was er sehr positiv mit *Amerika [in] Hymnen/Gedichte[n]* (1925) dokumentiert. Kisch sieht das *Paradies Amerika* (1929) eher verhalten bzw. völlig ironisch. Maria Leitner schildert aus eigener Anschauung besonders die Arbeitswelt der Frauen in Amerika: *Eine Frau reist um die Welt* (1932).

Wandervogelbewegung

In der ersten Hälfte des 20. Jahrhunderts verstärkt sich die allgemeine Mobilität als Individual- wie auch als Gruppenreise durch einen kalkuliert organisierten Tourismus. Eigene Gemeinschaften bildeten sich in der jüngeren Generation: Die selbst organisierte Jugend versorgte sich mit der nötigen Infrastruktur in Form der Jugendherbergen (Burg Altena, 1912). In der etwas individuelleren Pfadfinder- und Wandervogel-Bewegung, in der gesellschaftskritischen „bündischen Jugend", aber auch mit dem katholischen „Neudeutschland" emanzipierte sich nach 1918 eine neue Generation von der strengen Bevormundung kaiserzeitlicher Verhaltensnormen. Man protestierte gegen Kleinbürger und Spießertum im Anspruch auf Selbsterziehung und Selbsterfahrung (Geländespiele, Nachtwanderungen, Wanderlieder), durchaus auch mit dem Ziel der Internationalisierung und einer „Völkerverständigung von unten". Später würden diese Formationen von den Nationalsozialisten ideologisch vereinnahmt werden.

Neue gesellschaftliche Schichten

In der Weimarer Republik (Brenner 1997) verbreitet sich aber auch in den erwerbstätigen Generationen das allgemeine Reiseinteresse bzw. die Nachfrage nach Reiseliteratur. Die Mittelschicht und ihre „Angestelltenkultur" verlangte nach richtungsweisenden Reflexionen ihrer bewegten Gegenwart, nach informativen Biografien oder erhellenden Essays über Kulturvergleiche. Man greift vermehrt zu den Reisebeilagen in den Zeitungen, leiht sich Reiseberichte in den Volksbibliotheken aus oder begeistert sich für Expeditionsfilme wie *Segelfahrt ins Wunderland* (1926), den der Kapitänleutnant a.D., Günther Plüschow, über Südamerika drehte (Parr 2016). Die Reiseliteratur als Grundversorgung mit lehrreichen, aber auch unterhaltsamen („Zerstreuung") exotischen Informationen hat Hochkonjunktur, zusammen mit Expeditionsfilmen und Fotoberichten in den Zeitungen. Siegfried Kracauer spricht 1932 sogar von dem Versuch, die eigene Wirklichkeit „durch die Ferne zu überblenden". Die konkreten Reiseziele treten in ihrer individuellen Bedeutung zurück. Kurt Tucholskys *Pyräneenbuch* (1925) oder *Rundherum* (1929, über eine Weltreise der Mann-Geschwister) liefern für die „feuilletonistische" Form des Reiseberichts (viel Unterhaltung, wenig Sachinformation) anspruchsvolle Beispiele. Verstärkt aber erscheinen jetzt auch Reiseberichte von Arbeitern und Gewerkschaftern mit ihrem schichtenspezifischen Blickwinkel.

Neue Schwerpunkte in der Wahrnehmung

Infolge der gesellschaftlichen Anonymisierung in einer zunehmend industrialisierten Massenkultur und der entsprechenden Verdrängung des Individuums dominieren übergreifende Organisationsformen vor allem auch im Reisesektor. Kollektive Strukturen steuern generell das Sehen, Erkennen und Werten. Dies drückt sich explizit aus in Alfons Paquets Titel *Städte, Landschaften und ewige Bewegung. Roman ohne Helden* (1927). Nicht mehr der einzelne Mensch steht im Mittelpunkt (Schütz 1997), sondern urbane Gebilde, Metropolen, mit den ihnen eigenen Bewegungsmustern: der öffentliche Nahverkehr erscheint metaphorisch als „Puls", der die mobile Selbstbestimmung der Bewohner übernimmt bzw. antreibt, Entsprechendes gilt für die kommerzielle Blicksteuerung (Reklame), die in Radio oder Film mit transnationalen Mustern die Selbstbesinnung des Einzelnen oder gar Kontemplation gravierend überschreibt. Regionale Spezifika entschwinden, selbst das Exotische verflüchtigt sich zugunsten universaler Normativität. Die erleichterte Zugänglichkeit von allem, was die Welt bereithalten könnte, bewirkt eine „Einebnung des Erdballs durch Industrie und Technik", so Walter Benjamin 1932 (ders. 1985, 453).

Standardisierung

In seiner soziologischen Arbeit über *Die Großstädte und das Geistesleben* (1903) macht Georg Simmel die Verdichtung der modernen Urbanität als einen neuen Bewegungs- und Erfahrungsraum deutlich sichtbar. Seit Baudelaires gedanklichen Vorgaben über die Fülle und Flüchtigkeit der Erscheinungen in der unübersichtlichen Straßen- und Bebauungsformation liefern viele Autoren, etwa Robert Walser (*Friedrichstrasse*, 1909) oder Franz Kafka (in seinen Tagebüchern 1910) anregende Belege für Stadtimpressionen. Franz Hessel (1880-1941) verkörpert die klassische Flaneur-Figur und verteidigt die Langsamkeit als Wahrnehmungsform. Die amerikanische Großstadt dagegen erscheint bei Alfred Kerr verklärt, verbunden mit der entsprechenden Abwertung von „Natur" und „Provinz". Kerr preist die Standardisierung und Industrialisierung aller Erlebnisformen, die Konzentration der Abläufe und Aktionen als „Zivilisation", das Bauen in die Höhe statt in die Fläche und vor allem die neue Sprache der Lichtreklamen und Schaufenster.

Städtereisen

Walter Benjamin sammelt etwas später „Chocs", also überraschende Momente, als Form des gesteigerten Lebens. Die permanent wechselnde Reizkultur mit ihrer Überforderung des individuellen Sinnesvermögens wurde von

Benjamins *Städtebilder*

vielen Autoren aufgegriffen und sprachlich imitiert durch endlose Aufzählungen und asyndetische Reihen von Substantiven. Die *Städtebilder* Walter Benjamins, kurze Abhandlungen („Denkbilder") über Moskau, Weimar oder Berlin, beschreiben mit schlagenden Vergleichen auf besondere Weise Eigentümlichkeiten. Marseille (1928) erscheint etwa verknappt als ein „gelbes, angestocktes Seehundsgebiß". Entsprechend erhalten auch Moskau (1927) oder Neapel (1924) ihre Physiognomie als Urbanität, vor allem aber im gesuchten Gegensatz – gerade die fremde Stadt fungiert als kontrastiv angelegter Selbsterfahrungsraum: „Schneller als Moskau selber lernt man Berlin von Moskau aus sehen" (Benjamin 1972, 316).

Reisen unter der nationalsozialistischen Diktatur (1933–1945)

Gleichschaltungsvorgänge

Seit 1933 wird die soziokulturelle Vielfalt der Weimarer Zeit nach den Vorgaben der Diktatur drastisch transformiert. Vieles findet sich weitergeführt, aber parteigemäß vereinnahmt und gleichgeschaltet. Auch das Reisen wird dem totalitären Staat ideologisch und funktional untergeordnet. Zunächst lockt eine geradezu industriell perfektionierte Organisation eines Urlaubs für alle durch die „Kraft-durch-Freude"-Bewegung, die nun aber keinen Raum mehr lässt für individuelle und reflektierende Reiseberichte – wohl aber für Propaganda: etwa im fingierten Erlebnisbericht *Der Sonne entgegen. Deutsche Arbeiter fahren nach Madeira, Italien, Afrika und Griechenland* (1936 bzw. 1942) von Hans Biallas (1903–?). Die Wochenschauen werfen allesversprechende Retortenstädte (Rügen, Prorer Wiek), volle Sonderzüge oder traumhafte Schiffsreisen auf die Kinoleinwand und suggerieren dem Zuschauer eine lebendige Selbsterfahrung als Teil der großen Gemeinschaft von herzlich verbundenen „Volksgenossen".

Verkehrswege

Eine zentrale Rolle spielen die Verkehrswege: das romantische Wandern, die körperbetonte Selbsterfahrung von Heimat und Natur, von Kultur und Identität, findet seine bizarr pervertierte Adaption in den nun reichsweit ausgebauten Autobahnen. Der *Völkische Beobachter* verklärt 1936 „die Schönheit der Straßen des Führers" (nach Schütz 1997, 86). Hier wirkt mit großem ideologischen Effekt die Spannung zwischen Archaismus und Moderne, zwischen deutschem Wald und deutscher Motorkunst. Während der Fahrt oder bei der Rast an klug kalkulierten Aussichtspunkten bietet sich eine eindringliche Landschaftserfahrung allein aus dem Auto heraus. Wie auf großen Bändern gleitet man durch den weitläufigen Reichsraum, die Trassen zeichnen die plastische Topografie der einzelnen Regionen nach. Noch gibt es wenige Einebnungen und Eingriffe in die natürliche Landschaftsformation. Dort, wo im „grünen Kleid […] das Land väterlich seine Arme" öffnet (Wilmont Haacke 1941, nach Schütz 1997, 89), kann das Subjekt sich der höheren Ordnung des „Bodens" ganz ergeben, bis hin zu der von der Reichsführung gewünschten Metamorphose in militärisches Potential. „Ich bin nicht mehr der Wanderer. Ich bin jetzt ein Teil des Wagens. [...] Ich bin in Metall und Stahl eingeschlossen. [...] Hingepfeilt wie ein Geschoß der Wagen, voller Lauf, voller Lauf; ich bin mit meinem Gehirn beim Motor, [...] ich brauch mein Hirn als Öl mit, mein Blut rennt als Brennstoff durch die Röhren der Adern" (nach Schütz 1997, 93). So preist der NS-Dichter Heinrich Lersch 1940 den Transformationswunsch zur posthumanen Zielmaschine. Damit wirken die Reichsautobahnen nicht nur materiell an den Kriegsvorbereitungen mit.

Deutschlandbilder

Für das herrschende Regime ergab sich aber auch die Notwendigkeit, die neue Situation in Deutschland nach außen zu tragen und für positive Wertungen zu sorgen. Reisen wurde so zum ideologischen Zwingmittel. Ein willfähriger Helfer zeigt sich in der Person des als Schriftsteller zunächst mäßig erfolgreichen Hanns Johst: Früh ein überzeugter Nationalsozialist und Parteimitglied seit 1932, amtierte er seit 1933 als Leiter der Fachgruppe „Schrifttum" im „Kampfbund für Deutsche Kultur", später u. a. auch als Präsident der „Reichsschrifttumskammer". Er unternahm in entsprechender Funktion als „SS-Oberführer" mehrere Reisen mit Vorträgen, teils in Begleitung seines Duzfreundes Heinrich Himmler und publizierte 1939 Fragmente *Aus einem Reisetagebuch* und 1940 *Ruf des Reiches – Echo des Volkes. Eine Ostfahrt*, vor allem aber bereits 1935 ein umfangreiches Werk über Reisen in die Schweiz, nach Skandinavien und nach Südfrankreich bis Monaco: *Maske und Gesicht. Reise eines Nationalsozialisten von Deutschland nach Deutschland* (Jäger 1995). Weitgehend im Modus einer stark kulturkonservativen Wahrnehmung von Welt, beschwört Johst, suggestiv vermittelt in einem impressionistischen Parlando, ein „gesundes" Volk im noch unverfälschten, mythisch raunenden Naturraum, um dessen ethische Größe dann gegen eine verhasste, vorgeblich verdorbene und degenerierte Intellektualität auszuspielen: bodenständige Heimatliebe statt rastlosem Weltbürgertum. Neben der Selbstberauschung mit magischer Volksessenz will er aber auf seinen Reisen vor allem den „Lügen" über den Nationalsozialismus im Ausland entgegentreten. Unermüdlich vertritt er die Sache seines Führers und schwärmt von der Ergriffenheit der Angesprochenen, wenn er sich etwa auf seine persönliche Bekanntschaft mit Hitler beruft. Es geht vor allem gegen die „Emigranten", die mit „Verleumdungen" ein „faktisches" Deutschlandbild im Ausland herabwürdigten. Das eigentliche Ziel ist aber das heimische Publikum im Reich: Gefestigt werden zu diesem Zweck auch die bekannten nationalen Stereotypen, etwa die Pariser „Dekadenz" gegen den deutschen „Geist" oder die lüsterne Französin gegen die treue deutsche Mutter.

Im Gegenzug erfolgten zwischen 1933 und 1945 natürlich auch zahllose Reisen in das Reich: Ausländische Autoren aus aller Welt wollten sich selbst

Missionarische Funktionärsfahrten

Kritische und kontrastive Berichte

ein Bild machen und berichteten in ihren Ländern aus und über Deutschland, bis hin zu Reportagen aus dem Luftkrieg (Lubrich 2004). Mit Gustav René Hocke wäre dagegen ein deutscher Autor zu nennen, der auch in der Zeit der nationalistischen Gleichschaltung für eine ausgewogene Darstellung anderer Kulturen sorgte. In seinem Bericht über die Weltausstellung in Paris 1937 versuchte er etwa, die „Klassische Moderne" zu stärken und Frankreich als kultivierten Gegensatz zur brachialen rassistischen Vereinheitlichung in Deutschland aufzubauen. Durchaus nutzte er hier kritisch die vorhandenen Spielräume in der Diktatur.

Reiseführer

Als besondere Textsorte der ideologischen Lenkung des Reiseblicks wirken naheliegenderweise die Reiseführer der Zeit. So werden etwa multikulturell geprägte Städte wie Prag, Budapest oder Wien massiv im Sinne der „Germanisierung" vereinnahmt und als „Städte deutscher Schöpferkraft" tituliert, in denen stets nur „deutscher Kulturwille" wirksam gewesen sei.

Zweiter Weltkrieg

Krieg als Reise?

Wiederum stellt sich ganz konkret eine der Grundsatzfragen der Reiseliteraturforschung, nämlich die nach dem Krieg als Reise. Peter J. Brenner diskutiert dies ebenso wie die verwandte Problematik, ob die erzwungene Ortsbewegung im Sinne von Migration und Exil als Reiseerfahrung zu werten sei (Brenner 1997, 143-145 bzw. 170-176). Die Reportagen von Ernst Toller, Walter Benjamin oder Carl Einstein (Reinecke 2006) wären als Reisen in den Spanischen Bürgerkrieg (1936-1939) demnach noch freiwillig, ein Kriegsbericht von Alfred Wollschläger *Zwischen Westerwall und Maginotlinie. Der Kampf im Niemandsland* (1939) dagegen schon grenzwertig. Gerade in diesem Beispiel tritt der Krieg als Zerstörungsphänomen aber kaum in Erscheinung. Tatsächlich wirkt die abwechslungsreiche Fremderfahrung für viele Soldaten auch hier oftmals wie eine Abenteuerreise, mit dem Besuch von Kulturdenkmälern zeigten sich sogar Züge einer „Bildungsreise" (Schwender/Wölki 2016) – solange eben nichts Schlimmes passierte. Wichtige Quellen sind hier vor allem die Feldpostbriefe der Soldaten nach 1941, oft zusammen mit Fotografien, aber auch ganze Tagebücher, etwa solche von Geistlichen beider Konfessionen, die als Seelsorger die Feldzüge begleiteten. In vielen Fällen wurden die Aufzeichnungen erst später und daher mit großem mentalen Abstand publiziert. Gerhard Nebel tituliert sein erfolgreiches Kriegstagebuch *Unter Partisanen und Kreuzfahrern* (1950) und vermittelt damit seine Erlebnisse 1944/45 in Mittelitalien. Curt Hohoffs (1913-2010) Kriegstagebuch *Woina, Woina* wurde 1951 ein großer Erfolg. Noch in den 1970er Jahren entschließen sich ehemalige Soldaten, ihre alten Aufzeichnungen zu überarbeiten und zu publizieren.

Nachkriegszeit bis 1949

Nach der bedingungslosen Kapitulation der Wehrmacht am 8. Mai 1945 und mit der langsam einsetzenden Neuformierung eines gesellschaftlichen Lebens zeigte sich ein starkes Bedürfnis nach informativer Mobilität. Es ging um die jetzt wieder mögliche Kommunikation mit bislang verbotenen Sphären, aber auch um die nun fällige kritische Selbstbeschauung. Die Reiseprosa nach 1945 übernimmt deshalb wieder die Technik der Reportage, um „sich der Wirklichkeit auf Reisen ohne jeden Kunstanspruch unmittelbar zu nähern" (Brenner 1990, 632), auch als Gegenbewegung zu einer eskapistischen „Verinnerlichung" oder einer durchaus verführerischen moralischen Selbstentlastung. Dolf Sternberger, Politikwissenschaftler und späterer „Vater des Verfassungspatriotismus", der sich den Nazis besonders im Bereich der Sprachregelung (*Aus dem Wörterbuch des Unmenschen*, 1957) bis zum Berufsverbot widersetzt hatte, unternimmt sofort im *Sommer 1945* eine *Reise in Deutschland* und protokolliert etwa Dialoge als erkennbare Basis für eine Analyse von Schuldfragen. Josef Müller-Marein, der 1940 noch eine linientreue Kriegsschilderung *Hölle über Frankreich, unsere Luftgeschwader im Angriff* publiziert hatte, versucht in *Cavalcade 1946* (1947) Reportagen mit „Ironie und Humor". Auf die „entlarvende Kraft des Komischen" (Brenner 1990, 634) setzt vor allem Erich Kästner in seinen *Reisebilder[n] aus Deutschland* (1947).

Reise durch ein zerstörtes Land

6. 1950 bis 1990: Reisen in der Zweistaatlichkeit

Der oben genannte Schriftsteller Gerhard Nebel glaubte in den frühen 1950er Jahren, dass der Massentourismus nach dem Zweiten Weltkrieg sowohl dem authentischen Reisen wie auch dem Schreiben über das Reisen ein unwiderrufliches Ende bereitet habe. Hierfür lassen sich, wie Ulla Biernat (Biernat 2004) darlegt, zahllose Gegenbelege anführen: man reist und man schreibt, wenn auch unter mental, politisch und medial stark veränderten Bedingungen. Zunächst setzen sich aus gegebenem Anlass die seit dem 18. Jahrhundert praktizierten „Kennenlern"-Reisen in Deutschland fort, seit 1949 nunmehr in getrennten Teilen, in zwei „Deutschländern", die zwei entgegengesetzten Machtblöcken angehören. Die Praxis zeigt wiederum eine ebenso langlebige wie wirkungsvolle literarische Strategie: es gilt, das eigene Land wie durch den Blick eines Fremden wahrzunehmen.

Neue Reisen nach innen: Deutsche Teilung bedingt mutierte Ziele

Eine Reise in das jeweils „andere" Deutschland erscheint zunächst problemlos möglich, aber die entsprechenden Reisetexte erhalten umgehend die

Gegenwahrnehmung

Funktion einer politischen Stellungnahme oder gar Agitation. Damit ist eine kontrastive Wahrnehmung angelegt, die bis weit in die 1990er Jahre gültig bleiben sollte. Von West nach Ost fährt sogleich der spätere Gründer der *Gruppe 47*, Hans Werner Richter, und fertigt unter dem verstörten Titel *Wo sollen wir landen, wo treiben wir hin*? noch 1946 eine *Skizze von einer Reise in die östliche Zone* an. In der Gegenrichtung bewegt sich der Chefredakteur der Zeitschrift *Ost und West*, Maximilian Scheer, mit einer *Fahrt an den Rhein* (1948). Der 1933 ins Exil gezwungene Autor begab sich 1947 in die sowjetische Besatzungszone, wo er als freier Journalist für Zeitungen und den Rundfunk arbeitete. Er konnte die folgenden Jahre wiederholt in arabische Länder, nach Ostafrika und nach Kuba reisen und darüber publizieren, mehrfach mit staatlichen Preisen und Auszeichnungen bedacht.

Unterschiedliche Reiseaktivitäten

Westdeutsche Schriftsteller strebten zunächst in die USA, während ihre DDR-Kollegen sich eher in die vorbildgebende Sowjetunion abordnen ließen. Bald aber begab man sich auch an Schauplätze der entsprechenden Stellvertreterländer der großen Blöcke in Asien, Afrika und Lateinamerika. So sieht sich etwa Fritz Rudolf Fries im Nachbarstaat (*Die polnische Reise*, 1961) oder im fernen Kuba (*Die Kubanischen Kalenderblätter*, 1976) für seine Leser um. Auch aus eher neutralen Ländern (Skandinavien) erfolgten Reiseberichte, es galt auf diese Weise das „Klassenbewusstsein" im Arbeiter- und Bauernstaat zu schärfen, also eine politische Schulung der Leser zu betreiben, ohne dass diese je die Möglichkeit der eigenen Überprüfung des Gelesenen gehabt hätten. So bewegt sich der als DDR-Romancier bekannte Hermann Kant ganz frei *In Stockholm* (1971), um seinen Landsleuten Schweden zu erklären. Das Fernreiseziel blieb für wenige die Sowjetunion, für viele Ungarn und die „Goldküste am schwarzen Meer". Dagegen setzte sich in Westdeutschland die bürgerliche Italiensehnsucht nun in gänzlicher Verkitschung (popularisiert durch Capri-Schlager u. a.) fort. Ziele und Reiseformen wurden aber generell durch ein reiches Lektüreangebot angeregt bzw. erweitert, später etwa auch durch TV-Magazine, die „Ferienvorschläge" machten, wie „Urlaub nach Maß" (1966–1984). Am Mittelmeer füllte sich der „Teutonengrill" und stets lockte „der große Duft der weiten Welt", während die Brüder und Schwestern um „Reisefreiheit" für alle und nicht nur für „Reisekader" kämpften. Die Reisemöglichkeiten in der DDR blieben stark eingeschränkt durch eine massive Grenzsicherung und den politisch verhängten Devisenmangel, es blieb zumeist bei staatlich organisierten Ferienreisen in speziell konzipierte Freizeitanlagen. Reiseliteratur war demnach eine höchst beliebte Gattung im Sozialismus, von Autoren wie Rolf Schneider (*Orphée oder Ich reise*, 1977) konnten die DDR-Bürger etwa erfahren, welcher „stupende" Grad der „Amerikanisierung" ihnen im Vergleich mit den BRD-„Mitmenschen" erspart geblieben wäre (Sauder 1995, 568).

Heimwehtourismus

Das Reisetableau eines „anderen" oder „früheren" Deutschlands wäre nicht vollständig, würde man auf die Zielbereiche der ehemaligen Reichsgebiete verzichten, die nun nicht mehr Bestandteil einer deutschen Nachkriegsstaatlichkeit geworden waren: Die umfassenden Flucht- und Vertreibungsbewegungen zwischen 1944 und 1947 zwangen große Bevölkerungsanteile aus dem bisherigen Ostpreußen, Schlesien oder Böhmen zu einer entbehrungsvollen und trostlosen „Reise" nach Westen, wo sie nicht ohne Probleme in den beiden neuen deutschen Staaten integriert wurden. Unauslöschlich blieb die Sehnsucht nach der alten Heimat, verbunden mit dem Wunsch zumindest zeitweilig dorthin zurückzukehren, meist um damit endgültig Abschied zu nehmen. Obwohl die Bedingungen äußerst schwierig waren – Königsberg war etwa unter der russischen Verwaltung ein unzugängliches Militärsperrgebiet – gab es seit den frühen 1950er Jahren entsprechende Versuche, die dann episch dokumentiert und reflektiert wurden. So widmet sich der Schlesier Willi Michael Beutel der *Stadt zwischen Tod und Leben. Ein Bericht aus dem Breslau des Jahres 1957*, gefolgt von dem nicht minder düsterem Titel *Besuch im Hades*, unter dem Günther Anders (1902–1992) den Aufenthalt nicht nur in seiner Geburtsstadt Breslau (1966), sondern auch in Auschwitz analysiert (1979). Horst Bienek (1930–1990) zeigt exemplarisch, dass eine Reise in diese Regionen immer auch eine Reise in einen biografischen Lebensabschnitt war: *Reise in die Kindheit. Wiedersehen mit Schlesien* (1988). Aus journalistischer Sicht, durchaus mit größerer sachlicher Distanz geschrieben, finden *Masurische Momente. Reiseskizzen aus West- und Ostpreußen. Ein Tagebuch* von Wolfgang Ignée (1986) oder *Fernes nahes Land. Begegnungen in Ostpreußen* von Klaus Bednarz (1995) ein breites Interesse. Peter Härtling legt 2004 eine Schilderung über die Begegnung mit seinen böhmischen bzw. mährischen Kindheitsorten vor (*Leben lernen. Erinnerungen*). In der DDR waren derartige Publikationen entsprechend erschwert, in den späten Jahren verfasste Elisabeth Schulz-Semrau *Drei Kastanien aus Königsberg. Tagebuch einer Reise in das heutige Kaliningrad* (1990).

Raumreise als Zeitreise

Extremtourismus

Auch wenn der Kulturkritiker Gerhard Nebel oder der namhafte Ethnologe Claude Levi-Strauss in den frühen 1950er Jahren das „Ende des Reisens" ausriefen, da ja nun alle Teile der Welt entdeckt seien, stieß man – neben dem unbekannten Eigenen – tatsächlich auch noch auf völlig neue Sphären: Im mittleren 20. Jahrhundert öffnete sich nun nämlich die Tiefsee den neugierigen Blicken der Reiseforscher. Der österreichische Meeresbiologe Hans Hass (1919–2013) widmete sich seit 1937 der Unterwasserjagd und der Unterwas-

Tiefsee

serfotografie (ab 1940 auch in Farbe), drehte 1939 seinen ersten Unterwasserfilm und unternahm schon 1942 Expeditionen in die Ägäis. Zusammen mit dem Verhaltensforscher Irenäus Eibl-Eibesfeldt bereiste er 1953 die Karibik, was ein 1954 uraufgeführter Film dokumentiert. Über seine Reisen in Ostafrika und Südasien berichtete er dann ab 1959 auch regelmäßig im Fernsehen. Zwischen 1939 (*Jagd unter Wasser mit Harpune und Kamera*) und 2005 konnte Hans Hass 32 deutschsprachige Bücher publizieren, die in 84 verschiedene Sprachen übersetzt wurden. Neu war das Medium des Unterwasserfilms, den er 1942 mit *Pirsch unter Wasser* begründet hatte. Auffällig aber überblendet der Autor die wissenschaftlichen Fakten mit unterhaltsamen Formen, etwa mit spannender Handlung oder attraktiven Frauen (*Abenteuer im Roten Meer*, 1951) und hat damit großen internationalen Erfolg.

Hochgebirge

In die Höhe zog es dagegen den österreichischen Alpinisten und Extrembergsteiger Hermann Buhl (1924-1957). Neben anderen hochgefährlichen Aktionen führte er etwa über seine Erstbesteigung des Achttausenders Nanga Parbat (3.7.1953) ein Tagebuch, das er schon im Folgejahr publizierte: *Achttausend drüber und drunter*. Geschildert wird sein riskanter siebzehnstündiger Alleingang auf den 8.125 Meter hohen Gipfel, den „Schicksalsberg der Deutschen". Der Bestseller war allerdings unvollständig, nach seinem tragischen Unfalltod an der Chogolisa (1957) dauerte es noch bis 2005, bis die vollständigen Hintergründe einer von menschlichen Konflikten wie auch von mächtigen Naturgewalten bedrohten Reise auf das „Dach der Erde" bekannt wurden.

Tibet

Der österreichische Bergsteiger (einer der Erstbesteiger der Eiger-Nordwand) und Himalaya-Forscher in nationalsozialistischem Auftrag, Heinrich Harrer (1912-2006), geriet nach einer Reise zum Nanga Parbat kurz nach Kriegsbeginn 1939 in britische Gefangenschaft. Erst 1944 gelingt ihm die Flucht nach Tibet, wo er 1946 nach 21 Monaten die „Verbotene Stadt" (Lhasa) erreicht und vom 14. Dalai Lama freundlich aufgenommen wird, bis dieser selbst vor den Chinesen fliehen muss. 1951 reist Harrer schließlich nach Europa zurück. In seinem am Tagebuch orientierten episodischen Bericht *Sieben Jahre in Tibet. Mein Leben am Hofe des Dalai Lama* (1952) kann der Leser an den abenteuerlichen Erlebnissen in der Natur und an der Begegnung mit der fremden Kultur teilhaben. Das höchst erfolgreiche Buch, noch Christian Kracht spielt in *1979* (2001) auf Harrer an, lebt von zahlreichen Anekdoten und farbigen Abbildungen, die ein bislang hermetisch abgeriegeltes und als Naturraum zudem unzugängliches Gebiet vor Augen führen. Als „Berater" des Dalai Lamas adelt sich Harrer selbst zum politisch reflektierten Subjekt, schürt aber auch gekonnt die Ängste vor einer kommunistischen Invasion. Seine eigene Verstrickung in die braune Diktatur und deren propagandistische Expeditionspolitik findet keine Erwähnung.

Mensch und Natur

Mensch und Natur rücken schon hier in eine durchaus neuartige Konstellation. Existentielle Bedrohung und Überlebenskampf sollten aber bald auch im umgekehrten Verhältnis stehen, im Zuge der wirtschaftlich-industriellen Entwicklung könnte bald auch die Natur zum möglicherweise unterliegenden Anteil mutieren. Vorrangig sahen Taucher, Bergsteiger oder auch Einhandweltumsegler die Naturgewalt als existentielle Herausforderung, der sie sich als schwacher Mensch siegreich mit Willen, Disziplin und Intelligenz zu widersetzen suchten. Der „Survival-Experte", Naturschützer und Menschenrechtsaktivist Rüdiger Nehberg (geb. 1935) setzte sich etwa freiwillig und gezielt existentieller Gefahr aus: er unternahm riskante und entbehrungsreiche Touren, etwa im Tretboot über den Atlantik, ohne Ausrüstung in den brasilianischen Urwald oder einfach ohne Nahrung von Hamburg nach Oberstdorf: Auf seinem *Deutschlandmarsch* (Dokumentarfilm 1981) durfte er sich nur von dem ernähren, was er vorfand (tote Tiere, Pflanzen). Sein Ziel war es aber, auf die vom Menschen bedrohte Natur, auf bedrohte Völker aufmerksam zu machen und gegen Konsum und achtlose Ressourcenzerstörung zu protestieren.

Nachkriegsreisen als Kulturtransfer

Die klassischen Reiseformen bzw. Reiseziele hatten sich keineswegs erledigt: Nord- oder Südeuropa, insbes. Italien, blieben wie der Rest der Welt weiter von großem Interesse und erfuhren allenfalls eine zeitbedingt veränderte Wahrnehmung. Während die bildungsbürgerlichen Schichten mit ansprechend gestalteten Merianheften oder DuMont-Bänden in unterhaltsamer Deskription ihre Fahrten vorkosteten, um dann das Vorgefundene mit der Lektüre abzugleichen, versuchten Schriftsteller und Journalisten umgekehrt, dem Gesehenen nach der Reise etwas Ungewöhnliches, Tiefsinniges oder gar Tröstliches abzugewinnen.

Mehrere Studienreisen führten Marie-Luise Kaschnitz (1901-1974) nach Italien, bevor sie sich dann 1958 dauerhaft in Rom niederließ. Schon 1955 publizierte sie mit *Engelsbrücke. Römische Betrachtungen* (1955) die Notizen über ihren Aufenthalt (1953-1956) in der Ewigen Stadt als Essay, der vor allem der Bewältigung der jüngeren Vergangenheit zu dienen scheint. In einer Art Selbstvergewisserung versucht sie die Fülle der Eindrücke, Personen und Geschichtszeugnisse in der pulsierenden Stadt als Auslöser für eine diskursive oder auch bildlich-emotionale Klärung der von den Deutschen verschuldeten Massenvernichtung zu nutzen. Das erlebende Ich meditiert über den „Zauberwald der modernen Welt", der inzwischen „noch dämonischer geworden" sei und den die Poesie zu beschwören suche, ohne noch für moralische Orientierung sorgen zu können.

Italien nach 1945

Irland um 1960

Heinrich Böll, aus dem katholischen Rheinland stammend, hielt sich in den frühen 1950er Jahren auf der grünen Insel auf: sein *Irisches Tagebuch* (1957) zeigt sich als ein halbdokumentarischer Reisebericht, der als „Irland-Impressionen" bereits seit 1954 in der *Frankfurter Allgemeinen Zeitung* veröffentlicht wurde. Zur Reisezeit gehörte Irland noch zu den ärmsten, industriell und wirtschaftlich rückständigsten Ländern im Westen Europas, Böll zeichnet aber in klarer und präziser Berichtssprache ein durchaus bewunderungsvolles Bild von der notwendig enthaltsamen Lebenskunst einer von katholischen Traditionen geprägten, zeitweise von Resignation (Auswanderungswellen) geplagten Bevölkerung. Deutlich sind die damit verbundenen Mahnungen an die eigenen Landsleute, an die Nutznießer der Wirtschaftskraft in Westdeutschland mit dessen üppigem Warenangebot und der sozialen Absicherung.

Russland um 1960

Auch **Wolfgang Koeppens** Berichte über Fahrten *Nach Rußland und anderswohin. Empfindsame Reisen* (1958) gehen meist auf Radio-Essays zurück, die der Autor zwischen 1955 und 1957 im Auftrag des Süddeutschen Rundfunks geschrieben hatte. Da mit *Amerikafahrt* (1959), *Reisen nach Frankreich* (1961), dem Radioessay *Die Erben von Salamis* (1962) oder dem Nachwort zu Flauberts *Reisetagebuch aus Ägypten* (1963) weitere Arbeiten folgten, kann Koeppen mit einem umfassenden Reisetableau aufwarten, denn das „anderswo" verweist auf seine Erkundungen in Spanien, Holland und England. Koeppen zeigt sich offen für das plötzliche Ereignis, für die Zufälle des Augenblicks, was er anregend wiedergibt im freien und befreienden Spiel mit Schablonen und Stereotypen: „Sogleich sah ich mich, in Pelze gehüllt, eine Pelzmütze auf dem Kopf, zusammen mit Polevoi in einem Schlitten sitzen. In einer Troika glitten wir durch die winterliche Weite. In der Luft klirrte der Frost. Die Leiber der Pferde dampften. Schellen läuteten an ihrem Geschirr. Märchenkirchen hoben sich aus dem Schnee – gebrochene goldene Kreuze." Zunächst stellt der Reisende fest, dass er nicht wie sonst eine Stadt aus ihrem Stadtplan heraus erklären könne, denn von Moskau gäbe es keinen! Vor Ort erzeigt er sich als unbestechlicher Beobachter. Antike Reminiszenzen der Baukunst erscheinen ihm als „Hellas ohne Götter. Sie waren der Ausdruck eines neuen Humanismus, eines Humanismus, der den tätigen Menschen und seine Technik anbetete, den Homo faber und seine Zeit. Der neue Humanist schuf auch Schönheit." (Koeppen 1990, 172) Koeppen richtet seine Aufmerksamkeit auf die offensichtlich zentral gelenkten Druckmedien und Theater, auf das einheitliche Warenangebot einer „reklamefreie[n] Welt" (Koeppen 1990, 131). Er beobachtet ferner, dass es offenbar wirklich keine Klassenunterschiede mehr gibt: Arbeiter und Generäle wohnen nicht nur in den gleichen Hotels, sie aßen auch „alle das gleiche, reichliche, lieblos zubereitete Essen" (Koeppen 1990, 182).

> **Quelle**
>
> Koeppen, Wolfgang: Nach Russland und anderswohin. [Stuttgart 1958], in: ders.: Gesammelte Werke in sechs Bänden. Band 4 (= Berichte und Skizzen), Frankfurt 1990, 187.
>
> „Ich hatte das Land gesehen, [...] Größe und Verfall, Menschen, Nationen, Rassen, armen Reichtum, reiche Armut, technische Wunder, unverbrauchte Kraft, viel, sehr viel Idealismus im Reich des Materialismus. Selbstlosigkeit, aber auch einen erschreckenden Fatalismus gegen das Fallen der Lose, eine Gleichgültigkeit gegen das Glück des einzelnen, verkannte Schönheit, verfehlte Schönheit, sinnlos geplante Schönheit, und ich ärgerte mich, dass dieses große, liebenswerte Land so brav, so puritanisch, so konformistisch war."

Die Stimmen von Marrakesch dokumentiert Elias Canetti 1967 in seinem Reisebericht über Marokko. Die Reisezeit lag bereits in den Jahren 1953 und 1954, also noch vor der Erlangung der Unabhängigkeit Marokkos (1956). Die Politik bleibt aber gänzlich ausgeblendet, stattdessen dominiert eine unmittelbare, sensitive Wahrnehmung des Landes, Canetti lässt an seinen zufälligen Begegnungen, etwa mit Blinden, Bettlern oder Schreibern vor Ort, aber auch mit der jüdischen Mellah teilhaben. Impressionistisch und scheinbar ohne intellektuellen Filter zeichnet er das Basarleben: Bunte Warenwelt, ungeregelte Preiskultur und emotionales Handelsverhalten verdichten sich als Differenzerfahrung für den eher mit festen Werten und effizient kalkulierten Geschäftsabläufen vertrauten Mitteleuropäer. Indem er ein entsprechendes Verkaufsgespräch als einen eigengesetzlichen semiotischen Prozess protokolliert, vermittelt er die andere Form von Kommunikation. Es geht Canetti um eine möglichst herrschaftsfreie Begegnung mit dem Fremden, es gilt herauszustellen, was das Fremde eigentlich fremd macht im Unterschied zum Eigenen, um einen erfolgreichen Verstehensprozess einzuleiten.

Marokko

Gesellschaftliche Spannungen und diskursive Medien

Die fünfziger Jahre sind in der Bundesrepublik Deutschland durchaus von gesellschaftlichen und politischen Spannungen geprägt: Konservative Positionen und Wertmaßstäbe sehen sich mit linksliberalen Strömungen und Reformansätzen konfrontiert. Konkrete Streitpunkte sind etwa die Westintegration, die Wiederbewaffnung und die Bewertung des Nationalsozialismus. In der unsicheren Lage des „Kalten Krieges" plädieren viele Intellektuelle für vertiefte Reflexion, Diskussion und vor allem eine progressive Neuorientierung. Sie wehren sich gegen die Stilisierung des Ost-West-Dualismus als „Kampf zwischen abendländischer Freiheit und bolschewistischem Dämon" (Schildt 2002, 18.). Entsprechende Stellungnahmen erfolgen in Zeitschriften wie *Akzente* oder *Texte und Zeichen* (Hrsg. Alfred Andersch), oder neuen kulturkritischen Medien, zu denen auch das Genre „Radioessay" zählt. Als „Massenmedium" sorgte der Rundfunk für die gewünschte Unterhaltung, aber auch für die lange entbehrten Informationen aus aller Welt.

Radioessay

Die neue „Ultra-Kurzwelle" (europaweit sendebereit seit 1949) verschaffte jeder Sendeanstalt einen zweiten Hörfunkkanal, der nun mit anspruchsvollen Wortbeiträgen aufwarten bzw. ein Forum für aktuelle Diskussionen (*live*-Sendungen) bieten konnte. Damit zeigt sich gerade der öffentlich-rechtliche Hörfunk als eine wichtige mediale Ergänzung zum Augenschein des kommerziellen Kinos: eine ernsthafte Ebene für ergebnisoffene kritische Aufbereitung von gesellschaftlichen Fragen anstelle der komödiantischen oder beschwichtigenden Auflösung aller Probleme im Hollywoodfilm. Die auf das reine Hören konzentrierten Radioessays stehen mit ihrer diskursiven Versachlichung bspw. der gefälligen Ästhetik der bunten und handlungsreichen Hans-Hass-Expeditionsstreifen gegenüber: „[N]ur der Gebildete vermag die zahllosen Anspielungen und Assoziationen […] zu verstehen", so der Schriftsteller Alfred Andersch (1914–1980) über das Genre, für das er 1955 auch den Begriff „Radio-Essay" erstmals in Deutschland einführte. Wegen des einmaligen Hörens ist einfache Sprache und der Verzicht auf künstlerische Effekte die Voraussetzung für den Erfolg. Der „Radio-Essay [ist] dichterisches Dokument der Realität unserer Welt und des Lebens der Menschen in ihr" (Andersch 1955). Anderschs Intention war es, seine Hörer „zu aktiver Anteilnahme an aktuellen geistigen Auseinandersetzungen" anzuregen.

Alfred Andersch

Aber auch für das im Medienpanorama nun rasch dominierende Fernsehen liefert Andersch wichtige Beiträge, um das anspruchsvolle Reisen über die gedruckte Sprache hinaus zu präsentieren. Im Jahr 1965 unternahm er eine vom ZDF finanzierte Reise in Richtung Nordpol, die ihn bis an das Packeis führte. Geplant war eine mehrstufige Dokumentation: als Film (*Haakons Hosentaschen*) und als gedruckter Reisebericht (*Hohe Breitengrade: oder Nachrichten von der Grenze*, 1969, mit 48 Farbfotografien von Gisela Andersch). Letzterer würde gegenüber der Filmdokumentation Veränderungen mit fiktionalem Charakter aufweisen und vor allem „die Möglichkeiten einer ästhetischen Beschreibung" von Natur „experimentell erkunde[n]" (von Zimmermann 2013, 558). Es ging um neue deskriptive Verfahren, die Natur adäquat und objektiv zu versprachlichen, ohne den Menschen dabei als Bezugsinstanz zu verabsolutieren, also ohne etwa in eine subjektive Stimmungsmalerei zu verfallen. Die im Titel angespielte „Grenze" erweist sich nicht nur als eine klimageografische, sondern vor allem auch als anthropologische: Es geht um eine Überschreitung der menschlich dominierten „zivilisierten" Zone des Globus. In einer Zeit der allgemeinen Politisierung konnte das leicht als Eskapismus gewertet werden. **Alfred Andersch** setzt dagegen entschieden auf den höheren Begriff der „Humanität".

> **Quelle**
>
> Alfred Andersch: Hohe Breitengrade oder Nachrichten von der Grenze. Mit achtundvierzig Farbtafeln nach Aufnahmen von Gisela Andersch. Zürich 1969, 26 f.
>
> „Bei grauem Eisenhimmel war sein [des Ozeans] Wasser schieferblau, der Schnee seiner Schollen reflexionslos, tot […]. Doch am seltsamsten illuminierte sich das Meer, wenn eine sehr hohe Wolkendecke über ihm sich langsam auflöste und durch den Stratokumulus das Licht in gebündelten Strahlen drang; dann spielte das Wasser in allen Tönungen zwischen seidigem Oliv und reinem Gold, während die Treibeistafeln, die es umgab, doch in einem kalten, bläulichen Weiß verharrten, in einer Art von Waschblau."

Diese eigentümliche Konfrontation des Menschen mit einer rein auf ihre Oberflächenphänomene reduzierten Natur zeigt, dass die tradierten Relationsmuster, etwa das Meer als Symbol für ewige Naturkraft, als Allegorie für Schicksal oder als Sinnbild für den Überlebenskampf des schwachen Menschen in der übermächtigen Elementargewalt, nicht mehr zu tragen vermögen. Die Natur bleibt nun das prinzipiell unzugängliche Gegenüber, das aber auch nicht mehr zu offensiven Taten herausfordert, wie sie gerade die lange Tradition von Forschungsreisenden, Eroberern oder Survivalspezialisten verzeichnet. Die „weiße Endlosigkeit" besitzt auch kein zu lüftendes Geheimnis. Damit gerät ein lange gültiges Kräfteverhältnis aus den Fugen: Die Bewältigung von Welt, von Natur als menschlichem Umraum mit Hilfe einer deutenden Erzählung ist obsolet, sei es im Sinne einer Theologisierung (Natur als göttliche Schöpfung) oder Anthropomorphisierung (Natur als Äquivalent oder Gegner des Menschen).

Konfrontation mit der Natur

Reise als radikale Ich-Suche

Parallel zur Trennung von einer bislang bergenden kosmischen Ordnung, im Prozess einer langphasigen „Entzauberung" von „Welt" (Max Weber 1917) oder „Natur", vollzieht sich eine mögliche Kompensierung in Form des fortschreitenden Rückzugs in einen inneren Kosmos. Seit den 1960er Jahren macht sich auch in den Reiseformen und Berichten das Bestreben bemerkbar, endgültig gegen „höhere Ordnungen", vor allem gegen „Machtkonstrukte" und „Fremdbestimmung" anzuschreiben und die souveräne Persönlichkeit freizusetzen. Ganz konkret geschieht dies etwa im Kampf gegen die gesellschaftlichen Konventionen („1968"), vor allem gegen die bürgerlichen „Werte" und die dort verankerten „paternalistischen" Hierarchien. Bernward Vesper (1938-1971), Sohn des hochrangigen NS-Kulturfunktionärs Will Vesper, hatte mit seinem Kultbuch *Die Reise. Romanessay* (postum ediert 1977) einen formalen Prototyp für eine sprachlich gestaltete Subjektreise auf verschiedenen Ebenen geliefert. Konkret bereiste Orte, etwa in Jugoslawien, Italien oder der

Neue Subjektivität

Schweiz, suggerieren zwar eine Bewegung im realen Raum, schimmern jedoch nur noch schwach durch ein deutlich raumrelativierendes Erzählgewebe hindurch. Der Autor vermag lediglich „die Spitzen der Eisberge wahrzunehmen". Im Kampf gegen eine scheinbare Kindheitsidylle und gegen einen erbarmungslos autoritären Vater dominieren in diesem Text zunächst deutlich autobiografische Züge („Kindheitshölle"), die aber dann mit den Möglichkeiten des wahrnehmungssteigernden Drogenkonsums („trip") oder des psychischen Bewusstseinsstroms angereichert bzw. verfremdet werden. Aus diesen Komponenten setzt Vesper dann sein gesellschaftlich weitgehend isoliertes „Ich" zusammen. Der Romanessay gilt in dieser Weise geradezu als Schlüsseltext der „Neuen Subjektivität".

Neue Reiseliteratur

Vor diesem Hintergrund befreien sich die Reiseautoren von der normativen Forderung, in der Welt immer wieder aufs Neue ewig und universal gültige Wahrheiten finden und verkünden zu müssen. Provokant stellen sie zwecks einer massiven Zentrierung der eigenen Person jetzt auch unerklärt und fremd bleibende Phänomene des rein subjektiven Erlebens dagegen. Reiseberichte geraten damit mehr denn je in eine große Nähe zur Autobiografie, aber auch zur Krankengeschichte oder gar zum Psychogramm. Autoren instrumentalisieren das Fremde nun ausschließlich im Sinne des bloßen Auslösers für eine extensive Selbstdarstellung. *Briefe aus Marokko*, die etwa der Schweizer Walter Vogt 1974 publiziert, basieren zwar auf seiner Fahrt durch Nordafrika im Frühjahr 1972 und tatsächlichen Briefen an seine Frau, der Mitteilungsgehalt jedoch nimmt wenig Rücksicht auf einen Adressaten: Spontan und planlos wie die Reise selbst, die er im doppelten Sinne als „Trip" charakterisiert, da ständiger Haschischkonsum alle Wahrnehmung beeinträchtigte („im Kifdämmer"), steigert er sich in einen „schreibsüchtigen" Prozess, der keine orientierenden Strukturen mehr aufweist, der bizarr verschränkt, montiert und verfremdet, was dem Autor zufällig, etwa im Umgang mit Teppichhändlern („Teppichmafia"), redseligen Fremdenführern oder „bettelnden Kinderhorden" widerfuhr bzw. was er über das Reisen zufällig zu lesen bekam (Goethe, Frisch, Canetti): „meine Briefe sagen ohnehin nichts aus über dieses Land – aber vielleicht etwas über mich" (zitiert nach Biernat 2004, 116–119).

Hubert Fichte

Im Gegenzug versucht ein Autor wie Hubert Fichte sich als Person stark zurückzunehmen: allein die fremde Kultur soll sprechen. Er schafft mit seinen Reisetexten durchaus neue reflexive Räume, die dann sogar für den wissenschaftlichen Diskurs noch anerkannt innovative Beiträge liefern: mit *Xango. Die afroamerikanischen Religionen. Bahia, Haïti, Trinidad* (1976) oder *Petersilie* (1980, Texte und Fotos) begibt sich Fichte in eine Schnittmengenzone aus Poesie, Psychologie, Ethnologie und Soziologie. Seine Berichte basieren auf verschiedenen Mittel- und Südamerikareisen, die der Autor zwischen 1968 und 1979 tatsächlich unternommen hatte. Auch seine Afrika-Aufenthalte in den 1970er und 1980er Jahren, wo er etwa im Senegal in einer psychiatrischen

Klinik arbeitet, werden reflektiert (in *Psyche. Glossen*, als Teil seines umfassenden Projekts *Die Geschichte der Empfindlichkeit*, postum 1990). Fichte folgt den interkontinentalen Wegen, wie sie der Sklavenhandel der Frühmoderne vorgezeichnet hat und beschreibt die somit weltweit verbreiteten Religionen in ihren Hybridformen, die dann etwa den Donnergott Xango (Shango) als Widerstandsfigur gegen die europäisch/amerikanische Sklavenhaltergesellschaft beschworen haben. Die geradezu klinische Beschreibung einer Wirkung des Anderen als Versuch, ihm damit gerechter zu werden, steht immer im Vordergrund: eine durch ihren Kontakt mit den Fremdkulturen emotional stark ergriffene Erzählerfigur lässt den Leser an ihrer eigenen psychischen, meist reaktiven Erlebnisweise teilhaben. Fichte will sich selbst im Fremden erfahren, das Fremde in sich erfahren, sich entgrenzen, das eigene „Ich" erst bilden durch die Konfrontation mit dem anderen, durch „Entselbstung" sich selbst finden. Ihm gelingen exakte Beschreibungen der afroamerikanischen Religionen und ihrer Praktiken, aber gleichwohl auch von Fußball und Karneval, diktatorischen Herrschaftspraktiken, von Natur- und Straßengewalten. Ethnografie ist somit in der Darstellbarkeit unmittelbar verbunden mit Poesie, Dichtung trifft Wissenschaft, so dass Helmut Heißenbüttel konsequent von „poetischer Anthropologie" spricht.

Protest gegen Massentourismus: neue Italientopik

Diese neuartige Fokussierung der eigenen Person, sowohl als ich-betontes Erlebniszentrum wie auch als seismographischer Reflektor des Anderen, entspricht jener Mitte der 1960er Jahre aufbrandenden Protesthaltung gegen jegliche Fügung in hierarchisch auferlegte Machtverhältnisse. Für das Reisen bedeutete das konkret: Statt dem biederen Erholungsurlaub in kommerziell gelenkten Organisationsstrukturen nun die große Freiheit, die – als solche umgehend natürlich auch wieder normative – „Selbst-Verwirklichung" durch Spontaneität oder vorsätzlichen Regelverstoß. Gegen den Gruppenzwang des plantechnischen Massentourismus und gegen das Reisen als pekuniäres Statussymbol setzte man nun bewusst den „Konsumverzicht" und die „Nonkonformität". Politisch machte das isolierte Ich sich frei von jeglicher Ausbeutung und kämpfte natürlich auch im Urlaub noch für die klassenlose Gesellschaft. Das kommunistische Italien bspw. wurde nach 1968 plötzlich zum Sehnsuchtsland für die linke Jugend in Deutschland.

Protesthaltungen

Auch und gerade gegen ein ewig-ideales und bildungsbürgerlich verklärtes Italien brachte man sich in Stellung: Rolf Dieter Brinkmann („ich bin für den einzelnen") versuchte ein normatives Reiseerlebnis mit provokanten literarischen Strategien endgültig zu zerstören oder zumindest zu verfremden. Ein Villa Massimo-Stipendium führte ihn 1972 nach Rom, die Reise sollte sich aber zu einer persönlichen Krise auswachsen. Es ging um sein existentielles

Brinkmanns Anti-Rom

Selbstverständnis und seine Zukunft als Schriftsteller, nicht zuletzt auch um Beziehungsfragen. In einer zermürbenden Ich-Suche zwischen Selbstüber- und -unterschätzung zwingt sich Brinkmann zur Verschriftung seiner verzweifelten Befindlichkeit. Sein *Rom, Blicke* (postum 1979) befreit sich aber radikal von jeglichem Verdacht einer devoten Goethe-Nachfolge. Formal von den Verfremdungstechniken der amerikanischen Popkultur geprägt, dominiert ein sehr freies Assoziieren den Schreibduktus. Brinkmann setzt sich von der Blickarretierung durch die Ansichtskartenindustrie ab, von den „schönen" Perspektiven und „Blicken": So fokussiert er etwa völlig beliebige Details ohne Traditionsbindung in unverhältnismäßiger Größe oder beleuchtet das jämmerlich Verfallende und verrottet Ruinöse – gänzlich ohne jede romantische Verzauberung. Zudem arbeitet er mit obszönen Elementen und vorsätzlichen Verletzungen moralischer Normen.

Textcollage

Vor allem sind es die Mittel der Textcollage, die er einsetzt und mit Realien („ausgehen von dem, was ist") ergänzt: Brinkmann kombiniert Fotos, Skizzen, Pläne, Fotokopien, Eintrittskarten, ausgeschnittene Schlagzeilen und andere Zeitungsschnipsel. Konkreter Realismus steht somit gegen die Scheinwelt der Ästhetik und Kunst. Die Erhöhung trivialer Gegenstände und Objekte, von Massenartikeln und Konsumgütern schafft die größtmögliche Distanz zu klassischem Bildungsgut. Wahrheit heißt, sich von den kulturgeschichtlichen Allgemeinplätzen zu lösen. Es geht weg vom „ewigen Rom" und hin zum regelfreien Spiel mit plötzlichen Wahrnehmungspartikeln (*cut ups*), d.h. etwa die Barockkirche mit der Coca-Cola-Werbung kurzzuschließen oder sie allein durch ihre zufällige Nachbarschaft zu einem neuen Sinnkomplex zu amalgamieren. Brinkmann wehrt sich gegen Bewegungszwänge und erhöht die Aufmerksamkeit durch die ständige Veränderung. Der „Blick" steht als „Abtastmuster" für Oberflächenphänomene unter Verzicht auf tiefsinnige Deutung.

Italien-Reise als Dekonstruktion

Bereits 1973 hatte die DDR-Autorin Christine Wolter mit ihrem sprechenden Titel *Meine italienische Reise* den großen Klassiker als Zielmarke zwecks entschiedener Distanzbildung gewählt. Weitere Versuche, mit den Klischees und Bildungsnormen zu spielen, ja sie zu brechen, zeigen sich etwa bei Gerold Späth (*Von Rom bis Kotzebue. 15 Reisebilder*, 1982), der Italien, die DDR und Berlin bzw. Alaska zusammen in einen Band zwingt. Uwe Timm publiziert in *Vogel, friß die Feige nicht* (1989) über seine 1981–1983 in Rom verbrachten Jahre *Römische Aufzeichnungen* und reduziert diese fast gänzlich auf olfaktorische Wahrnehmungen bzw. den Tastsinn: es geht durchaus ironisch über eine „Ästhetik des Spaghetti-Essens", über Bankgeschäfte oder Caravaggio. Selbst im konservativen Lager regt sich Widerstand: Der erfolgreiche Publizist Joachim Fest schreibt zwar für die gesellschaftliche Mitte und zitiert sein großes Vorbild noch im Titel *Im Gegenlicht. Eine italienische Reise* (1988), versucht dies allerdings dadurch zu verwischen, dass er sich etwa nicht wie üblich von Norden, sondern nun von Süden durch das Land bewegt. Die Kritik monierte seine Befangenheit in bildungsbürgerlichen Schemata, seine Mitteilungen lieferten lediglich einen wohlfeilen Fundus für die gehobene Konversation. Banal wäre insbesondere seine demonstrative Annäherung an das Böse, an die gegen das öffentliche Wohl agierenden Mächte in Gestalt der Mafia: eine effektbetonte Verharmlosung von Untergrundterrorismus und anarchischer Schattenmacht.

Person, Nation und Vergangenheit im sozialistischen Raum

Anders sah es im sozialistischen Deutschland aus: Franz Fühmann (1922-1984), in der DDR bislang ein geachteter Schriftsteller, begibt sich im Oktober 1971 für acht Wochen nach Ungarn. Vorangegangen waren berufliche wie private Schwierigkeiten, die zu einem psychischen Zusammenbruch geführt hatten, so dass die Reise, protokolliert in *Zweiundzwanzig Tage oder Die Hälfte des Lebens* (1973), dem Autor zu einer „Selbstklärung im Schreiben, durch das Schreiben selbst" verhelfen sollte. Das Ziel wäre, den „Standort" zu „bestimmen", und zwar dezidiert „deinen Standort; da anfangen wo es anfängt: bei dir" (zitiert nach Biernat 2004, 121). Mit einem Rekurs auf das uralte semantische Phänomen des „Wandelns" als „Lebenswandel" und „Wandlung" mutiert Fühmanns Reisebericht zu einer Aufbereitung seiner eigenen Biografie in der geografischen Dimension. Das Ich erkennt sich plötzlich in einer unlösbaren Spannung zwischen Faschismus (Fühmann betrachtete sich selbst als belastet) und Sozialismus (mit dem erneuten Einmarsch (ost)deutscher Soldaten in Prag, 1968) (Heukenkamp 2003). Die Person schwankt zwischen den Systemen, die offenbar beide nur zum autoritären Denken anleiten. Die psychische „Reise in das versperrte Land der Erinnerung", zeitgleich durchgeführt mit der äußeren Fahrt durch die andersartiger Kultur, Geschichte und Lebensweise im sozialistischen Bruderstaat, gibt jedoch keine Hoffnung: „Aus meiner Haut werde ich nicht mehr können und komme ich nie" (Fühmann 1973, 190).

Franz Fühmann in Ungarn

Neue Verantwortung: Ökologie und Reisen in den 1980ern

Neben dem psychologischen wie gesellschaftlichen Bewusstsein als Person stärkt sich Mitte der 1970er Jahre auch ein neues Bewusstsein für die Natur als den existentiellen Umraum des Menschen und der Menschheit schlechthin. Angesichts der zunehmenden Umweltverschmutzung und Rohstoffausbeutung erkennt man das Maß der Verantwortung des Einzelnen für den Erhalt der Natur im Sinne eines ökologischen Gleichgewichts. Beim Reisen galt es demnach, sich nicht nur von der Mitschuld an der Ausbeutung von Völkern, Klassen und Individuen frei zu halten, sondern auch von jeglichem Anteil an der Zerstörung der geologischen und biologischen Umwelt. Reisen sollte

Alternativtourismus

„schadstoffarm" erfolgen, möglichst ohne Auto oder Flugzeug, stattdessen aber mit der Bahn („Interrail"), per Anhalter oder Mitfahrzentrale, am besten aber mit dem Fahrrad oder gleich in Form der traditionellen Fußreise. „Alternative" Reiseführer bestückten als neue Textsorte einen rasch wachsenden Markt und beraten vorwiegend „Rucksacktouristen". Der Reisebericht fungiert als nachgetragene Erlebnisinszenierung und verweist auf die (scheinbare) Einmaligkeit einer Erfahrung wie auf die vorgebliche Originalität des Erfahrenden. Mit der betonten „Individualisierung", später noch intensiviert von einer postmodernen „Beliebigkeit" der schnell wechselnden Bedürfnisse und Moden, gibt es vorgeblich immer weniger einheitliche Reisemuster. Tatsächlich erfolgt eine starke Zersplitterung in zahllose Einzelformen von Reisepraktiken („anything goes"), immer aber unter der Maxime der unwiederbringlichen, unterhaltend aufregenden Sonderexistenz.

Verlagerter Raumfokus und Ethik

Afrika

Neben dem subjektiven Erleben macht sich aber auch ein persönliches Engagement bemerkbar: Als selbsternannte Verantwortungsträgerin konzipiert die Journalistin Gertraud Heise (geb. 1944) mit höchstem ethischen Anspruch eine aussagekräftige *Reise in die schwarze Haut* (1980). Ein halbes Jahr lang verbringt sie 1977 in Westafrika und sammelt ihre Eindrücke mit dem „Anspruch größtmöglicher Authentizität" (zitiert nach Witte 1995, 377), was sie dann mit dem Abdruck von Dokumenten wie Interviewprotokollen oder autochthonen Originalquellen zu unterstreichen versucht. Parallel dazu erfolgt auch hier ein Selbstversuch: Die Autorin will ihre Person auf die Probe stellen, um zu erfahren, wie stark sie selbst von den beklagten Vorurteilen bzw. einem rassistischen Denken geprägt ist. Heise betont demonstrativ ihre starke „Afrophilie" und noch stärker die entsprechende „Europhobie", so dass Kritiker hier wohl nicht zu unrecht eine einseitige Verdrehung von „Vorurteilen" erkannten: Alles Fremde ist gut, lebenskräftig und natürlich, alles Eigene aber per se schlecht und krank – was sogar in einen geradezu pflichtschuldigen Selbsthass führt: „Wie bleich und häßlich ich bin" (zitiert nach Witte 1995, 378).

Indienreisen

Vor diesem Hintergrund rückt in den 1970er Jahren vor allem Indien erneut ins Blickfeld: „Man könnte Indienfahrten im Moment fast ein bißchen als Mode bezeichnen", so lässt Hubert Fichte seine Hauptfigur in dem auf authentischen Interviews beruhenden Roman *Wolli Indienfahrer* (1983) konstatieren. In der Tat übte das Land seit dem 19. Jahrhundert ja gerade auf die Kritiker des europäischen Rationalismus einen starken Reiz aus. Die wirkungsmächtigen Schriften Hermann Hesses, die mit dem Buddhismus die Tugend der Gelassenheit und die Praktik der Meditation idealisiert hatten, boten nun gerade in der Zeit von friedlich protestierenden Hippiekulturen eine willkommene Vorschule für die fernöstliche Selbsterfahrung in der ehemaligen britischen Kolonie. Auch DDR-Autoren folgten diesem Trend, schon 1970 stellte Inge von Wangenheim klar: *Kalkutta liegt nicht am Ganges*. Lukas Hartmann (1982), Ingeborg Drewitz (1983), Horst Krüger (1987), Günter Grass (in *Zunge zeigen*, 1988), später auch Felicitas Hoppe (2002), Josef Winkler (2006) oder Martin Mosebach (2008) breiteten allesamt vor dem heimischen Publikum ihre jeweilige Indienerfahrung aus. Neben den eigenen spirituellen Erlebnissen dominieren die Beobachtungen zur sozialen Wirklichkeit, zur entsetzlichen Armut in den Metropolen, aber auch zur religiösen Praxis (Leichenverbrennungen am Ganges) und den Fragen von Tod und Nachleben. Bei Josef Winkler oder Martin Mosebach geschieht dies im Abgleich mit dem heimischen Katholizismus. Besonders verstört zeigt sich Ingeborg Drewitz: in *Mein indisches Tagebuch* (1983) beobachtet auch sie sich selbst, wie sie etwa die Kategorien der Menschenrechte geradezu automatisch aus europäischer Sicht auf andere Kulturzusammenhänge projiziert, wie sehr ihr Blick voreingenommen ist durch den arretierten Gestus der Anklage und der Empörung. Sie resümiert, dass es eine unüberwindliche „durchsichtige Wand" gebe, die sie hoffnungslos von Indien trenne. Als sie erkennt, dass Prostituierte jenseits aller europäischen Moralvorstellungen einfach fröhliche Menschen mit Kindern sind, versucht sie eine selbstkritische Überwindung ihres europäischen Blicks und ermittelt verzweifelt nach einem „Schlüssel zum indischen Geheimnis".

Verantwortung vor Fernsehbildschirmen

Neben der Lektüre der klassischen Berichtsformen etabliert sich in den 1960er Jahren ein neues Medium: Mit der Einführung des Farbfernsehens (Bundesrepublik 1967/ DDR 1969) bietet sich ein öffentlich-rechtliches Angebot an audio-visuellen Reportagen. Authentische und möglichst aktuelle Informationen waren gefragt: Die Probleme des Orients, die dortige Rolle der großen Weltreligionen wie Islam oder Judentum rückten mit dem Nahostkonflikt in den 1970er Jahren zunehmend in das Blickfeld der westlichen Gesellschaften. Hier übernahm nun der Reisejournalismus eine höchst verantwortungsvolle Aufgabe, indem er eine für den Einzelbürger kaum noch selbst zu erlangende Erfahrungsbreite ersetzte durch professionelle Recherche vor Ort, strikte Autopsie und sachlich stringente Zusammenfassung der Ergebnisse in möglichst verständlicher Form.

Fernsehjournalismus aus Fernost

Der deutsch-französische Journalist Peter Scholl-Latour (1924–2014) galt lange als ausgewiesener und wortmächtiger Experte für den Nahen wie den Fernen Osten und die dortigen politischen, religiösen und militärischen Konflikte. Unter vielem wäre etwa seine äußerst erfolgreiche Darstellung des Indochinakrieges (*Der Tod im Reisfeld*, 1980) zu nennen. Allerdings wurden seine populären Berichte nach der Jahrtausendwende scharf kritisiert, sie zeichneten

Scholl-Latour

in Wort und Bild ein stark negatives und sachlich falsches Islambild, so die Rezensenten, womit dem Erfolgsautor sogar eine hohe Mitverantwortung für die Verschärfung der Debatten nach 2001 zugeschrieben wurde. Mit undifferenzierten Aussagen, nachlässigen Recherchen und faktischen Unwahrheiten, vor allem aber durch das autoritäre Argument seiner unbestechlichen „Selbsterfahrung vor Ort" würde der Autor, auch sprachlich verstärkt durch suggestive Metaphern und Stilfiguren, vorhandene Stereotypen und ideologische Feindbilder zementieren. Vom „Schwert des Experten" (Anspielung auf seinen Titel *Das Schwert des Islam. Revolution im Namen Allahs*, 1990) war die Rede, von einem völlig „verzerrten Araber- und Islambild" sprachen seine Opponenten, gar vom „Steinzeitjournalisten" und „Medienscharlatan". Dagegen verwiesen seine Verteidiger darauf, dass Scholl-Latour sich angreifbar gemacht habe, weil er immer schon gegen westliche Meinungsschablonen angeschrieben, mutig auch anti-amerikanische Positionen vertreten hätte.

Konzelmann

Auch der zweite „Welterklärer" im Wohnzimmer, Gerhard Konzelmann (1932–2008), wurde wegen seiner auflagenstarken „publizistischen Raubzüge" von professionellen Orientalisten als „Allahs Plagiator" (Gernot Rotter 1992) vorgeführt, der allenfalls vorhandene Publikationen gewissenlos ausschlachten würde, kein Arabisch könne, Koraninhalte erfinde und zudem sexistischen Schablonen verhaftet bliebe. Also nicht nur ein „Zerrbild des Orients", sondern dessen komplette Fälschung. Der Kollege Ulrich Kienzle belegt sogar, wie sich Konzelmann im Heizungskeller des Süddeutschen Rundfunks (SDR) filmen ließ, wo er angeblich authentisch aus der Kommandozentrale eines Öltankers dramatische Neuigkeiten verkündete, die somit natürlich jegliche Glaubwürdigkeit verloren hatten. Hier bleiben uralte Vorwürfe an den Reisebericht (Affinität zur Lüge) brandaktuell und behaupten natürlich auch im Zuge von „Fake-News" und „postfaktischer Wahrheit" ihre Berechtigung.

Zunehmend gefragt: Europa

Hans Magnus Enzensberger

Mit der zunehmenden politischen Einigung Europas verstärkte sich bald auch die Diskussion um eine kulturelle Selbstbesinnung als Identitätskonstrukt und Handlungsfaktor. In Distanz zu Deutschland, in Relativierung oder Ablehnung einer nationalen Herkunfts- und Betrachtungsperspektive, zeigen sich nun auch Reiseplanungen, die eine politische Union als kulturelle Einheit in den Blick zu nehmen versuchen, gerade auch unter Berücksichtigung der ihr widerstreitenden Regionalkomponenten. Im Unterschied zu den klassischen Europareisen von Amerikanern oder Engländern auf den fremden Kontinent, etwa zu *Europe in the looking glass* von Robert Byron (1926), die eher ein schlicht additives Bild der möglichst vollständig abgegangenen Einzelorte anstrebten, steht hier nun die Frage eines integrativen Europabegriffs zur Diskussion: Mit deutlich vernehmbarem Seufzer versammelt der vielseitige Publizist Hans Magnus Enzensberger (*1929) in *Ach Europa! Wahrnehmungen aus sieben Ländern. Mit einem Epilog aus dem Jahre 2006* (1987). Er gestattet sich subjektive Fragen, sucht ausgewählte Orte auf und spürt dem nach, was einen politischen Staatenverbund substantiell ausfüllen könnte. Aus verschiedenen Auftragswerken für Rundfunk und Printmedien, die 1982 bis 1987 in den jeweiligen Ländern durch gezielte Langzeitbeobachtung entstanden waren, resultiert eine komparatistische Gesamtanalyse, die es tunlichst dem Leser überlässt, hier noch Synthesen zu bilden. So folgen einem „Schwedische[n] Herbst" etwa „Italienische Ausschweifungen", „Ungarische Wirrungen", „Portugiesische Grübeleien", „Norwegische Anachronismen", „Polnische Zufälle" oder „Spanische Scherben". Wohlinformiert und detailliert beschreibt Enzensberger verschiedene Alltagsphänomene, lässt die Einwohner in Dialogen selbst zu Wort kommen oder zitiert Formulierungen aus dem öffentlichen Leben in der Hoffnung auf synergetische Effekte. Er zeigt gewisse europäische Grundkonstanten, die in den einzelnen Ländern allerdings unterschiedlich vorhanden oder ausgeprägt sind, Differenzen, die aber noch in ihrer Heterogenität zu einem vielfältigen Zusammenhalt werden könnten, ohne dass man über alles eine „Euro-Sauce" gießen müsste. Dadurch erzeugt Enzensberger eine intensive Anschaulichkeit, muss sich aber auch die Kritik des allzu „Anekdotischen" gefallen lassen.

Aus der Außenperspektive spekuliert dagegen Yoko Tawada darüber, *Wo Europa anfängt* (1991). Als Japanerin beschäftigt sie besonders das Problem der östlichen Grenze, das sie ganz persönlich erkundet in Form einer Annäherung an den Kontinent von Asien aus. Der Text zeigt eine komplexe Symbolsprache mit geistreichen Allusionen zahlreicher Prätexte (Märchen, Mythen) und erweist sich als eine Verschränkung aus einem vor der Reise konzipierten „Bericht", einem fiktiven Reiseprotokoll und aus einer Nacherzählung der Eindrücke im Abstand von drei Jahren bzw. einem autobiografisch geprägten Brief an die Eltern. Die tatsächliche Bewegung der Autorin mit dem Schiff und mit der Eisenbahn von Ost nach West, von Exkursen umrankt, von Abschweifungen und Einschüben verunklärt, rückt damit auf eine irreale, visionäre Ebene. Von Moskau aus gerät Europa dann von Ferne in den Blick, als ein Prinz aus einem Märchen, mit dem sich viele sprechende Konnotationen verbinden.

Yoko Tawada

7. Aktuelle Tendenzen ab 1990

Mit den systemerschütternden Oppositionsbewegungen in Mittel- und Osteuropa trat die nationale Frage wiederum verstärkt auf die Tagesordnung: Die aufgelöste Blockzugehörigkeit ermöglichte neue Orientierungen und die in verfassungsrechtlicher Hinsicht neu konstituierten Staaten erhielten weitgehend souveräne Entscheidungsräume. Die Euphorie der geöffneten Grenzen,

Wendezeiten um 1989

ein konkretes Freiheitserlebnis durch Freizügigkeit oder auch die Neugier auf ein gegenseitiges Kennenlernen bewirkten neben der rasch einsetzenden Arbeitsmigration auch eine touristische Dynamik in allen nur erdenklichen Sparten – von der low-budget-Tour per Anhalter bis zur hochpreisigen Festspielreise.

Deutschlandreisen

Wieder hieß es für die Deutschen, sich in praktizierter Mobilität selbst kennenzulernen. Jetzt fuhr man unbehelligt in das jeweils „andere" Deutschland, in zahllosen Touren ging es um das erste Ertasten einer neuen Gemeinsamkeit als Nation in ihrer geografischen wie kulturräumlichen Ausdehnung. Darüber sinnierten auch namhafte Autoren wie Ralph Giordano (*Deutschlandreise. Aufzeichnungen aus einer schwierigen Heimat*, 1998), Roger Willemsen (*Deutschlandreise*, 2002) oder Wolfgang Büscher (*Deutschland, eine Reise*, 2005), sowohl heiteren als auch besorgten Tonfalls. Vorwiegend amüsiert, staunend und unbedarft tat dies aus der Außenperspektive ein aus Russland kommender Autor, Wladimir Kaminer (*Mein deutsches Dschungelbuch*, 2003). Auch für Österreich gilt Entsprechendes: Gerhard Roth begibt sich auf *Eine Reise in das Innere von Wien* (1991) und sucht ganz entschieden aussagekräftige Nicht-Orte auf, wie etwa das „Haus der schlafenden Vernunft" oder die „Hitlervilla".

Soziale Brüche und Mobilität

Schon recht bald nach der deutschen Vereinigung (1990) zeigten sich die ersten sozialen Verwerfungen: Während einerseits die „Glücksritter" gen Osten zogen, um von den Umbrüchen zu profitieren, sprach man umgekehrt von den „Wende-Verlierern" und den „Opfern" der Abwicklung einer maroden DDR-Wirtschaft. Statt „blühender Landschaften" und einem späten Nachschlag des „Wohlstands für alle" rutschten große Anteile der Bevölkerung in prekäre Lebensformen ab, wodurch sich konsequent auch die Divergenzen zwischen privilegierten Reisenden und alternativen Reiseformen verschärften. Professionelle Autoren überzeugten sich diesbezüglich selbst, etwa Claudia Rusch in *Aufbau Ost. Unterwegs zwischen Zinnowitz und Zittau* (2009).

Neue Fußreisen

Entschleunigung

Dem fortdauernden Alternativtourismus verpflichtet, aber unter wechselnden Schlagwörtern wie „Entschleunigung" und „Langsamkeit", bevorzugte man neue bzw. wiederum sehr alte Modi und Tempi der Bewegung (Brenner 2014): Thomas Rosenlöcher plädierte für *Die Wiederentdeckung des Gehens beim Wandern. Harzreise* (1991). Im Protest gegen Technifizierung, Luxuskonsum und Massenbewegung, aber auch schlicht aus finanziellen Gründen verzichtete man auf alle touristischen Errungenschaften und Beförderungsmittel (vor allem Auto und Flugzeug) der vergangenen 200 Jahre. Bereits 1974 war Werner Herzog zu Fuß von München nach Paris gegangen, um die kranke Stummfilm-Theoretikerin Lotte Eisner noch ein letztes Mal vor ihrem Ableben (faktisch: 1983!) zu sehen: *Vom Gehen im Eis. München-Paris 23.11. bis*

24.12.1974 (1978) zeigt, wie er auf magische Weise ihren Tod bannen wollte: indem er die ungeheure Anstrengung auf sich nahm, die ihn dann selbst bis an den Rand seiner Kräfte brachte.

An diese spirituelle Dimension des Wanderns würde später der Entertainer Hape Kerkeling (*1964) mit seinem Super-Bestseller *Ich bin dann mal weg. Meine Reise auf dem Jakobsweg* (2006) anknüpfen. In Wiederaufnahme der Pilgerfahrten des Spätmittelalters beschreitet der erfolgreiche TV-Unterhalter nun 2001 als prototypischer Alltagsmensch des 21. Jahrhunderts – frustriert, krank, ausgebrannt, sinnentleert – den Jakobsweg nach Santiago de Compostela, um sich mit kosmischer Energie neu „aufzuladen". Inspiriert von Shirley MacLaines buddhistisch geprägtem Erlebnis in *Der Jakobsweg: eine spirituelle Reise*, versucht der Deutsche eine Klärung seiner eigenen Glaubensposition, die er als „Buddhist mit christlichem Überbau" zu kennzeichnen versucht. Befremdlich erschienen ihm daher vor allem die orthodoxen christlichen Pilger, die er als spießig, starr und wenig lernfähig einschätzt, die – kurz gesagt – als dieselben zurückkehren würden als die sie einst aufgebrochen waren. In unterhaltsamer Manier berichtet der Autor über seine Gespräche und Einsichten bei der schrittweisen Annäherung an den Sinn des Daseins. Das Buch war ein enormer Erfolg, neben millionenfachen Verkäufen, Übersetzungen und Verfilmungen registrierte man tatsächlich auch einen rapiden Anstieg der Pilger, die Kerkeling mit seinem Buch im Gepäck nachfolgten. Kerkelings Buch, im Inhalt wie in der Wirkung, kann durchaus als Symptom für eine umfassende Neuorientierung in den westlichen Gesellschaften gewertet werden: Nach einer langen Phase der Säkularisierung und Materialisierung zeichnet sich ein verstärktes Interesse an Religion und Spiritualität ab.

Ein früher Ansatz des Fußreisens aus zivilisationskritischen Motiven findet sich bereits bei Michael Holzach in *Deutschland umsonst. Zu Fuß und ohne Geld durch ein Wohlstandsland* (1980) mit seinem entschiedenen Verzicht auf jeglichen Komfort und Zivilisationsballast wie Landkarte, Uhr, Kompass oder Geld – den „Survival"-Aktionen Nehbergs durchaus verwandt. Andreas Altmann (*34 Tage, 33 Nächte. Von Paris nach Berlin zu Fuß und ohne Geld*, 2006) bettelte sich „aus Freude am Spiel" (Nachwort) konsequent von Paris bis nach Berlin durch, um dies dann in einem Film über die „Kunst des Bettelns" intellektuell auszukosten. Was hier noch als elitäres Happening bzw. als engagierte Sozialreportage in der Nachfolge von Egon Erwin Kisch (1926) praktiziert wurde, sollte für viele dann infolge der wirtschaftlichen Probleme zum bitteren Alltag (Obdachlosigkeit in den Metropolen) werden.

In Kontradiktion zur Wohlstandsgesellschaft und den ständig unverdient in Anspruch genommenen Fremdleistungen dienen extreme Fußreisen aber auch dazu, die eigenen Grenzen zu testen, sich wieder auf den durch Zivilisationsdefizite fremd gewordenen Körper zu konzentrieren und dessen ungeahnte Leistungsfähigkeit zu erfahren. Die körperliche Disziplin als Basis und

Neue Spiritualität

Zivilisationskritik

Der eigene Körper als Reiseziel

Ziel der Unternehmung ist unweigerlich mit der psychischen Qualität der Willensstärke, mit konsequenter Selbstbezwingung verbunden. Wolfgang Büscher, der auch in Amerika unterwegs ist, sinniert darüber anlässlich seiner Wanderung gen Osten (*Berlin – Moskau. Eine Reise zu Fuß*, 2003): „Es gab Abende, an denen die Absurdität meines Tuns mir so zusetzte, dass ich nahe daran war, zum Bahnhof zu gehen und mir eine Fahrkarte nach Berlin zu kaufen." Mit der Versuchung, der es zu widerstehen gilt, kehrt eine weitere religiöse Komponente der Pilgerreise zurück: mit der allgegenwärtigen Verlockung, in einem kurzen Moment der Schwäche die Strapaze zu beenden, knüpft diese Reiseliteratur an „ich-abtötende" Traditionen der Selbstgeißelung oder der Selbstquälerei (Erbsen in den Schuhen) an.

Versuche zur Semantisierung des Raumes

Historische Raumbesetzung

Eine weitere sinnfindende Komponente erhält die Fußreise aber unter dem Stichwort einer „Semantisierung des Raumes als Erlebniswelt" (Biernat 2004, 177), womit nochmals an die authentische, ja selbst gemachte Geschichtserfahrung in der Romantik (Wege nachgehen, Denkmäler betrachten, die Nation „erfahren") angeknüpft wurde. Wiederum ist es Wolfgang Büscher, der dies reflektiert: Seine Wanderung von Berlin nach Moskau gilt ihm nicht nur als körperliche Herausforderung, sondern als Wandern in den Spuren der Vorzeiten, etwa im Nachvollzug der gescheiterten Russlandfeldzüge Napoleons und Hitlers. „Ich ging nach Moskau, und der Landser ging mit, um mir ein wenig auf die Nerven zu fallen mit seinen Einflüsterungen von Granattrichtern und Gehenkten" (Büscher 2006). Das Reisen zu einem erlebnisorientierten „Reenactment", um etwa in einem historischen Kostüm an einer „Nachstellung" der Leipziger Völkerschlacht teilzunehmen, ist ein weiterer Indikator für das Bedürfnis, die ansonsten „sinnleeren" Räume zu füllen, durchaus in Verbindung mit Unterhaltungsangeboten des kommerziellen Tourismus. Reisen muss zum Erlebnis werden, wo es das nicht von selbst ist oder mangels „natürlicher" Vorgaben auch nicht werden kann: „Der Raum ist als solches nicht marktfähig, sondern muss eine Bedeutung erhalten, die er als selbstbezogene Wirklichkeit nicht besitzt" (Wöhler 1998, 108 bzw. 111).

W.G. Sebald

In beschaulicher Distanz zu Körperkult und Erlebnispark bewegt sich dagegen der tatsächlich noch verbliebene Melancholiker durch seinen eigenen Raum: Der in England lebende deutsche Schriftsteller W.G. Sebald ergibt sich ganz der Macht der Schwermut: *Die Ringe des Saturn. Eine englische Wallfahrt* (1995) zeugt von einer Wanderung durch die englische Grafschaft Suffolk. Es herrscht Saturn im August 1992, also die Melancholie, und als Beweggrund für den Fußmarsch gibt der Autor folgerichtig an, dass er einer inneren Leere entkommen müsse, wie sie sich immer nach Abschluss einer größeren Arbeit einstelle. Entsprechend subjektiv, verinnerlicht und Ich-bezogen erscheint die

Wahrnehmung der Umgebung, der verfallenen Bauten und der dort lebenden Menschen, die mit ihren skurrilen Geschichten aus verschiedenen Vergangenheiten das heilsame Bewegungserlebnis unterstützen. Zurückgekehrt mutiert der Wanderer zum Schreiber und füllt das mental Mitgebrachte mit gelehrten Recherchen und poetischen Exkursen auf. Nach einem Krankenhausaufenthalt beendet Sebald seinen mehrstufig aufbereiteten Text dann im Jahre 1995, so dass die ursprüngliche Fußreise nur noch ein tiefschichtiges Initial für ein komplexes Kunstwerk darstellt, das kritische Rezensionen dann auch als „bildungsbürgerlich" und „solipsistisch überladen" charakterisieren: eine reine „Gedankenexkursion", die kaum noch einen Bezug zur Gegenwart aufweise.

Zugriffsmöglichkeiten im realen und virtuellen Raum

Gegenüber demütiger Entsagung und Wohlstandsverweigerung zeigte sich die Pop-Literatur der Jahrtausendwende eher verächtlich. Man reiste nun erst recht mit Arroganz, Dekadenz und Qualitätsanspruch (Markenartikel): *Ferien für immer*, so lautet der sprechende Titel des von Christian Kracht und Eckhart Nickel erstmals 1998 publizierten Berichts über *die angenehmsten Orte der Welt zwischen Argentinien und Indonesien*. Krachts semi-authentische Deutschlandfahrt *Faserland* (1995) war bereits zum Kultbuch der neuen Republik avanciert, ohne sich weiter um deren Aufbau, Geschichte oder gar Politik zu bekümmern. Die ziellose Zufälligkeit oder fehlende Notwendigkeit des Dandytums, die Passivität und Apathie des gesättigten bzw. überfütterten Hedonisten und die zur Schau getragene Verschlossenheit gegenüber der wirklich bereisten Umgebung lassen nichts mehr übrig als Partytourismus und gelangweilte Sucht nach Sensationen. Der Reisebericht heißt nun *Gebrauchsanweisung* (*für Kathmandu und Nepal*), so Kracht 2009 (Schaefers 2010, 71).

Postmoderne Wechselspiele verdrängen die konkrete Reise wie auch ihre schriftliche Reflexion: „Ich hasse es zu reisen. Noch mehr hasse ich Reisereportagen. Die Fotos schaue ich mir ganz gerne an, die Texte dazu finde ich schlimm. [...] Die Ferne rücken sie mir damit noch weiter weg." So heißt es im Vorwort von Joachim Bessing zu Christian Krachts Asienreisebuch *Der gelbe Bleistift* (2000). Es geht um distanzlos präsentierte Realität ohne Exotismus und geheimnisvolle Verklärung. Und wieder: „Die Welt ist entdeckt. Auf den Molukken sieht es inzwischen genauso aus wie in jeder beliebigen Einkaufspassage. Die Grandhotels, die eleganten Bars und kleinen Pensionen, die exotischen Winkel, sie alle liegen heute am großen Gemeinplatz. Aber das Fernweh bleibt. Denn Reisen kann trotz allem ein wunderbarer Schwebezustand sein" (Kracht/Nickel 1998, Klappentext). Man echauffiert sich über die vorangehenden Generationen und ihr Reiseverhalten, weniger über spießige Pauschalreisende als über „kiffende Hippie-Traveller" und „Intellektuelle". Die Kritik bemängelt die eher belanglosen, ja trivialen Darstellungen, die lediglich mit „ein

Neuer Snobismus

Postmoderne Wechselspiele

paar Sprengsel[n] Weltliteratur, ein bißchen Kunst" versetzt seien (Der Spiegel, 10.3.1998).

Neue Medien und neues Schreiben

Parallel zu den politischen, wirtschaftlichen und mentalen Veränderungen, die sich an den Reisetexten ablesen lassen, verschieben sich mit großer Wirkung nun auch die medialen Bedingungen. Die verschiedenen Schübe der Digitalisierung beeinflussen nicht nur das konkrete Reiseverhalten, sondern auch die Modalitäten der gedanklichen Reflexion, der technischen Reproduktion und der öffentlichen Rezeption. Informationen werden mobil, unabhängig vom menschlichen Subjekt oder materialen Träger, kurzzeitig ist sogar die Rede von „Datenautobahnen". Im Zuge der elektronischen Vernetzung, mit der neuen Normierung des Daseins durch Netzwerke und globale Verfügungsmechanismen erfährt nun die nach 1968 so markante Hochwertung des Subjekts als unverwechselbare Eigenheit eine deutliche Zurücknahme. Persönlichkeit und Charakter, ja überhaupt jede Selbstverfügung und Privatheit diffundieren zugunsten einer verstärkten sozialen Kontrolle (Bewertungen im Sinne von „like" oder „dislike") und Fremdsteuerung („Schwarm") durch kurztaktige Handlungsdirektiven („hypes"). Auch das Expertentum und das gelehrte Wissen, der Sonderbesitz von Kenntnissen über fremde Sachverhalte aus der Nähe wie aus der Ferne büßen nun ihre jahrhundertelange Vorrangstellung ein: Jeder kann jetzt alles wissen, Authentizität ist nicht mehr notwendig oder wird eben gerade gesucht und wiederum webtechnisch erzeugt. In Verbindung mit der Digitalisierung umfasst „Globalisierung" nun nicht zuletzt auch eine totale Egalisierung und damit die beschleunigte Entwertung des Exotischen. Die Welt schrumpft auf archaische Kleinteiligkeit („global village") und die Regionalität löst die Nationalität als Bezugsgröße ab („Europa der Regionen"). Und „Verschwinden" bzw. „'mal weg sein", etwa zwecks Erwerb einer wirklichen Sondererfahrung oder eigener Identität, kann jetzt eben gerade kaum noch jemand: Er bleibt via Satellit weltweit „verortbar" (eindeutig aufzufinden) bzw. „verfügbar" (jederzeit anzusprechen).

Zusammenprall der Kulturen und resultierende Mobilitäten

Kulturkonflikte

Vor diesem Hintergrund vollzieht sich aber seit 1990 eine längere Phase politischer Wendezeiten: dem Ende der Nachkriegszeit in Europa und dem Ende eines internationalen staatlichen Kommunismus folgen unmittelbar neue Konfliktsituationen in globaler Dimension, das neue Szenario ist jetzt ein *Clash of Civilizations* (1993/1996, Samuel P. Huntington). Die globale Fanatisierung von Individuen oder Gruppen (bspw. im Namen „des Islam") und unkalkulierbare Terrorakte durch Einzelgänger (Selbstmordattentäter) überziehen die vermeintlich stabilen nationalen Ordnungen seit dem 11. September 2001 mit einem Fanal von unberechenbaren Angriffen in einer asymmetrischen Kriegsführung mit undefinierbarem Gegner. Die neue Bedrohungslage bedingt auch völlig neue Verantwortlichkeiten und Handlungszwänge, denen sich die digitale, pop- und postmoderne Generation nun zu stellen hat – nicht nur als separierter Sinnes- und Genussmensch, sondern vor allem auch – gänzlich entindividualisiert – im politischen Kollektiv (Nationalstaat, Staatenverbund, Weltorganisationen). Die Neuorientierung in transnationaler Dimension aber hat nun unter den veränderten Bedingungen einer rapide wachsenden globalen Medienmacht bei gleichzeitigem Abbau juristischer Sicherheiten auf individualer bzw. nationaler Ebene zu erfolgen.

Die neuen internationalen Konfliktlinien und die entsprechend neuen Modalitäten der Aggression, Destruktion und Intervention verbieten nicht nur eine per se passiv konsumierende Beobachtung der Vorgänge in geschützter Isolierung, sondern konfrontieren unweigerlich mit einer radikalen Umkehr der bisherigen Konstanten in der Reise- und Mobilitätskultur. Die exotische und bisweilen gefährliche „Ferne" bleibt nicht räumlich stabil und wortgemäß „entfernt", sie ist jetzt selbst im Höchstmaß dynamisiert und wandert ihrerseits, und zwar in die Geborgenheit der bislang so sicher geglaubten „Nähe". Mit den neuen Kriegen und Terrorakten ohne klare Fronten bricht eine unbekannte Wirklichkeit direkt in das bislang weitgehend intern geregelte Dasein der westlichen Welt herein. Vor allem aber mit einer der ältesten Formen des gezwungenen Reisens: mit Flucht und Vertreibung. Migrationsbewegungen von nie gekannten Ausmaßen (Schaefers 2010, 198) aus den wirtschaftlichen wie militärischen Krisenbereichen stellen die traditionellen Fragen der Mobilität, des Kulturkontakts oder der Stereotypie nun völlig neu.

Migrationsbewegungen

2006 versuchen die Reiseautoren Tom Holert und Mark Terkessidis mit *Fliehkraft. Gesellschaft in Bewegung. Von Migranten und Touristen* hier eine vorläufige Klärung. Auf ausgedehnten Recherchetouren in Spanien, Marokko, Deutschland, Frankreich, Italien, Albanien, Kroatien und Israel erkundeten sie im „Kern" wie an den „Rändern" Europas neue Formen von Mobilität als Folge einer sich verschärfenden politischen Lage in Vorderasien und Nordafrika. Bizarr sind etwa ihre in Text und Bild dokumentierten Aufenthalte in Zonen, wo Flüchtlinge bzw. Arbeitsmigranten auf ihrem Überlebensweg unvermittelt auf erholungsuchende Strandurlauber treffen. Den Luxushotels und Freizeitparks stehen jetzt notdürftige Unterkünfte und Lager gegenüber, in ihrer Separierung jedoch durchaus verbunden durch die Sicherheitsdienste. Insgesamt ergibt sich eine Situation der ständigen Bewegung und Instabilität, alle sind immer unterwegs, aber aus unterschiedlichen Gründen und ohne die traditionellen Kategorien des Reisens wie Herkunft, Ankunft oder Zukunft. Die Menschheit gerät insgesamt in Migration – örtliche Arretierung als Garant für Dauer und Stabilität entschwinden. Nur wer mobil ist, gehört zu den Gewinnern oder zumindest zu den Überlebenden. Strukturell zeigen sich Analogien zwischen „Visabetrug und Pauschalreise", zwischen „Flüchtlingslager und Feriensiedlung" oder zwischen „Einwanderungspolitik und Tourismuspla-

Neue Formen der Mobilität

nung" (Holert/Terkessidis 2006). Auch phänomenologisch verwischen sich die Kategorien: Der westeuropäisch sozialisierte Aussteiger am Ort hungert freiwillig, verzichtet „willensstark" auf Technik bzw. Komfort und geht lange Strecken zu Fuß, der Flüchtling in Not aus Asien oder Afrika reist im ICE durch Deutschland und bleibt global vernetzt über sein Smartphone.

Ungekannte Transformationen des Reisens

Migration und neue Autoren

Die ja bereits mit den frühen 1960er Jahren einsetzenden großen Wirtschaftswanderungen („Gastarbeiter") bleiben kein außerliterarisches Phänomen: Spätestens mit der zweiten (bzw. dritten) Generation von Arbeitsmigranten und Einwanderern, die längst im Lande und mit der Landessprache aufgewachsen sind, entsteht auch eine neue Literatur, die in der Wissenschaft als „Migrations-" oder „Migrantenliteratur" firmiert. Hinzu kommen jedoch seit etwa 2010 verstärkt auch Texte von asylsuchenden Flüchtlingen, die Flucht, Ankunft und Integrationsfragen in deutscher Sprache schildern. Klassifizierungsversuche bleiben umstritten: „Nationalliteratur" gerät als Größe zunehmend in Zweifel, „Weltliteratur" aber weist hierfür keine zutreffende Semantik auf. Auch ein Ausweichen in eine universale Sprache und Normativität, wie es etwa die Latinität in der Frühen Neuzeit ermöglichte, kann aufgrund der starken lingualen Verankerung im Gastland nicht erfolgen. Statt einem „global english" stehen Autoren wie Wladimir Kaminer, Feridun Zaimoglu oder Navid Kermani gerade und ausdrücklich für die Pflege und den engagierten Gebrauch des Deutschen ein. Sicher ist, dass hier die alten Dichotomien wie „fremd" und „eigen" nun förmlich implodieren: Was bleibt, ist der doppelte oder gespaltene Erfahrungshorizont. In Bezug auf das Reisen bedeutet dieses Phänomen vor allem ein erfahrungsgesättigtes, bilaterales Oszillieren und Formulieren von Personen, die nicht mehr zwischen zwei hermetisch getrennten kulturräumlichen Sphären wechseln und „zurückkehren", sondern in das „Fremde" bereits mit dem Eigenen kommen – wenn etwa ein deutscher Muslim mit persischer Muttersprache in den Iran reist wie bspw. Navid Kermani.

Konflikt und Krisen

Mit dem globalen Kulturenkonflikt und der transnationalen Migration steht aber plötzlich auch wieder die „Reise in den Krieg" auf der Tagesordnung, womit die alte Form der Kriegsberichterstattung ein neues Gewicht erhält. Allerdings lösen sich auch hier die alten „starren Dichotomien" auf, wie etwa „der Dualismus von Täter und Opfer, Beobachter und Kombattant, Militär und Zivilbevölkerung, realem und virtuellem Krieg" (Gansel/Kaulen 2011, 10). Vor allem spielen nicht nur außereuropäische und damit „ferne" Schauplätze wie Ruanda, Nicaragua oder Somalia eine Rolle, sondern auch die Geschehnisse in der unmittelbaren Nähe, ja Nachbarschaft: aus dem in militärischen Konfrontationen zerfallenden Jugoslawien der 1990er Jahre berichten Autoren wie Peter Handke, Juli Zeh oder Saša Stanišić (von Bernstorff 2013).

Ausblick

Von den Zeiten des Apostel Paulus und seinem Versuch, die widerstreitenden Interessen und Glaubensformen zu versöhnen, bis ins dritte Jahrtausend der globalen Krisen und Konflikte sind Reisen und Mobilität nicht nur Formen der persönlichen Erbauung, Erholung und Bildung, sondern weiterhin Begleitumstand und Resultat der großen Konfrontationen, so dass auch Migration und Flucht die Bewegungen des Menschen und der Menschen im Raum bedingen. Seit dem Irakkrieg, der Afghanistan-Invasion und der Arabellion, also etwa in der Phase zwischen 1991 und 2012, würde in der Folge nun die vernachlässigte oder überwunden geglaubte „Fremde" nach Europa einströmen. Die Begegnung des säkularisierten und materiell saturierten Individualismus mit den bislang ungekannten religiösen, mentalen und sozialen Alteritäten im eigenen Raum lässt die im bisherigen besprochenen kulturgeschichtlichen Kategorien und systematischen Konstanten des Reisens eine ungekannte Transformation erfahren. Mit einer weitgehend unkalkulierbaren Synergie scheint nun ein weiteres „Ende des Reisens" zu erfolgen. In dieser spannungsvollen Konstellation wäre nun ein Überblick zur Geschichte der Reiseliteratur von der Antike bis zum Jahre 2017 vorläufig abzuschließen.

Auf einen Blick

Das Kapitel unternahm den Versuch, eine jahrhundertelange Praxis des Reisens diachronisch in seinen Formen, Darstellungen und Reflexionen epochengemäß nachzuzeichnen. Ohne dass die Forschung hier bereits über die entsprechenden Summen oder Universaldarstellungen verfügt, sollte zumindest in verschiedenen Etappenskizzen deutlich werden, dass das jeweilige Zeitalter zwar mit höchst eigentümlichen Protagonisten, Techniken und Resultaten aufwartet, dass gleichzeitig aber auch Zusammenhänge, Analogien und Rückbezüge die jeweils neuen Reisearten bestimmen. Die religiös geprägten Reisen in Mittelalter und Früher Neuzeit, die wissenschaftlichen Forschungsreisen der Aufklärung und die empfindsamen individualistischen Erfahrungsprozesse des 18. bis 20. Jahrhunderts, aber auch die beginnende Neuorientierung des Reisens im bereits krisenreichen 21. Jahrhundert müssen jeweils als historisch singuläre Authentizität über die jeweiligen, hier nur exemplarisch genannten Texte wahrgenommen werden. Zu beachten bleibt jedoch, dass die prototypisch isolierten Formen oft auch in den jeweils anderen Epochen in spezifischer Weise und Gewichtung anzutreffen sind.

Literaturhinweise

Ohler, Norbert: Reisen im Mittelalter. München 1986. 4., überarb. u. erw. Aufl. Düsseldorf/Zürich 2004. *Standardwerk zur Sozial-, Kommunikations- und Mentalitätsgeschichte des Reisens im Mittelalter.*

Stagl, Justin: Eine Geschichte der Neugier. Die Kunst des Reisens 1550–1800. Wien/Köln/Weimar 2002. *Eine informative Übersicht zu allen relevanten Aspekten des Reisens in der Vormoderne unter dem Kernbegriff der „curiositas".*

IV. Historischer Überblick

Brenner, Peter J.: Reisen, in: Heinz Thoma (Hg.): Handbuch Europäische Aufklärung. Begriffe – Konzepte – Wirkung. Stuttgart/Weimar 2015, 429–438. *Knappe Übersicht zu den gesellschaftsgeschichtlichen Faktoren des Reisens in der Aufklärungsepoche mit prägnanter Darstellung der Reiseliteratur.*

Hentschel, Uwe: Wegmarken. Studien zur Reiseliteratur des 18. und 19. Jahrhunderts. Bern 2010. *Übergreifende Darstellung im Problemfeld von Aufklärung, Klassizismus, Romantik und Realismus.*

Stamm, Ulrike: Der Orient der Frauen. Reiseberichte deutschsprachiger Autorinnen im frühen 19. Jahrhundert. Köln/Weimar/Wien 2010. *Wichtige Analyse der Zusammenhänge von Reisen, Orient, Feminismus, mit besonderer Berücksichtigung von „Autorschaftsstrategien schreibender Frauen" (63).*

Prein, Philipp: Bürgerliches Reisen im 19. Jahrhundert. Münster 2005. *Umfassende Überblicksdarstellung mit weiter zu verfolgenden Einzelaspekten.*

Brenner, Peter J. (Hg.): Der Reisebericht. Die Entwicklung einer Gattung in der deutschen Literatur. Frankfurt a. M. 1989. 2. Aufl. 1992. *Wissenschaftsgeschichtlich erster Versuch einer Gesamtdarstellung der Reiseliteraturgeschichte vom Mittelalter bis zur Gegenwart; Standardwerk der Reiseforschung.*

V. Exemplarische Einzelanalysen

Überblick

Das abschließende Kapitel rekapituliert und fokussiert nun alle in den vorangegangenen Abschnitten gewonnenen theoretischen, systematischen und chronologischen Aspekte in ganz konkreten Einzelfallbeschreibungen. Sechs repräsentativ ausgewählte Reisetexte aus der Frühen Neuzeit, aus dem Zeitalter der Aufklärung, aus dem postrevolutionären Realismus, aus der Vorphase des 1. Weltkriegs, aus der Zwischenkriegszeit und schließlich aus der Aktualität des frühen 21. Jahrhunderts zeigen in exemplarischer Deutlichkeit die zeitgebundene Faktur eines Textes, aber auch die Komponenten eines erkennbaren Traditionsbezugs. Gleichzeitig bietet sich damit jeweils auch ein zu diskutierendes Muster, wie einzelne Textzeugen nun dezidiert einer gattungs-, epochen- und problemgemäßen Analyse zu unterziehen sind.

1. Adam Olearius: *Beschreibung der newen orientalischen Reise* (1647) mit Paul Fleming: *Reiselyrik*

Um die Finanzierungsschwierigkeiten seines expandierenden Staatshaushaltes zu beheben, ließ Herzog Friedrich III. von Schleswig-Holstein-Gottorf (reg. 1616-1659) eine Gesandtschaft an den russischen Hof nach Moskau sowie nach Persien vorbereiten. Die Grundidee war, das kleine Herzogtum an der Ostsee als alternativen Umschlagplatz für persische Waren (Seide, Edelsteine, Färbemittel) durch die Einrichtung einer exklusiven Handelsroute von Isfahan über Moskau und Reval (Tallinn) nach Schleswig-Holstein und Hamburg zu etablieren. In insgesamt drei Reisen zwischen 1633 und 1643 gelangte eine Kommission, zu der neben dem Dichter Paul Fleming (1609-1640) auch der Bibliothekar und Naturforscher Adam Olearius (1599-1671) gehörte, nach Reval, Moskau und Isfahan. Handelspolitisch und diplomatisch war die Gesandtschaft ein Fehlschlag, für Olearius jedoch, der sich als Sekretär des Unternehmens bewährt und das offizielle „TageRegister" geführt hatte, ergab sich die Ernennung zum Gottorfer Hofmathematiker. Eine erste Fassung seines Reiseberichts veröffentlichte Olearius bereits im Jahre 1647, zum großen Erfolg wurde jedoch die überarbeitete 2. Auflage, die 1656 unter dem Titel *Vermehrte Newe Beschreibung Der Muscowitischen vnd Persischen Reyse* (künftig: *Reyse*) mit rund 840 Druckseiten, zahlreichen Kupferstichen und Landkarten erschien, ein „überragende[s] Beispiel deutscher Sachprosa des 17. Jahrhunderts" (Lohmeier 1971, 61*).

Gesandtschaftsreise

V. Exemplarische Einzelanalysen

Gliederung und Textsorten

Typisch für die Frühe Neuzeit besteht die *Reyse* aus unterschiedlichen Textsorten: Die sechs Bücher oder Kapitel werden abwechselnd als Reiseerzählung (Bücher I, II, IV und VI) und Landesbeschreibung (Bücher III und V) miteinander kombiniert, hinzu treten Paratexte (Dedikation, Vorrede, Quellenliste, Zuschriften, Register), höfisch-zeremonielles Gebrauchsschrifttum (Teilnehmerliste, Hofordnungen, Geschenkelisten), Gebete sowie Gedichte von Reiseteilnehmern, vorwiegend von Paul Fleming (Jacobsen 2011). Während die Reiseerzählungen chronologisch aufgebaut sind, auf der eigenen Anschauung Olearius' beruhen und teilweise spannend geschildert werden (I und II zur ersten und zweiten Moskaureise, IV zur Reise von Moskau nach Isfahan, VI zur Rückreise), sind die Textstücke zur Landeskunde Russlands (Buch III) und Persiens (Buch V) das Zeugnis gelehrter Wissensakkumulation mit deskriptiver und enzyklopädischer Tendenz, wobei es auch darum geht, die umfassende Literaturkenntnis des Verfassers auszustellen. In den landeskundlichen Teilen werden Angaben zur Geografie, zu den Einwohnern, zum Regierungssystem, zum Rechtswesen und zur Religionsverfassung gemacht.

Flemings Reisegedichte

Als besondere Beigabe finden sich 15 Gedichte Paul Flemings, der zum Zeitpunkt der Veröffentlichung bereits verstorben war – eine Gelegenheit, dem Freund und Dichter ein Denkmal zu setzen. Gleichzeitig sind die Gedichte an bestimmten Gelenkstellen der Textorganisation platziert, etwa an den Übergängen von der Reiseerzählung zu deskriptiven Passagen. Dabei bieten sie nicht einfach eine literarisch-poetische Abwechslung der Darbietungsform (*ornatus*-Funktion), denn oft schildern sie bereits Gesagtes erneut im Medium des lyrischen Sprechens, z. B. bei der stürmischen Seefahrt von Travemünde nach Reval (Tallinn) (von Zimmermann 2015). Vielmehr geht es darum, eine „deutende Überhöhung des profanen Reisegeschehens" (Jacobsen 2011, 86) auszusprechen und auf einer religiös-christlichen Ebene die Naturereignisse als Wirken eines Schöpfergottes darzustellen. Fleming hat in den Reisejahren 1633–1639 darüber hinaus rund 130 deutsche und lateinische Gedichte mit unmittelbarem Bezug zum Reisegeschehen verfasst. Diese thematisieren die Fremderfahrung zurückhaltend, suchen eher das Bekannte im Unbekannten, um den Weg zu einem christlich fundierten Weltbild zu ebnen.

Erzählerische Darstellungsprinzipien

Olearius innovative Darstellungsweise beruhte darauf, dass er zum einen die selbst erfahrenen und durchaus spannenden Ereignisse der Reise in einer Tageschronik schilderte und zum anderen in den landeskundlichen Kapiteln den Versuch machte, das Gesamtbild eines Landes aus dem kritischen Vergleich maßgeblicher Quellenwerke zu entwerfen. Dies gelang ihm in einem immer noch gelehrten, nüchternen, jedoch flüssig lesbaren Stil. In den chronikartigen Passagen werden auch die menschlich-emotionalen Begleitumstände z. B. beim Verhalten in gefährlichen Situationen zur Sprache gebracht, was sich etwa bei der Darstellung der stürmischen Ostsee während der zweiten Ausfahrt nach Moskau zeigt (Oktober 1635).

Die nahezu enzyklopädische Materialfülle beeindruckte bereits die Zeitgenossen, sie macht das Werk aber auch für den heutigen Historiker zu einer wertvollen Quelle zur russischen Kulturgeschichte des 17. Jahrhunderts. Olearius berichtet über die Geschichte, die Lebensweise der Einwohner, über Staatsverfassung, Finanzen und Rechtswesen und berührt zudem die Bildungseinrichtungen und die Religion der Russen, ist aber auch nicht gänzlich frei von Stereotypen und „faktischen Mißverständnissen, inneren Widersprüchen und Fehlurteilen" (Liszkowski 1985, 235). Beschreibende Landeskunde

2. Georg Forster: *Ansichten vom Niederrhein* (1791–1794)

Der 1754 in Westpreußen geborene Naturforscher, Weltreisende, Essayist und politische Publizist Georg Forster nimmt bereits an der zweiten Weltumsegelung Cooks teil (1772-1775), die Beschreibung dieser Fahrt (*Reise um die Welt*, 1778-1780) macht in europaweit berühmt. Seit 1779 lehrt er als Professor für Naturwissenschaft in Kassel, sodann seit 1784 in Wilna (Vilnius). 1788 wird er Universitätsbibliothekar in Mainz und beteiligt sich an führender Stelle an der kurzlebigen Mainzer Republik (1792/93). Als Parteigänger der Französischen Revolution hält er sich seitdem in Paris auf, wo er 1794 stirbt. Neben dem ersten Reisewerk entstehen in dem Jahrfünft um 1790 zahlreiche philosophisch-ästhetische Aufsätze, die Forster als kritischen Vertreter der Aufklärung zeigen. Von 1791-1794 erscheint sein zweites Reisewerk, die *Ansichten vom Niederrhein*, die zu einem Höhepunkt der deutschen Reiseliteraturgeschichte gezählt werden müssen. Biografisches

Forsters *Ansichten* sind allerdings ohne das Vorgängerbuch *Reise um die Welt* nicht zu verstehen, denn dort entwickelt der Autor bei der Begegnung mit dem Fremden und der Beobachtung des pazifischen Naturraums seine Darstellungsprinzipien und Wertmaßstäbe. Ausdrücklich verabschiedet er sich von einer eurozentrischen Perspektive, da das Tier- und Pflanzenreich der pazifischen Inseln und die Lebensweise der dort angetroffenen indigenen Völker eine gänzlich kulturvergleichende Weltsicht nahelegten. Ganz im Sinne der aufklärerischen Anthropologie stellte Forster die Balance zwischen Einheit und Differenz in der Geschichte des Menschengeschlechts in den Mittelpunkt. Kulturvergleich und Perspektivierung

Der Cook'schen Expeditionsmannschaft gehörte Forster als Reisezeichner an, mehr als 500 Tier- und Pflanzenzeichnungen von seiner Hand sind erhalten. Die Orientierung an den Darstellungsformen der bildenden Kunst, das Naturgeschichte und Ästhetik

Denken in „Gemälden" und „Tableaus" überträgt sich bei Forster auch auf seine literarischen Arbeiten: ausdrucksvolle Gesamtbilder einer Situation, die Schilderung eines Totaleindrucks stehen im Mittelpunkt seiner Reisewerke. Aus der Begriffssprache der Malkunst entstammt ebenfalls der Begriff „Ansicht", eine zentrale Metapher seines zweiten Reisebuchs, die bereits im Titel auf die nur perspektivisch zu gewinnende Wahrnehmung von Sachverhalten verweist.

Gattungskontext und Reiseumstände

Im Verlauf des 18. Jahrhunderts erfolgte eine „Literarisierung" der Reiseberichte durch die Darstellungsmittel der „schönen Literatur" (Hentschel 1999). Ein Musterbeispiel der Verknüpfung von detaillierter Berichterstattung, individuellem Erzählgestus und ästhetisch-politischer Reflexion ist Forsters Bericht über seine dreimonatige Europareise im Frühsommer 1790, der unter dem vollständigen Titel *Ansichten vom Niederrhein, von Brabant, Flandern, Holland, England und Frankreich, im April, Mai und Junius 1790* (3 Bde., 1791–1794) erschien. Hier löste sich Forster von der faktografischen Tendenz der Gattung und verbindet die Darstellung von geografischen, naturgeschichtlichen, wirtschaftlichen und politischen Verhältnissen mit alltagskulturellen Beobachtungen und ästhetischer Kritik. Der Titel *Ansichten* verweist sowohl auf das Flüchtige, Unabgeschlossene und Perspektivische des Reiseeindrucks als auch auf den engen Zusammenhang von sinnlicher Anschauung und reflektierender Begrifflichkeit: Der malerischen „Ansicht" steht die politische Meinungsbildung (Ansicht im Sinne von Stellungnahme) gegenüber.

Der Amsterdamer Hafen

Ein Beispiel für die komplexe Darstellungskunst Forsters ist seine **Beschreibung des Amsterdamer Hafens**:

> **Quelle**
>
> Georg Forster: Ansichten vom Niederrhein. In: Werke in vier Bänden. Hg. von Gerhard Steiner. Band 2. Frankfurt a. M. 1969, 718–720.
>
> „Ich weile noch einen Augenblick auf diesem Schauplatz der umfassenden Geschäftigkeit; denn sie ist es, der die Stadt und selbst die Republik ihr Daseyn und ihre Größe verdanken, und in der Betrachtung dieses Phänomens werden zugleich die Hauptzüge des Nationalcharakters offenbar. [...] Also, nicht dem Auge allein, sondern auch dem Verstand erscheint Amsterdam von der Wasserseite in seinem höchsten Glanze. Ich stelle mich in Gedanken in die Mitte des Hafens, und betrachte links und rechts die Gruppen von vielen hundert Schiffen aus allen Gegenden von Europa; ich folge mit einem flüchtigen Blick den Küsten, die sich nach Alkmaar und Enkhuisen erstrecken und auf der anderen Seite hin, den Busen des Texels bilden. Die Stadt mit ihren Werften, Docken, Lagerhäusern und Fabrikgebäuden; das Gewühl des fleißigen Bienenschwarmes längs dem unabsehlichen Ufer, auf den Straßen und den Kanälen; die zauberähnliche Bewegung so vieler segelnder Schiffe und Boote auf dem Südersee, und der rastlose Umschwung der Tausende von Windmühlen um mich her – welch ein unbeschreibliches Leben, welche Gränzenlosigkeit in diesem Anblick! Handel und Schiffahrt umfassen und benutzen zu ihren Zwecken manche Wissenschaft; aber dankbar bieten sie ihr

> auch wieder Hülfe zu ihrer Vervollkommnung. Der Eifer der Gewinnsucht schuf die Anfangsgründe der Mathematik, Mechanik, Physik, Astronomie und Geographie; die Vernunft bezahlte mit Wucher die Mühe, die man sich um ihre Ausbildung gab; sie knüpfte ferne Welttheile an einander, führte Nationen zusammen, häufte die Produkte aller verschiedenen Zonen – und immerfort vermehrte sich dabei ihr Reichthum von Begriffen; immer schneller ward ihr Umlauf, immer schärfer ihre Läuterung. […] Dies ist mir der Totaleindruck aller dieser unendlich mannigfaltigen, zu Einem Ganzen vereinigten Gegenstände, die vereinzelt und zergliedert so klein und unbedeutend erscheinen. […] Das Ganze ist nur da für die Phantasie, die es aus einer gewissen Entfernung unbefangen beobachtet und die größeren Resultate mit künstlerischer Einheit begabt […]."

Forster verbindet die ökonomische ("Geschäftigkeit"), die politische ("Republik") und die kulturelle ("Nationalcharakter") Sphäre zu einem sich wechselweise bedingenden Gesamtbild. Dies verdichtet er als Berichterstatter noch, indem er sich gedanklich in die "Mitte des Hafens" versetzt, wo er das vielgliedrige Geschehen aufnehmen und fokussieren kann. Forster zeigt, wie in der Ansicht des Amsterdamer Hafens historische Prozesse in der Art eines Brennspiegels zusammengeführt und gleichzeitig entziffert werden können: Wirtschaftstätigkeit und Wissenschaftsentwicklung bedingen sich, die Weltgesellschaft – und damit der Einfluss fremder Kulturen – ist durch die eingeführten und hier umgeschlagenen Produkte präsent, der europäische Hafenplatz ist in den globalen Handel eingebunden, überdies ist die ökonomisch-politische Analyse mit ästhetischen Wahrnehmungsweisen ("zauberhafte Bewegung") verknüpfbar.

3. Heinrich Heine: *Reisebilder* (1826–1831)

Als Sohn eines jüdischen Kaufmanns in Deutschland geboren zu sein, bedeutete auch um 1800 noch eine spürbare Isolierung vom christlichen Umfeld: die seit Jahrhunderten in allen Reichsgebieten währende Ausgrenzung der jüdischen Bevölkerung und ein generationenlanges Fremdheitserlebnis prägten auch das Leben des am 13. Dezember 1797 in Düsseldorf zur Welt gekommenen Harry (Heinrich) Heine, der als engagierter Kritiker von Nation, Religion und Erinnerungskultur bekannt werden sollte. Die Lage der Juden hatte sich zwar schon während der toleranteren Aufklärung erleichtert, aber noch der spätere Heine sah in der Taufe das alleinige "Entreebillet zur europäischen Kultur", das er dann auch konsequent löste. Eine vollständige **jüdische Emanzipation** im Sinne der rechtlichen wie gesellschaftlichen Gleichstellung – der Begriff wurde erst um 1830 geläufig, Heine selbst war an dessen Durchsetzung beteiligt – blieb weit über die Lebenszeit Heines hinaus ein offenes Problem.

Jüdisches Leben um 1800

> **Zitat**
>
> Gerhardt Höhn: Heine-Handbuch. Zeit, Person, Werk. 3. Aufl., Stuttgart/Weimar 2004, 21
>
> „Das epochale ‚Signal' hatte Heine gegeben, als er in der *Reise von München nach Genua* (1829 mit dem Datum 1830 erschienen) mitten in der Restaurationszeit die grundsätzliche Frage stellte: ‚Was aber ist diese große Aufgabe unserer Zeit? Es ist die Emanzipation. Nicht bloß die der Irländer, Griechen, Frankfurter Juden, westindischen Schwarzen und dergleichen gedrückten Volkes, sondern es ist die Emanzipation der ganzen Welt, absonderlich Europas, das mündig geworden ist.' (Heine 1976, III, 376) Diese universelle, nicht mehr nationale, sondern menschheitliche Forderung nach Freiheit und Gleichheit politisch-sozial unterdrückter Gruppen, Völker bzw. des Menschengeschlechts durchzieht Heines ganzes Denken, vom Ende der deutschen Phase bis zum Ende seines Lebens."

Biografie und Reisen

Mit bestandenem Jura-Examen besucht Heine im Sommer 1825 die Nordseeinsel Norderney, 1827 erscheinen die diesbezüglichen *Reisebilder II*. Aufenthalte in England und Holland bzw. Italien (1828) schließen sich an. Auf seiner Helgoland-Fahrt (Sommer 1830) erreichen ihn schließlich die Nachrichten von der Pariser Julirevolution und im März des Folgejahrs macht der junge Schriftsteller sich ohne jegliche Einkommensaussichten in die französische Hauptstadt auf, um im Zentrum des Geschehens alles weitere zu beobachten. Mit Korrespondentenberichten für deutsche Medien kann er seinen Status finanzieren, verschafft sich aber auch mit Arbeiten für französische Leser über deutsche Zustände Namen und Existenz. Ausweisungsanträge aus deutschen Gebieten wegen seiner engagierten politischen Tätigkeit und seiner kritischen Texte verfolgen ihn, verschiedene behandlungsbedürftige Krankheiten machen ihm zu schaffen. Während 1848 in Paris heftige Straßenkämpfe toben, sieht er sich in die „Matratzengruft" verbannt, wo er seinen Leiden am 17. Februar 1856 erliegt.

Schriftstellertypus

Heinrich Heine erscheint als individueller Charakter in einer bewegten Zeit. Gegenüber kollektivierenden Größen wie Religion, Stand oder Nation wahrt er deutliche Distanz. Er relativiert seine Zugehörigkeiten nicht zuletzt mit der markanten Ironie in seinem Ausdruck: Diese verhilft ihm, im Schreiben einen sachlichen Abstand zu gewinnen zugunsten der Erprobung anderer Positionen oder der temporären Umkehr bestehender Werturteile. Ironie avanciert zum Modus, sich von allem gleichermaßen zu entfernen und sich damit einen höheren, ja „neutralen" Überblick zu verschaffen. Heine verkörpert idealtypisch den von seinem zeitweiligen Mitstreiter Ludwig Börne so qualifizierten „Zeitschriftsteller", einen neuen Typus des kritischen Autors, der genaue Analysen sozialer Missstände anstellt, um dann auch auf publizistischem Wege für deren Beseitigung zu sorgen.

Reisebilder

Die *Reisebilder* erscheinen als eine von Heine 1826/27 (mit Nachträgen 1831, 2. Auflage 1831, 3. Auflage 1843, 4. Aufl. 1851, 5. Aufl. 1856) selbst in Reihe publizierte Sammlung von Einzelreisebeschreibungen zu deutschen Landschaften (Harz, Nordsee, Berlin), aber auch über seine Fahrten nach Italien, England oder Polen, die er separat schon seit 1822 veröffentlicht hatte.

Es geht Heine weder um eine statistische noch um eine sentimentalistische Wiedergabe von Reiseeindrücken. Vorrang besitzt eine unbestechliche Präzision der einschränkungslosen Wahrnehmung all dessen, was Natur und Gesellschaft vorgeben. Dies aber stellt der Autor dann in provokante Zusammenhänge, um das Gesehene erbarmungslos mit dem Gelesenen oder anderswo Gesehenen zu konfrontieren. Zu diesem Zweck praktiziert er einen in der klassischen Poetik strikt abgelehnten Gattungsmix: Er kombiniert auf raffinierte und erfrischende Weise essayistische, dialogische und lyrische Komponenten, ein „zusammengewürfeltes Lappenwerk" (Heine, Brief an Möser 11.1.1825). Es ist das Fragment, das Heine als willkommene Form des Nicht-Abzuschließenden gilt, er erhebt keinen Absolutheitsanspruch für das Gesagte, offener Raum soll verbleiben für die Meinung des Lesers wie für die Selbstkorrektur.

[Darstellungsmodus]

Nach dem frühen ersten Band der *Reisebilder* (1826) folgen u.a. noch die italienischen Eindrücke (*Reise von München nach Genua*, 1828 bzw. *Die Bäder von Lucca*, 1829/30) und schließlich *Englische Fragmente* (1828-1831). Neben Heines traditionskritischem Italienbild wäre aber vorzugsweise eine eher seltene Beobachtung über die Nordseeregion zu betrachten. Heine nimmt seinen Aufenthalt auf der ostfriesischen Insel Norderney zum Anlass für vertiefte geschichtsphilosophische Reflexionen in geradezu metonymischer Technik: „an die großen europäischen Zeitverwandlungen werde ich erinnert, indem ich den kleinen Zustand unserer armen Insulaner betrachte. […] Auch diese stehen an der Grenze einer solchen neuen Zeit, und ihre alte Sinneseinheit und Einfalt wird gestört durch das Gedeihen des hiesigen Seebades, indem sie dessen Gäste täglich etwas neues ablauschen, was sie nicht mit ihrer herkömmlichen Lebensweise zu vereinen wissen" (Heine 1976, 104). Somit steht ein binnennationaler „Kulturkontakt" auf der Agenda. Die „Insulaner" erhalten mit der Kennzeichnung ihrer Lebensform als „Unmittelbarkeit" den Charakter einer archaischen Urgesellschaft, über die nun eine höher entwickelte Alterität hereinbricht. Heines Ziel ist es, auf diese Weise seine eigene Gegenwart, aber auch deren geschichtliche Gewordenheit authentisch zu erfassen. Fakten erscheinen in ironischen Brechungen ohne ihre Faktizität zu verlieren. Als eine zentrale Vokabel begegnet in den *Reisebildern* die „Zerrissenheit": Zerrissen ist nicht nur die „Denkweise unserer Zeit" oder das Territorium des ehemaligen Deutschen Reichs, zerrissen ist auch das widersprüchliche Ich, der „Meinungszwiespalt in mir selbst", wie der Autor in einer Selbstbeobachtung kon-

[Norderney]

statiert, als er nämlich erstaunt feststellt, wie er gegen seine eigentliche Auffassung die katholische Kirche lobt (Heine 1976, 104).

4. Lou Andreas-Salomé: *Russland mit Rainer. Tagebuch im Jahre 1900* (1999)

Biografische Bindungen und Begegnungen

Die Philosophin, Religionswissenschaftlerin und spätere Psychoanalytikerin Lou Andreas-Salomé war eine ausgesprochen kommunikative Erscheinung. Zeitlebens verkehrte sie mit namhaften Persönlichkeiten aus der zeitgenössischen Theologie, Philosophie, Orientalistik, Malerei und Dichtkunst. Bereits ihrer familiären Herkunft verdankt sie eine weltläufige Orientierung: als Tochter eines deutsch-russischen Offiziers und dessen deutsch-dänischer Frau am 12. Februar 1861 in St. Petersburg geboren, sprach sie neben deutsch und französisch bereits als Kind russisch. Nach ihren vielfältigen Reisen und Studien praktizierte sie dann bis zu ihrem Tod 1937 in Göttingen als die erste Psychoanalytikern. Zentral erscheint ihr Verhältnis zu dem Prager Lyriker und Romancier Rainer Maria Rilke (1875–1926), mit dem sie jeweils 1899 und 1900 eine Russlandreise unternahm. Obwohl sie sich dann 1901 von ihm löste, blieb sie ihrem Gesprächspartner und Freund in zahlreichen Reflexionen noch weit über dessen Tod (1926) hinaus verbunden.

Russland mit Rainer

Reiseroute

Hatte eine erste Reise noch zusammen mit ihrem Ehemann, dem Orientalisten Friedrich Carl Andreas stattgefunden, so fährt Andreas-Salomé am 7. Mai 1900 nun allein mit Rilke nach Moskau. Anschließend geht es nach Jasnaja Poljana, wo man am 1. Juni bereits zum zweiten Mal die „rührende theure Gestalt", das „verzauberte Bäuerlein" (56) treffen würde, nämlich den greisen Dichter Leo Tolstoj (1828–1910). Die Route führt sie dann über Kiew nach Poltawa und Saratow bis an die Wolga. Die eindrucksvolle Flussfahrt endet in Jaroslawl. In Kresta Bogoródskoje wählen sie eine Bauernhütte (*Isbá*) als Quartier und erproben in eingehender Selbsterfahrung das einfache Leben der Landbevölkerung, um schließlich am 6. Juli in die Metropole, nach Moskau, zurückzukehren. Anschließend begibt sich das Paar zu dem „Bauerndichter" Spiridon Droshshin (1848–1931) nach Nisowka, wo man am 18. Juli eintrifft. Am 23. Juli erfolgt die Abreise nach St. Petersburg. Von dort aber fährt Lou allein zu ihrer Familie nach Rongas (Finnland), während Rilke in der Stadt verbleibt. Erst am 22. August treten sie dann gemeinsam die Heimreise nach Westen an, die am 26. August 1900 in Berlin endet.

Journal als Vor-Ort-wahrnehmung

Andreas-Salomé führte während der Reise in unregelmäßigen Abständen ein Journal, das sie aber nicht umgehend veröffentlichte, sondern stufenweise immer wieder selbst kommentierte, noch bis in die 1930er Jahre hinein. Hinzu treten sachbezogene Texte wie die *Tagesnotizen* (unveröffentlicht) und der 1951 postum herausgegebene *Lebensrückblick*. In diesem Fall hat man es also mit der mehrfachen Verschriftlichung einer Reise zu tun, was editorisch entsprechend abzugleichen war. Zudem liegt eine gedoppelte Wahrnehmung vor: Es sind mit dem Reisegefährten Rilke zwei Autoren im Austausch und somit komplementär zu betrachten.

Abb. 6 R. M. Rilke und L. Andreas-Salomé mit dem Bauerndichter S. Droshshin in Nisowka bei Twer, Juli 1900.

Andreas-Salomé verstärkte zum Ende des Jahrhunderts ihr Interesse für Russland als einer faktischen, nun aber auch gedanklich idealisierten Heimat. Im *Lebensrückblick* resümiert sie, dass sie ja sprachlich wie politisch in russischer Umgebung aufgewachsen sei, dass aber ihr damaliger holländischer Lehrer Hendrik Gillot (1836-1910) als „Ausländer" hier früh mit der „Betonung gefühlsnüchterner Verstandesentwicklung" einen Gegenakzent gesetzt habe, was auf sie notwendig „entrussend" wirken musste (ebd. 62). Somit verinnerlichte sie als Kind bereits die Spannung zwischen der ihr gelehrten rationalen Aufklärung als einer westlichen Ordnung und den konträren Eigenheiten des russischen Volkes, das sich zwar als roh und trunksüchtig gerierte, sich daneben aber durchaus erhaben zeigte, indem es lustvoll einen gänzlich irrationalen Aberglauben pflegte und souverän mit höheren Mächten umging. Durch ihre Reisen und den Kontakt mit den facettenreicheren Eigenarten der traditionellen Lebensweise gerät ihr Lebensverständnis zunehmend in ein ungekanntes Gleichgewicht: Lou kann sich dem „Russischen" als einem komplementären Gegensatz zum westlichen Selbstverständnis hingeben, positiv besetzte Begriffe wie Primitivität, Kindhaftigkeit oder kollektive „Glaubensinbrunst" wirken sich jetzt stabilisierend auf die Erwachsene aus.

Merkmale und Topoi

Die eher unregelmäßigen Angaben und Eintragungen des Reiseberichts variieren auch in ihrer Ausführlichkeit. Zunächst erfolgt eine exakt analytisch aufzählende Beschreibung von einzelnen Landschaften, Menschen und Objek-

Struktur und Reflexionen

ten (Gebäude, jeweils mit Kunst- und Gebrauchsinventar). Diese wird ergänzt mit Wertungen und Vergleichen (West/Ost, Stadt/Land, adlig/bäuerlich, traditionell/modern) und einer recht genauen Selbstbeobachtung hinsichtlich der Wirkung (assoziative und emotionale Reaktionen). Eingestreute Lyrik verstärkt diese Ansätze jeweils als ästhetisches Konzentrat (bspw. *Wolga*). Die dritte Stufe knüpft hier an: Sporadisch verstreut im Reiseverlauf erfolgen philosophische Reflexionen auf das große Ganze – zu ethnischen Differenzen und einem dennoch denkbaren Universalismus, zum Nutzen der Reise mit resultierenden Betrachtungen zum Dasein schlechthin. Der Erlebniskontext ist dann völlig ausgeblendet. Die Meditationen richten sich auf Paradigmen wie Kindheit, Heimkehr, Raum, Religion und Seele, aber auch auf die genuinen Erfahrungsweisen des konkreten Reisens schlechthin, etwa zum Begriff und Phänomen des „Zusammenstoßes" von „Verschiedenem".

Kindheit, Religion und Reise

Der Spaziergang durch Birkenwälder mit Datschen weckt verblasste Kindheitserinnerungen. Die Kinderseele als Erfahrungsinstanz lebt auf, vollkommen disparat zum aktuellen, parallel mitempfindenden Erwachsenenbewusstsein. Ihre temporäre Rückkehr ist aber mit „ältesten russischen Stimmungen" verbunden, die beim Anblick von Berg- und Flusslandschaften aufleben (ebd., 59), gefolgt von „irgendeiner Sehnsucht, dorthin zu gehören – für immer –" (76). Dafür stehen dann auch mystifizierende Intensiva bereit wie „Urkindheit" oder „Urmenschheit" als „das Erlebnis Gott" (*Lebensrückblick*, 9). Religion ist demnach „im Grunde nichts anders, als eine Art des Lebensverhaltens zu sich selbst […], die Art, wie unsere Blüthen und Zweige sich zu Stamm und Wurzeln verhalten" (136). In diese Vorstellung ist auch das Reisen eingebettet. Reise erscheint immer wieder synonym mit „Heimkehr". Der universale Begriff der Seele legt eine feste Bedeutungsstruktur über den gesamten Text. Schönheit und seelische Harmonie sind Ideal und Erlebnisziel. Reisen, Russland und Kindheit gehen somit eine tiefe, durchaus existentielle Verbindung für die Autorin ein.

Biografische Bezüge und Effekte

Vor diesem Hintergrund unternimmt die Autorin ständige Bezugsetzungen zwischen dem Geschauten und sich selbst, bis hin zur wünschenswerten, therapieartigen Umkehrung ihrer einstigen „Entrussung". So versucht sie einen Ausgleich zu schaffen zwischen zwei Kindheiten: ihrer authentischen, als man sie auf die westlichen Dogmen und Denkungsarten auszurichten versuchte, und einer „metaphysischen" Kindheit, der Verwirklichung des Ich in einem alles relativierenden und das Gemüt befreienden Kosmos aus Sinnlichkeit, Natur und Gottesergebenheit. Hier aber, in diesem mittels der Reise nun hergestellten Gleichgewicht, kann ihr Reisepartner offenbar nicht mithalten. Rilke bleibt ohne innere Bewegung vollkommen verhaftet in seiner „objektiven" Blickarretierung auf ein verklärtes, für ihn weiter fremdes Russland. Deshalb scheint die Reise vor allem zur Trennung von Rilke geführt zu haben. Lou Andreas-Salomés beschließt ihre Aufzeichnungen mit der Notiz zum „Altjahrsabend" (1900), die vom Ende der Beziehung kündet. Der explizite Abschiedsbrief folgt am 26.2.1901.

5. Annemarie Schwarzenbach: *Die Reise nach Afghanistan* (1939/40)

„Ein Kamel ist langsamer als ein Pferd, aber es kommt sicherer ans Ziel", so hört es die Schweizerin von einem Mann vor Ort, der sich mit den Tücken und Gefahren der Wüste auskennt (Schwarzenbach 2003, 51). Sie aber ist weder mit Kamel noch Pferd unterwegs, sondern mit ihrem Ford Roadster. Das Auto, noch schneller als das Pferd, muss in der genannten Skala demnach als noch unsicherer gelten, denn, so resümiert die weit gereiste Annemarie Schwarzenbach selbst, die „Landstraßen sind das große Abenteuer des Orients" (Schwarzenbach 2003, 34). Sie aber fährt 1939, nicht zum ersten Mal, im eigenen Auto mit ihrer Partnerin Ella Maillart (1903–1997) drei Monate lang von Genf über Slowenien, Griechenland und die Türkei nach Afghanistan, schließlich bis nach Kabul.

Das Auto

Das Fahrzeug, automobil und selbstgesteuert, bleibt ein ambulanter Bewahrkörper für die persönliche Ausrüstung und bietet zusätzlich einen Rückzugsraum für unterwegs: eine bewegliche Exklave. Umgekehrt ist das Auto nach außen ein sichtbares Zeichen der westlichen Zivilisation und ihrer erfolgreichen Technik, auf das die Menschen vor Ort entsprechend reagieren. Frauen, die ihm entsteigen, reisen sichtbar ohne Männer und können mit der Technik umgehen. In den Fotografien fungiert das Auto als Maßstab und ermöglicht als bekannter Wert den Größenabgleich mit dem Unbekannten. Das Kennzeichen („GR 2111") stempelt jedes Bild wie ein Monogramm förmlich ab. *Vorderasiatische Auto-Anekdoten* schließlich, ein zweiseitiger Bildbericht der Schwarzenbach (1940), widmet sich ganz dem Schicksal des Autos: Es wird verladen, repariert oder aufgehalten, aber auch geschoben, gehoben und getragen.

Selbstbewegung in Raum und Zeit

„Jeden Tag wird es unmöglicher umzukehren, man will es auch nicht mehr" (Schwarzenbach 2003, 15f.). Bei aller Verbundenheit mit Kultur und Landschaft ihrer Heimat bleibt „Herkunft" für die Schweizerin von problematischer Bedeutung. Nicht zuletzt sind es die schweren Konflikte mit ihrer Familie, die unnachgiebig schwelen und sie dauerhaft belasten, gleichgültig wo die Reisende sich aufhält. Die heimatliche Befremdung gegenüber ihrem politischen, beruflichen, körperlichen und geschlechtlichen Selbstverständnis muss sie auf der weiten Fahrt stets mit sich führen. Reisen heißt für Schwarzenbach somit „Schwellen" zu überschreiten: Sie bewegt sich „auf der Schwelle des Fremden" (*Eine Frau zu sehen*, 1929), und als sie am Bosporus auf das asia-

Schwellen überschreiten

Abb. 7 A. Schwarzenbach (rechts) und E. Maillart beim Beladen ihres Autos während der Afghanistan-Reise 1939/40.

tische Ufer blickt, erkennt sie: „dort war die Schwelle, die ich überschreiten musste" (Schwarzenbach 2003, 17). Es war der Kulturphilosoph Walter Benjamin, der in seinem *Passagenwerk*, entstanden zwischen 1927 und 1940, eingehend über die Schwelle und entsprechende transitorische Konzepte nachdachte. Er spricht von einer räumlichen „Zone" als einem bewusst zu erlebenden Übergang, der vor allem gegen die statische und hermetische Vorstellung von „Grenze" abzuheben sei, und verdeutlicht dies mit alltäglichen Schwellenerfahrungen wie Einschlafen oder Aufwachen. Hier können sich unverhoffte Erfahrungen einstellen, die anderweitig unmöglich geblieben wären. Ein besonderes Augenmerk läge dann auf dem Prozess einer bewussten Überschreitung der von Traditionen oder Gesellschaftsnormen gezogenen Linien.

Reisen als Frau zu den Frauen

„… das alles verhüllende Faltengewand"

„Aber wir scheinen in einem Land ohne Frauen zu sein! Wir kannten wohl den Tschador, das alles verhüllende Faltengewand der Mohammedanerinnen, das mit der romantischen Vorstellung vom zarten Schleier orientalischer Prinzessinnen wenig gemein hat. Er umschliesst eng den Kopf und ist vor dem Gesicht wie ein Gitterchen durchbrochen und fällt in weiten Falten bis zur Erde, kaum die gestickte Spitze und den schiefgetretenen Absatz der Pantoffeln frei lassend." Hier rückt an die Stelle von Landschaft, Klima und Infrastruktur der Fremde nun die Wahrnehmung ihrer Menschen. Zentral ist die Begegnung mit dem eigenen Geschlecht in der fremden Variante. Neben dem gespielten Erstaunen über die „Inexistenz" der Frau als Pendant für die Reisende, konkretisiert Schwarzenbach dies mit der Formlosigkeit: „Wir hatten solche vermummten, formlosen Gestalten scheu durch die Basargassen huschen sehen und wussten, dass sie die Frauen der stolzen, frei einherschreitenden Afghanen waren, die ihrerseits die Gesellschaft und das fröhliche Gespräch liebten und den halben Tag nichtstuend im Teehaus und Basar verbrachten. Aber diese gespenstischen Erscheinungen hatten wenig Menschliches an sich. Waren es Mädchen, Mütter, Greisinnen, waren sie jung oder alt, froh oder traurig, schön oder hässlich?" (Schwarzenbach 2003, 62 f.) Die Männer sind stolz, selbstbestimmt, ausdrucksfähig, fröhlich und ohne belastende Tätigkeit. „Wenn diese Mädchen den Garten verliessen, trugen sie den Tschador – und sahen die Welt draussen nur durch das durchbrochene Gitterchen, das ihr Gesicht neugierigen Männeraugen verbarg." (Schwarzenbach 2003, 66) Im Unterschied zur traditionellen Wahrnehmung der Frau im Orient betont die Autorin hier erstmals auch umgekehrt die Situation der anderen, im wörtlichen Sinne die „Perspektive" der fremden Seite. Positive Schutzfunktion führt zu eingeschränkter Wahrnehmung.

Versuche der Selbstfindung

Im Zuge ihrer Grenzerfahrungen des eigenen Daseins konsumierte bereits die Studierende in Zürich, Paris und Berlin härtere Drogen, seit 1932 ist Annemarie Schwarzenbach morphiumsüchtig. Eine Entziehungskur nach einem Suizidversuch 1935 hilft nicht, für ihre Eltern ein weiterer Grund, sich von der Tochter zu distanzieren, erst recht als diese sich nun offen zu ihrer lesbischen Orientierung bekennt. Pläne, endgültig in die USA zu übersiedeln, scheitern an den psychischen Problemen. Geschwächt von Malaria kehrt sie im Juli 1942 in die Schweiz zurück. Nach einem Fahrradunfall wird sie auf Veranlassung der Mutter mit Insulin und Elektroschocks gegen „Schizophrenie" behandelt. Mit dem mütterlichen Einverständnis spricht das letzte Gutachten von Paul Gut (5.11.1942) dann von „Euthanasie". Die offizielle Todesursache lautet am 15.11.1942: „Lungenentzündung". Entscheidend für das Leben und Schicksal der Schwarzenbach war ganz offenbar der Konflikt mit ihrer Mutter: „Ich denke fast, das Zentrum ihres Charakters ist Güte und Herrschsucht. […] Sie ist ‚primitiv', weil sie ihr Urteil absolut setzt, aber sie ist kompliziert, weil sie ja leidet. Sie leidet zum Beispiel an mir. […] Meine Mama ist nur Herz, Impuls, Reaktion" (zitiert nach Alexis Schwarzenbach 2008, 264 f.).

Grenzerfahrungen

Reisen avanciert zur Lebensbewältigung im Kampf gegen existentielle Ängste. Die Frage der Identität als Selbstfindung und Selbstbefreiung findet in der Frage der Gesichtsverschleierung einen Kulminationspunkt: „Aber man möchte ein Gesicht sehen – lebhafte Augen, einen schönen Mund, ein Lächeln, und begegnet immer nur dem vorüberhuschenden Gitterchen und weiss: Die ängstlichen, hilflosen Geschöpfe können durch diese Gitterchen kaum genug sehen, um dem schwankenden Kamel, den klingelnden Gadi-Pferdchen, den fröhlich und kräftig einherschreitenden Männern auszuweichen – sie leben *in ständiger Furcht*" (ebd. 68). Nicht nur die Kommunikation, auch die Synchronisation mit den Bewegungen der Welt wird den Frauen unmöglich gemacht. Vor allem aber bleibt nicht nur das Hinaussehen, sondern das Aussehen als Selbstäußerung des eigenen Wesens von zentraler Bedeutung: nicht sich ver-

Ein Gesicht haben

bergen, sondern sich demonstrativ zeigen, sich geradezu inszenieren. Bei Annemarie Schwarzenbach erfolgt Selbstinszenierung vor allem über das Bild: Sie stilisiert sich als Melancholikerin und bewegt sich visuell in einem Schwellenbereich zwischen den Geschlechtern, den sich die verschleierte Orientalin gar nicht vorstellen kann oder will. Für diese gibt es nur die Grenze des Gitters, nicht aber den Bewegungsraum der Schwelle: Geschlechtliche Androgynität mit Kurzhaarschnitt, Männerkleidung und Zigarette, so konstituiert die Schriftstellerin ihr „Image" im „dritten Raum" der Bildberichterstattung, das somit authentisch und - als Provokation - vor allem öffentlichkeitswirksam erscheint. Sie gibt sich fragil und geheimnisvoll, nutzt die Schattenbildung als körpermodellierende Kraft und spricht auch von ihrer „dunklen Seite". Mit ihrem androgynen Auftreten bewegt sie sich auf der Schwelle zwischen den Geschlechtern, mit dem knabenhaften Gebaren aber auf der zwischen den Generationen. Technisch scheint das Auto das Medium der Schwellenerfahrung schlechthin: Das Vehikel führt das Alte mit in das Neue, das Eigene mit in das Fremde, ganz ohne notwendige Zäsur, beide Bereiche bleiben, durchdringen sich und setzen ein neues Erfahrungspotential frei.

Freiheit und Verantwortung

Damit stellt sich eine der ältesten Fragen des Reisens: Soll man das für defizitär befundene Fremde zu seinem Glück bekehren oder es nicht antasten, weil die Folgen unkalkulierbar wären? Der Preis für eine Befreiung der Frau ist nach den Erfahrungen von Annemarie Schwarzenbach sehr hoch. „Wir mögen heute in Europa skeptisch geworden sein gegenüber den Schlagworten von Freiheit, Verantwortung, gleichem Recht für alle und dergleichen mehr. Aber es genügt, die dumpfe Knechtschaft von nahem gesehen zu haben, die aus Gottes Geschöpfen freudlose, angsterfüllte Wesen macht - und man wird die Entmutigung abschütteln wie einen bösen Traum, und wieder der Vernunft das Wort reden, die uns auffordert, an die schlichten Ziele eines menschenwürdigen Daseins zu glauben und sich dafür einzusetzen" (Schwarzenbach 2003, 71).

6. Navid Kermani: *Ausnahmezustand* und *Einbruch der Wirklichkeit* (2013/2016)

Galt der „Fremdenverkehr" noch bis zur Mitte des 20. Jahrhunderts ganz idealistisch als Instrument der Versöhnung zwischen den Völkern, so sprach man am Ende des „Kalten Krieges" bzw. der ideologischen Blockbildung vom „Zusammenprall" (*clash of civilizations*) als aktueller Begegnungsform. Infolge der weltweiten gesellschaftlichen und politischen Veränderungen zwischen 1989 und 2001 zeigen sich zunehmend starke Konfrontationen zwischen den Nationen, Kulturen und Religionen. Terrorwarnungen dämpfen die Reiseaktivitäten und umgekehrt wirken die fernen Kriegsschauplätze auf das verstörte Europa in Form von bislang ungekannten Fluchtwellen, die neben dem beruflichen Nomadentum, der Wirtschaftswanderung und dem Vergnügungsurlaub nun das globale Bewegungsprofil dominieren. Die wachsende Vernetzung der wohlhabenden Länder und Schichten sieht sich mit gegenläufigen Prozessen der Dekolonialisierung und Massenemigration konfrontiert. Die Ferne rückt aktiv nahe, während die Heimat für viele fremd wird. Der Soziologe Richard Sennett konstatiert die zunehmende Bedeutungslosigkeit von Orten mit einem konsequent folgenden Identitätsverlust der Menschen: Das Bewusstsein von „Zugehörigkeit" schwindet (Sennett 2000).

Der Orientalist, Prosaautor und Journalist Navid Kermani zählt zu einer Generation, die jene globalen Zivilisations- und Religionskonfrontationen aus einem besonderen Blickwinkel beobachtet bzw. wissenschaftlich erforscht. Am 27.11.1967 als vierter Sohn iranischer Eltern im bundesdeutschen Siegen geboren, gehört er zur wachsenden Gruppe der „Mehrfachzugehörigen", die auf ihre Weise die von Sennett beklagte „Nicht-Zugehörigkeit" widerlegen. Kermani studiert Islamwissenschaften, Philosophie und Theaterwissenschaft in Köln, Kairo und Bonn und promoviert 1999 mit einer vielfach übersetzten Arbeit zum „ästhetischen Erleben des Koran" (*Gott ist schön*). Der wachsende Erfolg seiner Publizistik, aber auch seiner literarischen Prosa, gestattet ihm eine von den Institutionen unabhängige Existenz als Wissenschaftler und Schriftsteller.

Wissenschaft, Poesie und Publizistik

Religiöse Grundfragen im Zusammenspiel mit gesellschaftspolitischen Phänomenen betrachtet Kermani in einem weit gespannten Rahmen zwischen dem deutschen Provinzalltag und den großen Krisengebieten zwischen Nordafrika und dem Hindukusch. Dorthin begibt er sich und berichtet in zahlreichen Reportagen und öffentlichen Reden über seine Erfahrungen. Stilistisch verfügt Kermani über eine nuancenreiche Palette von der popliterarischen Detailregistratur in seinen Romanen bis zum hohen Ton der Predigt oder der staatstragenden Rede. Als Orientalist verkörpert er in seiner Reisepraxis zunächst die traditionelle Figur eines weltkundigen Wissenschaftlers, der gezielt die Orte seiner Forschungen aufsucht. Da seine Eltern in den 1960er Jahren aus Isfahan nach Deutschland kamen, besitzt er die deutsche wie die iranische Staatsbürgerschaft – eine formale Kennzeichnung seiner biografischen Existenz in einer moderierenden Zwischenlage, sowohl in religiöser als auch in ethnischer Hinsicht. Sein *Ungläubiges Staunen. Über das Christentum* (2015) erfolgt als eine von tiefem Respekt geprägte Sicht des Muslims auf die Religion seiner Umgebung.

Reportagen, Essays und Reden

Neue Dimension des Reiseberichts im 21. Jahrhundert

Somit repräsentiert Navid Kermani auch einen neuen Reise-Autor-Typus, hauptsächlich in der mehrfachen Blickverschiebung und mit den Möglichkeiten einer wechselvollen Teilnahme: Als in Deutschland lebender und arbeitender Muslim ist er natürlich der arabischen bzw. der persischen Sprache mächtig und aktiviert besondere Vergleichstechniken. Neben dem Status des klassischen „Besuchers" des Fremden nimmt er das bereiste Land immer auch mit dem Blick des damit bereits Vertrauten, des Zurückkehrenden wahr, so dass sich die reine Opposition oder gar Konfrontation zwischen bilateralen Sphären zugunsten „hybrider" Wahrnehmungsmuster auflöst: ein „Einwandererkind wie ich ...", so lautet seine gängige Selbstkategorisierung als Satzeinleitung (Kermani 2016, 51). Entgegen einer festen Zugehörigkeit zu einer Nation, Religion und Herkunftsregion, wie sie die Reisenden seit der Aufklärung zumeist aufwiesen, verfügt er nun über ausgedehnte Bewegungsräume, temporäre Identitäten und wechselnde Beobachtungsstandpunkte.

Ausnahmezustand. Reisen in eine beunruhigte Welt

Vor allem seine zwischen 2005 bis 2014 unternommenen Reisen sind Fahrten zu den Phänomenen wie zu ihren möglichen Ursachen. Eindrucksvoll spiegelt sich der Reiseweg durch die weitläufigen Krisenfelder – von Kaschmir über Pakistan, Afghanistan und Iran bis in die Arabische Welt, dann aber auch bis in die Grenzbereiche Europas (Lampedusa) – in der Kapitelaufteilung wider.

Medienkonkurrenz und Darstellungsmodus

In einer Zeit, in der es den Soldaten möglich ist, ihr aktuelles Kriegserlebnis authentisch in Echtzeit an jeden Ort der Welt zu schicken, verschieben sich die temporalen wie inhaltlichen Kategorien des traditionellen Reiseberichts wie auch die seiner Rezeptionsbedingungen. Jedes diesbezügliche Druckwerk käme zu spät und wäre historisch längst überholt. Kermani stellt sich dieser Situation, indem er die Kompetenzen des klassischen Autors stärkt. Er bietet keine monologisch arretierte Sichtweise, sondern tritt als Kompilator, als Moderator der Vielheit auf, indem er einzelne Geschehnisse, Beobachtungen und Quellenfunde zusammenbringt und gegeneinander abwägt: So führt er etwa indische Tagelöhner, eine Friedenskonferenz in Kandahar, das praktische Leben in den Hausbooten von Kaschmir und ein Treffen mit dem Bürgermeister von Lampedusa allein durch die enge Nachbarschaft der Einzeltexte in einen gedanklich aktivierenden Zusammenhang. Allerdings überlässt er das Material auch nicht dem alleinigen Urteil des Lesers, sondern schaltet sich ein als Betroffener, eben als ein „ungläubig Staunender": Er kommentiert fremde Aussagen wie die eigene Reaktion und versetzt beides mit faktischer Information. Diese Darlegung aber veraltet nicht, sie bleibt als Anregung für künftige Debatten wirksam.

Einbruch der Wirklichkeit. Auf dem Flüchtlingstreck durch Europa

Mit *Einbruch der Wirklichkeit* intensiviert Kermani seine eigentümliche Reiseform: Als Journalist begibt er sich im Sommer 2015 in die Gesellschaft der Flüchtlinge, die zahllos auf der Route in Südosteuropa unterwegs sind. Er bringt sich damit in die Position des durchaus privilegierten, da von seinem Verlag bezahlten Beobachters des Fluchtgeschehens. Der Reisebericht hat somit eine doppelte Bezugsebene: Er amalgamiert die Fahrt des Autors mit der Wanderung der Menschen, die nun die Folgen der politischen Krisen in existentieller Weise am eigenen Leib erleiden müssen. Beides ist ineinander verschränkt und dennoch drastisch geschieden. Das hier irritierende, sehr häufige Personalpronomen „wir" schafft eine Gemeinschaft, der sich zumindest der Leser kaum entziehen kann. Das Bild auf der Umschlagklappe zeigt den Autor mit besorgter Miene und gerunzelter Stirn im Augenblick des Innehaltens, wie er den unmittelbaren Bericht der anwesenden Betroffenen in höchster Konzentration vernimmt, um ihn dann als O-Ton originalgetreu auf Papier, auf einem traditionellen Notizblock aufzuzeichnen für die spätere Verwendung im zu publizierenden Werk.

Teilnehmender Beobachter

Abb. 8 N. Kermani mit Flüchtlingen der sog. Balkan-Route 2015.

Vor Matratzen, Umzugskartons und zusammengerollten Teppichen sitzt der barfüssige Kermani inmitten einer geradezu allegorischen Menschengruppe: links von ihm eine sich abwendende Muslima mittleren Alters, dazu ein im Moment offenbar sprechender Mann mit kurzen grauen Haaren, der leicht verdeckt wird von zwei anderen, offenbar jüngeren unkenntlichen Rückenfiguren. Rechts vom Autor aber sitzt ein konzentriert, gelangweilt oder ergriffen die Augen schließender Mitarbeiter einer privaten Sicherheitsfirma ohne jeglichen Gesichtsausdruck.

Kermani kennzeichnet seine persönliche Betroffenheit: „Diese Wirklichkeit kriegen wir nicht mehr aus unserem Bewußtsein heraus." (Kermani 2016, 51) Deshalb will er den öffentlichen Diskurs im Aufnahmeland Deutschland nun mit sachlichen Informationen versorgen, aber auch mit ergreifender Drastik fundieren, um gegen Gleichgültigkeit, Abwehr oder kontraproduktive Emotionen jeglicher Couleur anzugehen. Die plötzliche Konfrontation von

Darstellung und Appell

bislang völlig getrennten Sphären zeigt Kermani mit der gebotenen Dringlichkeit. „Es herrscht Krieg an den südlichen und östlichen Grenzen unseres Wohlstandsghettos, und jeder einzelne Flüchtling ist dessen Bote: Sie sind der Einbruch der Wirklichkeit in unser Bewußtsein." (ebd. 44) So versucht der Autor die Lage für seine Leser zu kennzeichnen, nicht ohne auch Hinweise zu deren möglicher Bewältigung zu geben. Der „Kulturschock" erfolgt auf beiden Seiten, kann aber durch den Erfahrungsbericht aus der Etappe „dazwischen" möglicherweise abgefedert werden.

Auf einen Blick

Mit den knapp durchgeführten Analysen von sechs Reisebeschreibungen, die für ihre jeweilige Zeitgebundenheit durchaus symptomatisch erscheinen dürften, sind verschiedene Möglichkeiten vorgezeichnet, auf der Basis des vorgestellten Materials nun eigene Studien anzulegen, insbesondere auch in den noch nicht allzu ausgiebig erforschten Bereichen des 17. oder 20. Jahrhunderts bzw. von der Jahrtausendwende bis zur Gegenwart. Es galt jeweils, Ziele und Erfolge der Unternehmungen zu benennen, aber auch die veränderlichen Kategorien wie Raumwahrnehmung oder Subjektbegriff zu klären, vor allem aber auf die jeweils spezifischen Techniken der Dokumentation einer Reise aufmerksam zu machen.

Literaturhinweise

Fähnders, Walter: „Wirklich, ich lebe nur wenn ich schreibe." Zur Reiseprosa von Annemarie Schwarzenbach (1908–1942), in: Sprachkunst. Beiträge zur Literaturwissenschaft 38/1 (2007), 27–54. *Souveräne Einführung in die literarischen und politischen Kontexte von Schwarzenbachs Reisereportagen mit umsichtigen Hinweisen zur Forschungslage.*

Höhn, Gerhard: Reisebilder, in: ders.: Heine-Handbuch. Zeit, Person, Werk. 3., überarb. und erw. Aufl. Stuttgart/Weimar 2004, 180–265. *Detaillierte Einführung in das Gesamtprojekt und die einzelnen Bücher der ‚Reisebilder' mit ausgewogener Darstellung der Forschungspositionen.*

Lohmeier, Dieter: Nachwort des Herausgebers, in: Adam Olearius: Vermehrte Newe Beschreibung der Muscowitischen vnd Persischen Reyse. [Nachdruck der Ausgabe] Schleswig 1656. Hg. von Dieter Lohmeier. Tübingen 1971, 1*–80*. *Immer noch die gründlichste Einführung zu Olearius' Biografie und zu seinem Reisebericht von einem der besten Kenner des Werks.*

Navid Kermani. Friedenspreis des deutschen Buchhandels 2015. Ansprachen aus Anlass der Verleihung. Börsenverein des Deutschen Buchhandels. Frankfurt a. M. 2015. *Die Dokumentation enthält die Laudatio von Norbert Miller, Kermanis Dankesrede sowie eine ausführliche Bibliografie und eine Biografie des Autors.*

Peitsch, Helmut: Georg Forsters ‚Ansichten vom Niederrhein'. Zum Problem des Übergangs vom bürgerlichen Humanismus zum revolutionären Demokratismus. Frankfurt a. M./Bern/Las Vegas 1978. *Nach wie vor die ausführlichste Gesamtinterpretation von Forsters ‚Ansichten'. Neuere Forschungsergebnisse werden laufend in den ‚Georg-Forster-Studien' (Bd. 1. 1997 ff. http://www.georg-forster.uni-kassel.de) publiziert.*

Schmidt, Thomas (Hg.): Rilke und Russland. Ausstellung im Deutschen Literaturarchiv Marbach a. N., 3. Mai bis 6. Aug. 2017. Marbach a. N. 2017. *Umfassende Ausstellung zu Rainer Maria Rilkes und Lou Andreas-Salomés Russlandreisen mit zahlreichen Quellenzeugnissen und Abbildungen.*

Bibliografie

1. Bibliografien und Forschungsberichte

Bibliografien

Chatzipanagioti-Sangmeister, Julia: Griechenland, Zypern, Balkan und Levante. Eine kommentierte Bibliographie der Reiseliteratur des 18. Jahrhunderts. 2 Bde. Eutin 2006.

Cox, Edward Godfrey: A Reference Guide to the Literature of Travel. Including Voyages, Geographical Descriptions, Adventures, Shipwrecks and Expeditions. Vol. 1: The Old World. Vol. 2: The New World. Vol. 3: Great Britain. Seattle (Wash.) 1935, 1938, 1949.

Griep, Wolfgang/Pelz, Annegret: Frauen reisen. Ein bibliographisches Verzeichnis deutschsprachiger Frauenreisen 1700 bis 1810. Bremen 1995.

Kürbis, Holger: ‚Spanien ist noch nicht erobert!' Bibliographie der deutschsprachigen Memoiren, Tagebücher, Reiseberichte, zeitgeschichtlichen Abhandlungen und landeskundlichen Schriften über die Iberische Halbinsel im 19. Jahrhundert. Augsburg 2006.

Metzger, Wolfgang: Bibliographie deutschsprachiger Sowjetunion-Reiseberichte, -Reportagen und -Bildbände 1917–1990. Wiesbaden 1991.

Nitsche, Peter (Hg.): Die Osteuropa-Bestände der Eutiner Landesbibliothek. Heide i. H. 1989.

Paravicini, Werner (Hg.): Europäische Reiseberichte des späten Mittelalters. Eine analytische Bibliographie. Teil 1: Deutsche Reiseberichte. Bearb. von Christian Halm. Teil 2: Französische Reiseberichte. Bearb. von Jörg Wettlaufer. Teil 3: Niederländische Reiseberichte. Bearb. von Jan Hirschbiegel. Frankfurt a. M. u. a. 1994, 1999, 2000. (Teil 1: 2., durchges. und um einen Nachtrag erg. Aufl. 2003).

Ruppert, Andreas (Bearb.): Bibliographie der historischen und Reiseliteratur zur Iberischen Halbinsel. Ein annotiertes Inventar der Fürstlichen Bibliothek Corvey. Paderborn 1994.

Stagl, Justin/Orda, Klaus/Kämpfer, Christel: Apodemiken. Eine räsonnierte Bibliographie der reisetheoretischen Literatur des 16., 17. und 18. Jahrhunderts. Paderborn u. a. 1983.

VD 16. Verzeichnis der im deutschen Sprachbereich erschienenen Drucke des 16. Jahrhunderts. Trägerbibliothek: Bayerische Staatsbibliothek München. Web-Adresse: www.vd16.de (15.2.2017).

VD 17. Verzeichnis der im deutschen Sprachraum erschienenen Drucke des 17. Jahrhunderts. Trägerbibliotheken: Staatsbibliothek zu Berlin – Preußischer Kulturbesitz, Bayerische Staatsbibliothek München, Herzog August Bibliothek Wolfenbüttel. Web-Adresse: www.vd17.de (15.2.2017).

VD 18. Verzeichnis der im deutschen Sprachraum erschienenen Drucke des 18. Jahrhunderts. Trägereinrichtung: Verbundzentrale des Gemeinsamen Bibliotheksverbundes in Göttingen. Web-Adresse: https://gso.gbv.de/DB=1.65/ (15.2.2017).

Wäber, Adolf (Bearb.): Landes- und Reisebeschreibungen. Ein Beitrag zur Bibliographie der schweizerischen Reiselitteratur 1479–1900. 2 Bde. Bern 1899–1909.

Tresoldi, Lucia: Viaggiatori tedeschi in Italia 1452–1870. Saggio bibliografico. 2 Bde. Rom 1975–1977.

Forschungsberichte

Brenner, Peter J.: Der Reisebericht in der deutschen Literatur. Ein Forschungsüberblick als Vorstudie zu einer Gattungsgeschichte. Tübingen 1990. 2. Aufl. 1992.

Klein, Ulrich: Reiseliteraturforschung im deutschsprachigen Raum, in: Euphorion. Zeitschrift für Literaturgeschichte 87 (1993), 286–319.

Maurer, Michael: Reisen interdisziplinär. Ein Forschungsbericht in kulturgeschichtlicher Perspektive, in: ders. (Hg.): Neue Impulse der Reiseforschung. Berlin 1999, 287–410.

Siebers, Winfried: Zehn Jahre Reiseforschung in Eutin, in: Zeitschrift für Religions- und Geistesgeschichte 54 (2002), 366–370.

2. Literatur zu Kapitel I bis IV

Texte und Quellen

Andersch, Alfred: Der Radio-Essay, in: Der Funkkurier. Informationen des SDR für Presse, Kritiker und Rundfunkfreunde 32 (9.7.1955).

Benjamin, Walter: Denkbilder, in: ders.: Gesammelte Schriften. Bd. 4/1. Hg. von Tillman Rexroth. Frankfurt a. M. 1972, 307–436.

Benjamin, Walter: Aufzeichnungen 1906–1932, in: ders.: Gesammelte Schriften. Bd. 6. Hg. von Rolf Tiedemann und Hermann Schweppenhäuser. Frankfurt a. M. 1985, 229–463.

Bessing, Joachim: Vorwort, in: Christian Kracht: Der gelbe Bleistift. Köln 2000, 13–19.

Bierbaum, Otto Julius: Eine empfindsame Reise im Automobil. Von Berlin nach Sorrent und zurück an den Rhein in Briefen an Freunde geschildert. Berlin 1903.

Birken, Sigmund von: Hochfürstlicher Brandenburgischer Ulysses oder Verlauf der Länderreise [...] durch Teutschland, Frankreich, Italien [...]. Bayreuth 1668.

Boehncke, Heiner/Zimmermann, Harro (Hg.): Reiseziel Revolution. Berichte deutscher Reisender aus Paris 1789-1805. Reinbek bei Hamburg 1988.

Forster, Georg: Reise um die Welt. Hg. von Gerhard Steiner. Frankfurt a. M. 1967.

Fühmann, Franz: Zweiundzwanzig Tage oder Die Hälfte des Lebens. Rostock 1973.

Goethe, Johann Wolfgang: Italienische Reise, in: Goethes Werke. Hamburger Ausgabe in 14 Bänden. Hg. von Erich Trunz. Bd. 11. 13. Aufl. München 1994, 7–349.

Hesse, Hermann: Die Kunst des Müßiggangs. Frankfurt a. M. 1973.

Jahn, Friedrich Ludwig: Deutsches Volksthum. Vaterländische Wanderungen. Lübeck 1810.

Koeppen, Wolfgang: Nach Russland und anderswohin (1958), in: ders.: Gesammelte Werke in sechs Bänden. Hg. von Marcel Reich-Ranicki u. a. Bd. 4: Berichte und Skizzen I. Frankfurt a. M. 1990, 7–275.

Kracht, Christian/Nickel, Eckhart: Ferien für immer. Die angenehmsten Orte der Welt. Köln 1998.

Lubrich, Oliver (Hg.): Reisen ins Reich. 1933–1945. Ausländische Autoren berichten aus Deutschland. München 2004.

Rebmann, Georg Friedrich: Kosmopolitische Wanderungen durch einen Teil Deutschlands. Hg. und eingel. von Hedwig Voegt. Frankfurt a. M. 1968

Reichert, Folker (Hg.): Quellen zur Geschichte des Reisens im Spätmittelalter. Darmstadt 2009.

Roth, Joseph: Reisen in die Ukraine und nach Russland. Hg. und mit einem Nachwort von Jan Bürger. München 2015.

Thoreau, Henry David: Vom Spazieren. Ein Essay. Aus dem Amerikanischen von Dirk van Gunsteren. Zürich 2004.

Forschungsliteratur

Albertsen, Leif Ludwig: Reisen in das Uninteressante (Dänemark), in: Griep/Jäger 1986, 111–124.

Albrecht, Wolfgang/Kertscher, Hans-Joachim (Hg.): Wanderzwang – Wanderlust. Formen der Raum- und Sozialerfahrung zwischen Aufklärung und Frühindustrialisierung. Tübingen 1999.

Althaus, Hans-Joachim: Bürgerliche Wanderlust. Anmerkungen zur Entstehung eines Kultur- und Bewegungsmusters, in: Albrecht/Kertscher 1999, 25–43.

Arnold, Hermann (Hg.): Orte der Sehnsucht. Mit Künstlern auf Reisen. Katalog der Ausstellung im LWL-Landesmuseum für Kunst und Kulturgeschichte, Münster vom 28. Sept. 2008 bis 11. Jan 2009. Regensburg 2008.

Asche, Matthias: ‚Peregrinatio academica' in Europa im Konfessionellen Zeitalter. Bestandsaufnahme eines unübersichtlichen Forschungsfeldes und der Versuch einer Interpretation unter migrationsgeschichtlichen Aspekten, in: Jahrbuch für europäische Geschichte 6 (2005), 3–33.

Babenko, Natalija: Reisebeschreibungen in der Textsortenklassifikation, in: Franz Simmler (Hg.): Textsorten und Textsortentraditionen. Bern u. a. 1997, 205–213.

Bachmann-Medick, Doris (Hg.): Kultur als Text. Die anthropologische Wende in der Literaturwissenschaft. 2., aktual. Aufl. Tübingen/Basel 2004.

Bartels, Ulrich (Hg.): Der Musiker und seine Reisen. Hildesheim 2011.

Barth, Volker: Inkognito. Geschichte eines Zeremoniells. München 2013.

Bauerkämper, Arnd/Bödeker, Hans Erich/Struck, Wolfgang (Hg.): Die Welt erfahren. Reisen als kulturelle Begegnung von 1780 bis heute. Frankfurt a. M./New York 2004.

Baum, Constanze: Ruinenlandschaften. Spielräume der Einbildungskraft in Reiseliteratur und bildkünstlerischen Werken über Italien im 18. und frühen 19. Jahrhundert. Heidelberg 2013.

Bausinger, Hermann/Beyrer, Klaus/Korff, Gottfried (Hg.): Reisekultur. Von der Pilgerfahrt zum modernen Tourismus. München 1991. 2. Aufl. 1999.

Bechtle, Richard: Wege nach Hellas. Studien zum Griechenlandbild deutscher Reisender. Eßlingen 1959.

Bepler, Jill: Ferdinand Albrecht, Duke of Braunschweig-Lüneburg (1636–1687). A Traveller and his Travelogue. Wiesbaden 1988.

Berg, Eberhard: „Wie ich in der tyrannischen Völcker Gewalt kommen bin". Hans Stadens Reisen in die Neue Welt, in: Brenner 1989, 178–196.

Bernstorff, Wiebke von: Reisen ins jugoslawische Kriegsgebiet: Peter Handke, Juli Zeh und Saša Stanišić, in: Burkhard Moennighoff/Toni Tholen/Wiebke von Bernstorff (Hg.): Literatur und Reisen. Hildesheim 2013, 194–227.

Betschart, Andres: Zwischen zwei Welten. Illustrationen in Berichten westeuropäischer Jerusalemreisender des 15. und 16. Jahrhunderts. Würzburg 1996.

Beyrer, Klaus: Die Postkutschenreise. Tübingen 1985.

Bhabha, Homi: The location of culture. London/New York 1994. Dt. Übers.: Die Verortung der Kultur. Tübingen 2000.

Bientjes, Julia: Holland und die Holländer im Urteil deutscher Reisender 1400-1800. Groningen 1967.

Biernat, Ulla: „Ich bin nicht der erste Fremde hier". Zur deutschsprachigen Reiseliteratur nach 1945. Würzburg 2004.

Bitterli, Urs: Die „Wilden" und die „Zivilisierten". Grundzüge einer Geistes- und Kulturgeschichte der europäisch-überseeischen Begegnung. München 1976. 3. Aufl. 2004.

Bitterli, Urs: Alte Welt – Neue Welt. Formen des europäisch-überseeischen Kulturkontakts vom 15. bis zum 18. Jahrhundert. München 1986.

Blanke, Horst Walter: Politische Herrschaft und soziale Ungleichheit im Spiegel des Anderen. Untersuchungen zu den deutschsprachigen Reisebeschreibungen vornehmlich im Zeitalter der Aufklärung. 2 Bde. Waltrop 1997.

Blaschke, Bernd/Dunker, Axel/Hofmann, Michael (Hg.): Reiseliteratur der DDR. Bestandsaufnahme und Modellanalysen. Paderborn 2016.

Blumenberg, Hans: Lebenszeit und Weltzeit. Frankfurt a. M. 1986.

Bode, Christoph: Beyond / around / into one's own: Reiseliteratur als Paradigma von Welt-Erfahrung, in: Poetica 26 (1994), 70–87.

Bönisch-Brednich, Brigitte: Reiseberichte. Zum Arbeiten mit publizierten historischen Quellen des 18. und 19. Jahrhunderts, in: Silke Göttsch/Albrecht Lehmann (Hg.): Methoden der Volkskunde. Personen, Quellen und Arbeitsweisen der Europäischen Ethnologie. 2., überarb. und erw. Aufl. Berlin 2007, 125–140.

Boerner, Peter: Die großen Reisesammlungen des 18. Jahrhunderts, in: Mączak/Teuteberg 1982, 65–72.

Bourry, Thomas: Medien auf Reisen. Medieninformationen für das Reisen mit Eisenbahn, Schiff und Flugzeug. Diss. Köln 2008.

Bracher, Philip/Hertweck, Florian/Schröder, Stefan (Hg.): Materialität auf Reisen. Zur kulturellen Transformation der Dinge. Münster 2006.

Brenner, Peter J.: Reisen in die Neue Welt. Die Erfahrung Nordamerikas in deutschen Reise- und Auswandererberichten des 19. Jahrhunderts. Tübingen 1991.

Brenner, Peter J.: Schwierige Reisen. Wandlungen des Reiseberichts 1918–1945, in: Brenner 1997, 127–176.

Brenner, Peter J.: Fußwanderungen durch Deutschland. Die Wiederentdeckung einer Reiseform um die Jahrtausendwende, in: Brückner u. a. 2014, 102–131.

Brenner, Peter J.: Reisen, in: Heinz Thoma (Hg.): Handbuch Europäische Aufklärung. Begriffe – Konzepte – Wirkung. Stuttgart/Weimar 2015, 429–438.

Brenner, Peter J. (Hg.): Der Reisebericht. Die Entwicklung einer Gattung in der deutschen Literatur. Frankfurt a. M. 1989.

Brenner, Peter J. (Hg.): Reisekultur in Deutschland. Von der Weimarer Republik zum ‚Dritten Reich'. Tübingen 1997.

Brilli, Attilo: Als Reisen eine Kunst war. Vom Beginn des modernen Tourismus: die ‚Grand Tour'. Berlin 1997.

Bröer, Ralf: Grenzüberschreitender wissenschaftlicher Diskurs im Europa der Frühen Neuzeit. Der gelehrte Brief im 17. Jahrhundert, in: Wolfgang U. Eckart/Robert Jütte (Hg.): Das europäische Gesundheitssystem. Gemeinsamkeiten und Unterschiede in historischer Perspektive. Stuttgart 1994, 107–121.

Bronisch, Johannes: Konfession und Grand Tour in der Zeit der Aufklärung. Die Reise des Erbprinzen Friedrich von Sachsen-Gotha-Altenburg nach Genf und Paris (1744–1750), in: Historisches Jahrbuch 127 (2008), 143–174.

Brückner, Leslie/Meid, Christopher/Rühling, Christine (Hg.): Literarische Deutschlandreisen nach 1989. Berlin/Boston 2014.

Bucher, Gudrun: „Von Beschreibung der Sitten und Gebräuche der Völcker". Die Instruktionen Gerhard Friedrich Müllers und ihre Bedeutung für die Geschichte der Ethnologie und der Geschichtswissenschaft. Stuttgart 2002.

Chales de Beaulieu, Anja: Deutsche Reisende in den Niederlanden. Das Bild eines Nachbarn zwischen 1648 und 1795. Frankfurt a. M. 2000.

Czarnecka, Mirosława/Ebert, Christa/Szewczyk, Grażyna Barbara (Hg.): Der weibliche Blick auf den Orient. Reisebeschreibungen europäischer Frauen im Vergleich. Bern u. a. 2011.

Darby, David: Theodor Fontane und die Vernetzung der Welt: Die Mark Brandenburg zwischen Vormoderne und Moderne, in: Roland Berbig/Dirk Göttsche (Hg.): Metropole, Provinz und Welt. Raum und Mobilität in der Literatur des Realismus. Berlin/Boston 2013, 145–162.

Ecker, Gisela/Röhl, Susanne (Hg.): In Spuren reisen. Vor-Bilder und Vor-Schriften in der Reiseliteratur. Berlin/Münster 2006.

Enzensberger, Hans Magnus: Vergebliche Brandung der Ferne. Eine Theorie des Tourismus, in: Merkur. Deutsche Zeitschrift für europäisches Denken 12/8, Nr. 126 (1958), 701–720.

Ertzdorff, Xenja von (Hg.): Beschreibung der Welt. Zur Poetik der Reise- und Länderberichte. Amsterdam/Atlanta 2000.

Ertzdorff, Xenja von/Giesemann, Gerhard (Hg.): Erkundung und Beschreibung der Welt. Zur Poetik der Reise- und Länderberichte. Amsterdam/New York 2003.

Ertzdorff, Xenja von/Neukirch, Dieter (Hg.): Reisen und Reiseliteratur im Mittelalter und in der Frühen Neuzeit. Amsterdam/Atlanta 1992.

Esch, Arnold: Anschauung und Begriff. Die Bewältigung fremder Wirklichkeit durch den Vergleich in Reiseberichten des späten Mittelalters, in: ders.: Zeitalter und Menschenalter. Der Historiker und die Erfahrung vergangener Gegenwart. München 1994, 70–92.

Ette, Ottmar: ZwischenWeltenSchreiben. Literaturen ohne festen Wohnsitz. Berlin 2005.

Fabian, Johannes: Im Tropenfieber. Wissenschaft und Wahn in der Erforschung Zentralafrikas. München 2001.

Faes, Urs: Heidentum und Aberglaube der Schwarzafrikaner in der Beurteilung deutscher Reisender des 17. Jahrhunderts. Diss. Zürich 1981.

Fähnders, Walter: ‚Es geschah in Moskau' von Arthur Holitscher, in: Fähnders u.a. 2006, 85–106.

Fähnders, Walter/Klein, Wolfgang/Plath, Nils (Hg.): Europa. Stadt. Reisende. Blicke auf Reisetexte 1918–1945. Bielefeld 2006.

Fendri, Mounir: Emanzipation, Zivilisation, Kolonisation. Die Eroberung Algeriens im Urteil der Vormärz-Intelligenz am Beispiel Heinrich Laubes, in: Anil Bhatti/Horst Turk (Hg.): Reisen, Entdecken, Utopien. Untersuchungen zum Alteritätsdiskurs im Kontext von Kolonialismus und Kulturkritik. Bern 1998, 41–53.

Fiedler, Matthias: Zwischen Abenteuer, Wissenschaft und Kolonialismus. Der deutsche Afrikadiskurs im 18. und 19. Jahrhundert. Köln/Weimar/Wien 2005.

Filk, Christian: Feature, in: Ralf Schnell (Hg.): Metzler Lexikon Kultur der Gegenwart. Themen und Theorien, Formen und Institutionen seit 1945. Stuttgart/Weimar 2000, 145–146.

Fisch, Stefan: Forschungsreisen im 19. Jahrhundert, in: Brenner 1989, 383–405.

Fischer, Tilman: Reiseziel England. Ein Beitrag zur Poetik der Reisebeschreibung und zur Topik der Moderne (1830–1870). Berlin 2004.

Fischer, Tilman/Fitzon, Thorsten: Von Bemerkungen und Nachrichten zu Skizzen und Cartons. Ein Titelvergleich deutschsprachiger Reiseberichte aus England und Italien 1770–1870, in: Internationales Archiv für Sozialgeschichte der deutschen Literatur 28/2 (2003), 75–115.

Fitzon, Thorsten: Reisen in das befremdliche Pompeji. Antiklassizistische Antikenwahrnehmung deutscher Italienreisender 1750–1870. Berlin/New York 2004.

Frank, Michael C.: Kulturelle Einflussangst. Inszenierungen der Grenze in der Reiseliteratur des 19. Jahrhunderts. Bielefeld 2006.

Freller, Thomas: Die Kavalierstour als Weichenstellung für eine militärische Karriere. Ahasverus von Lehndorff, Georg Friedrich zu Eulenburg und ihre zehnjährige ‚Tour d'Europe', in: Militärgeschichtliche Zeitschrift 66/2 (2007), 363–386.

Fuchs, Anne/Harden, Theo (Hg.): Reisen im Diskurs. Modelle der literarischen Fremderfahrung von den Pilgerberichten bis zur Postmoderne. Heidelberg 1995.

Gansel, Carsten/Kaulen, Heinrich (Hg.): Kriegsdiskurse in Literatur und Medien nach 1989. Göttingen 2011.

Garber, Jörn: Die ‚Bestimmung des Menschen' in der ethnologischen Kulturtheorie der deutschen und französischen Spätaufklärung, in: Aufklärung. Interdisziplinäres Jahrbuch zur Erforschung des 18. Jahrhunderts und seiner Wirkungsgeschichte 14 (2002), 161–204.

Gfrereis, Heike (Hg.): Reisen. Fotos von unterwegs. Ausstellung im Literaturmuseum der Moderne, Marbach am Neckar, 15. Mai bis 5. Okt. 2014. Marbach a.N. 2014.

Giebel, Marion: Reisen in der Antike. Düsseldorf 1999.

Golz, Jochen: Brief, in: Klaus Weimar (Hg.): Reallexikon der deutschen Literaturwissenschaft. Bd. 1. Berlin/New York 1997, 251–255.

Görbert, Johannes: Die Vertextung der Welt. Forschungsreisen als Literatur bei Georg Forster, Alexander von Humboldt und Adelbert von Chamisso. Berlin/Boston 2014.

Gradinari, Irina/Müller, Dorit/Pause, Johannes (Hg.): Versteckt – verirrt – verschollen. Reisen und Nicht-Wissen. Wiesbaden 2016.

Gräf, Holger Th./Pröve, Ralf: Wege ins Ungewisse. Reisen in der frühen Neuzeit 1500–1800. Frankfurt a.M. 1997. Taschenbuchausgabe: Wege ins Ungewisse. Eine Kulturgeschichte des Reisens 1500–1800. Frankfurt a.M. 2015.

Griep, Wolfgang: Reiseliteratur im späten 18. Jahrhundert, in: Rolf Grimminger (Hg.): Hansers Sozialgeschichte der deutschen Literatur. Bd. 3: Deutsche Aufklärung bis zur Französischen Revolution 1680–1789. München/Wien 1980, 739–764.

Griep, Wolfgang: Geographische Zeitschriften und Reisejournale, in: Ernst Fischer/Wilhelm Haefs/York-Gothart Mix (Hg.): Von Almanach bis Zeitung. Ein Handbuch der Medien in Deutschland 1700–1800. München 1999, 62–70.

Griep, Wolfgang: In das Land der Garamanten oder: Die Macht der Texte, in: Bracher u.a. 2006, 25–64.

Griep, Wolfgang (Hg.): Sehen und Beschreiben. Europäische Reisen im 18. und frühen 19. Jahrhundert. Heide i.H. 1991.

Griep, Wolfgang/Jäger, Hans-Wolf (Hg.): Reise und soziale Realität am Ende des 18. Jahrhunderts. Heidelberg 1983.

Griep, Wolfgang/Jäger, Hans-Wolf (Hg.): Reisen im 18. Jahrhundert. Neue Untersuchungen. Heidelberg 1986.

Grimm, Gunter E./Breymayer, Ursula/Erhart, Walter: „Ein Gefühl von freierem Leben". Deutsche Dichter in Italien. Stuttgart 1990.

Grosser, Thomas: Reiseziel Frankreich. Deutsche Reiseliteratur vom Barock bis zur Französischen Revolution. Opladen 1989.

Grosser, Thomas: Der mediengeschichtliche Funktionswandel der Reiseliteratur in den Berichten deutscher Reisender aus dem Frankreich des 18. Jahrhunderts, in: Jäger 1992, 275–310.

Günzel, Stefan (Hg.): Lexikon der Raumphilosophie. Darmstadt 2012.

Hachtmann, Rüdiger: Tourismus-Geschichte. Göttingen 2007.

Haas, Hannes: Die hohe Kunst der Reportage. Wechselbeziehungen zwischen Literatur, Journalismus und Sozialwissenschaften, in: Publizistik. Vierteljahreshefte für Kommunikationsforschung 32 (1987), 277–294.

Habinger, Gabriele: Frauen reisen in die Fremde. Diskurse und Repräsentationen von reisenden Europäerinnen im 19. und beginnenden 20. Jahrhundert. Wien 2006.

Harbsmeier, Michael: Reisebeschreibungen als mentalitätsgeschichtliche Quellen, in: Mączak/Teuteberg 1982, 1–31.

Harbsmeier, Michael: Wilde Völkerkunde. Andere Welten in deutschen Reiseberichten der Frühen Neuzeit. Frankfurt a. M./New York 1994.

Hartmann, Andreas: Reisen und Aufschreiben, in: Bausinger u. a. 1991, 152–158.

Hartmann, Regina: Deutsche Reisende in der Spätaufklärung unterwegs in Skandinavien. Die Verständigung über den ‚Norden' im Konstruktionsprozess ihrer Berichte. Frankfurt a. M. u. a. 2000.

Heinritz, Reinhard: ‚Andre fremde Welten'. Weltreisebeschreibungen im 18. und 19. Jahrhundert. Würzburg 1998.

Hentschel, Uwe: Vom gelehrten Bericht zur literarischen Beschreibung, in: ders.: Studien zur Reiseliteratur am Ausgang des 18. Jahrhunderts. Autoren – Formen – Ziele. Frankfurt a. M. u. a. 1999, 15–43.

Hentschel, Uwe: Mythos Schweiz. Zum deutschen literarischen Philhelvetismus zwischen 1700 und 1850. Tübingen 2002.

Hentschel, Uwe: Reisesammlungen, in: ders.: Wegmarken. Studien zur Reiseliteratur des 18. und 19. Jahrhunderts. Frankfurt a. M. 2010, 55–76.

Henze, Dietmar: Enzyklopädie der Entdecker und Erforscher der Erde. 5 Bde. Graz 1978–2004. Neuausgabe in 6 Bdn. Darmstadt 2011.

Heukenkamp, Ursula: Ein Kontrahent des Hoffens. Franz Fühmann und seine Kriegserzählungen, in: Zeitschrift für Germanistik 13 (2003), 101–112.

Hoffmann, Freia (Hg.): Reiseberichte von Musikerinnen des 19. Jahrhunderts. Quellentexte, Biographien und Kommentare. Hildesheim 2011.

Holdenried, Michaela/Honold, Alexander/Hermes, Stefan (Hg.): Reiseliteratur der Moderne und Postmoderne. Berlin 2017.

Holert, Tom/Terkessidis, Mark: Fliehkraft. Gesellschaft in Bewegung – von Migranten und Touristen. Köln 2006.

Honold, Alexander: Das Weite suchen. Abenteuerliche Reisen im postmodernen Roman, in: Henk Habers (Hg.): Postmoderne Literatur in deutscher Sprache. Eine Ästhetik des Widerstands? Amsterdam/Atlanta 2000, 371–396.

Honold, Alexander/Scherpe, Klaus R. (Hg.): Das Fremde. Reiseerfahrungen, Schreibformen und kulturelles Wissen. Bern u. a. 2000. 2., überarb. Aufl. 2003.

Honold, Alexander/Scherpe, Klaus R. (Hg.): Mit Deutschland um die Welt. Eine Kulturgeschichte des Fremden in der Kolonialzeit. Stuttgart/Weimar 2004.

Hoppe, Günther: Das Italien-Erlebnis Ludwigs von Anhalt und seine Widerspiegelungen. Köthen 1986.

Imorde, Joseph: Zur Konstitution kultureller Überlegenheit. Das negative Italienurteil deutscher Reisender im 19. Jahrhundert, in: ders./Erik Wegerhoff (Hg.): Dreckige Laken. Die Kehrseite der ‚Grand Tour'. Berlin 2012, 152–161.

Jäger, Hans-Wolf: Missionsreise eines Nationalsozialisten. Hanns Johst 1935, in: Fuchs/Harden 1995, 542–551.

Jäger, Hans-Wolf (Hg.): Europäisches Reisen im Zeitalter der Aufklärung. Heidelberg 1992.

Jakobi, Carsten: Reportage, in: Dieter Lamping (Hg.): Handbuch der literarischen Gattungen. Stuttgart 2009, 601–605.

Jonkanski, Dirk: Heinrich Schickhardts Italienreisen, in: Robert Kretzschmar (Hg.): Neue Forschungen zu Heinrich Schickhardt. Stuttgart 2002, 79–110.

Kaiser, Friedhelm Berthold/Stasiewski, Bernhard (Hg.): Reiseberichte von Deutschen über Rußland und von Russen über Deutschland. Köln/Wien 1980.

Kamath, Rekha: Indien mit der Seele suchend. Deutsche Indienreisende der frühen Moderne, in: Honold/Scherpe 2000, 267–284.

Keitz, Christine: Reisen als Leitbild. Die Entstehung des modernen Massentourismus in Deutschland. München 1997.

Keller, Andreas: Spaziergang und Lektüre. Analogien zwischen fiktionaler Bewegung und faktischem Rezeptionsverhalten als hermeneutische Hilfestellung für Textkonzeptionen des 17. Jahrhunderts, in: Hartmut Laufhütte (Hg.): Künste und Natur in Diskursen der Frühen Neuzeit. Teil 2. Wiesbaden 2000, 951–967.

Keller, Andreas: Frühe Neuzeit. Das rhetorische Zeitalter. Berlin 2008.

Keller, Claudia: ‚Zeitungen, Komödienzettel, Preiskurrente'. Fremde Dinge in Goethes Akten der Reise in die Schweiz 1797, in: Birgit Neumann (Hg.): Präsenz und Evidenz fremder Dinge im Europa des 18. Jahrhunderts. Göttingen 2015, 97–115.

Kinzel, Till: Rez. zu Heike Gfrereis (Hg.): Reisen. Fotos von unterwegs. Marbach a. N. 2014, in: Informationsmittel IFB. Digitales Rezensionsorgan für Bibliothek und Wissenschaft 14-2, Nr. 3630 (2014). Web-Adresse: http://ifb.bsz-bw.de/bsz405416512rez-1.pdf (15.2.2017).

Kittelmann, Jana: Von der Reisenotiz zum Buch. Zur Literarisierung und Publikation privater Reisebriefe Hermann von Pückler-Muskaus und Fanny Lewalds. Mit unveröffentlichten Nachlassdokumenten. Dresden 2010.

Kormann, Eva: Tagebuch/Weblog, in: Natalie Binczek/Till Dembeck/Jörgen Schäfer (Hg.): Handbuch Medien der Literatur. Berlin/Boston 2013, 435–438.

Krätz, Otto: Alexander von Humboldt. Wissenschaftler – Weltbürger – Revolutionär. München 1997.

Krasnobaev, Boris I./Robel, Gert/Zeman, Herbert (Hg.): Reisen und Reisebeschreibungen im 18. und 19. Jahrhundert als Quellen der Kulturbeziehungsforschung. Berlin 1980.

Kutter, Uli: Reisen – Reisehandbücher – Wissenschaft. Materialien zur Reisekultur im 18. Jahrhundert. Mit einer unveröffentlichten Vorlesungsmitschrift des Reisekollegs von A. L. Schlözer vom WS 1792/93 im Anhang. Neuried 1996.

Lauer, Gerhard: Reisen zum Ich in Gesellschaft. Zur allmählichen Verbürgerlichung der Gattung Reiseliteratur im 19. Jahrhundert, in: Jahrbuch Musik und Gender 4 (2011), 21–31.

Leibetseder, Mathis: Die Kavalierstour. Adlige Erziehungsreisen im 17. und 18. Jahrhundert. Köln/Weimar/Wien 2004.

Leibetseder, Mathis: Kavalierstour – Bildungsreise – Grand Tour: Reisen, Bildung und Wissenserwerb in der Frühen Neuzeit, in: Europäische Geschichte Online (EGO), hg. vom Leibniz-Institut für Europäische Geschichte (IEG), Mainz 2013-08-14. Web-Adresse: http://www.ieg-ego.eu/leibsederm-2013-de (15.2.2017).

Levi-Strauss, Claude: Tristes tropiques. Paris 1955. Dt. Übers.: Traurige Tropen. Köln 1960.

Luber, Susanne: Die Eutiner Forschungsstelle zur historischen Reisekultur, in: Mitteilungen der Residenzen-Kommission der Akademie der Wissenschaften zu Göttingen. Neue Folge: Stadt und Hof 3 (2014), 63–71. Web-Adresse: http://hdl.handle.net/11858/00-001S-0000-0023-9A0C-B (15.2.2017).

Ludwig, Walther: Die Bildungsreise in der lateinischen Reiseliteratur, in: Gerlinde Huber-Rebenich/Walther Ludwig (Hg.): Frühneuzeitliche Bildungsreisen im Spiegel lateinischer Texte. Weimar/Jena 2007, 13–41.

Mączak, Antoni/Teuteberg, Hans Jürgen (Hg.): Reiseberichte als Quellen europäischer Kulturgeschichte. Aufgaben und Möglichkeiten der historischen Reiseforschung. Wolfenbüttel 1982.

Mahling, Christoph-Hellmut (Hg.): Musiker auf Reisen. Beiträge zum Kulturtransfer im 18. und 19. Jahrhundert. Augsburg 2011.

Maier, Anja K./Wolf, Burkhardt (Hg): Wege des Kybernetes. Schreibpraktiken und Steuerungsmodelle von Politik, Reise, Migration. Münster 2004.

Maurer, Michael: Aufklärung und Anglophilie in Deutschland. Göttingen/Zürich 1987.

Maurer, Michael: Kulturmuster Bildungsreise, in: Daniel Fulda (Hg.): Kulturmuster der Aufklärung. Halle (Saale) 2010, 81–99.

Maurer, Michael: Poetik des Tagebuchs, in: Astrid Arndt/Christoph Deupmann/Lars Korten (Hg.): Logik der Prosa. Zur Poetizität ungebundener Rede. Göttingen 2012, 73–89.

Maurer, Michael: Protestanten auf der Grand Tour in Italien, in: Uwe Israel/Michael Mattheus (Hg.): Protestanten zwischen Venedig und Rom. Berlin 2013, 251–268.

Maurer, Michael: Reiseberichte als Wissensspeicher, in: Frank Grunert/Anette Syndikus (Hg.): Wissensspeicher der Frühen Neuzeit. Formen und Funktionen. Berlin/New York 2015, 391–411.

Maurer, Michael (Hg.): Neue Impulse der Reiseforschung. Berlin 1999.

Meid, Christopher: Griechenland-Imaginationen. Reiseberichte im 20. Jahrhundert von Gerhart Hauptmann bis Wolfgang Koeppen. Berlin/Boston 2012.

Mesenhöller, Peter: „Auf, ihr Brüder, lasst uns reisen fröhlich nach Amerika'. Reisebericht und Reiseliteratur im Kontext der deutschen Amerikaauswanderung des frühen 19. Jahrhunderts, in: Brenner 1989, 363–382.

Meyer, Christian (Hg.): Le musicien et ses voyages: pratiques, réseaux et représentations. Berlin 2003.

Müller, Susanne. Die Welt des Baedeker. Eine Medienkulturgeschichte des Reiseführers 1830–1945. Frankfurt a. M./New York 2012.

Murath, Clemens: Intertextualität und Selbstbezug – Literarische Fremderfahrung im Lichte der konstruktivistischen Systemtheorie, in: Fuchs/Harden 1995, 3–18.

Nebgen, Christoph: Konfessionelle Differenzerfahrungen. Reiseberichte vom Rhein (1648–1815). München 2014.

Neuber, Wolfgang: Zur Gattungspoetik des Reiseberichts, in: Brenner 1989, 50–67.

Neuber, Wolfgang: Fremde Welt im europäischen Horizont. Zur Topik der deutschen Amerika-Reiseberichte der Frühen Neuzeit. Berlin 1991.

Neuber, Wolfgang: Der Reisebericht, in: Alexander Schwarz/Franz Simmler/Claudia Wich-Reif (Hg.): Literarische und religiöse Textsorten und Textallianzen um 1500. Berlin 2009 (= Textsorten und Textallianzen um 1500. Handbuch, Teil 1), 209–220.

Nolde, Dorothea: Andächtiges Staunen – Ungläubige Verwunderung. Religiöse Differenzerfahrungen in französischen und deutschen Reiseberichten der Frühen Neuzeit, in: Francia 33 (2006), 13–35.

Ohler, Norbert: Reisen im Mittelalter. München 1986. 4., überarb. und erw. Aufl. Düsseldorf/Zürich 2004.

Ohnesorg, Stefanie: Mit Kompaß, Kutsche und Kamel. (Rück-) Einbindung der Frau in die Geschichte des Reisens und der Reiseliteratur. St. Ingbert 1996.

Osterhammel, Jürgen: Distanzerfahrung. Darstellungsweisen des Fremden im 18. Jahrhundert, in: Joachim König/Wolfgang Reinhard/Reinhard Wendt (Hg.): Der europäische Beobachter außereuropäischer Kulturen. Zur Problematik der Wirklichkeitswahrnehmung. Berlin 1989, 9–42.

O'Sullivan, Emer: Das ästhetische Potential nationaler Stereotypen in literarischen Texten. Auf der Grundlage einer Untersuchung des Englandbildes in der deutschsprachigen Kinder- und Jugendliteratur nach 1960. Tübingen 1989.

Pagenstecher, Cord: Der bundesdeutsche Tourismus. Ansätze zu einer Visual History: Urlaubsprospekte, Reiseführer, Fotoalben 1950–1990. Hamburg 2003. 2., korr. und aktual. Aufl. 2012.

Paravicini, Werner: Von der Heidenfahrt zur Kavalierstour. Über Motive und Formen adligen Reisens im späten Mittelalter, in: Horst Brunner/Norbert Richard Wolf (Hg.): Wissensliteratur im Mittelalter und in der Frühen Neuzeit. Bedingungen, Typen, Publikum, Sprache. Wiesbaden 1993, 91–130.

Paulus, Simon: Deutsche Architektenreisen. Zwischen Renaissance und Moderne. Petersberg 2011.

Pesek, Michael: Koloniale Herrschaft in Deutsch-Ostafrika. Expeditionen, Militär und Verwaltung seit 1880. Frankfurt a. M./New York 2005.

Pfister, Manfred: Intertextuelles Reisen, oder: Der Reisebericht als Intertext, in: Herbert Foltinek/Wolfgang Riehle/Waldemar Zacharasiewicz (Hg.): Tales and ‚their telling difference'. Zur Theorie und Geschichte der Narrativität. Festschrift zum 70. Geburtstag von Franz K. Stanzel. Heidelberg 1993, 109–132.

Piechotta, Hans Joachim (Hg.): Reise und Utopie. Zur Literatur der Spätaufklärung. Frankfurt a. M. 1976.

Pinheiro, Teresa/Ueckmann, Natascha (Hg.): Globalisierung avant la lettre. Reiseliteratur vom 16. bis zum 21. Jahrhundert. Münster 2005.

Poljakov, Romualda: ‚Mit aufrichtiger Feder meist gegenwärtig aufgezeichnet'. Rußlandberichte deutscher Reisender vom 16. bis zum 19. Jahrhundert. Frankfurt a. M. u. a. 1999.

Prein, Philipp: Bürgerliches Reisen im 19. Jahrhundert. Münster 2005.

Pretzel, Ulrike: Die Literaturform Reiseführer im 19. und 20. Jahrhundert. Untersuchungen am Beispiel des Rheins. Frankfurt a. M. u. a. 1995.

Prutz, Robert: Über Reisen und Reiseliteratur der Deutschen (1847), in: ders.: Schriften zur Literatur und Politik. Hg. von Bernd Hüppauf. Tübingen 1973, 34–47.

Quintern, Detlev: Der Orientenentwurf bei Marx und die Reise der Assassinen-Legende in das europäische Geschichtsdenken, in: Pinheiro/Ueckmann 2005, 179–198.

Rasmussen, Stig (Red.): Carsten Niebuhr und die Arabische Reise 1761-1767. Ausstellung der Königlichen Bibliothek Kopenhagen, Landesbibliothek Kiel, Nov. 1986 bis Feb. 1987. Katalog. Heide i. H. 1986.

Rees, Joachim: Die Fürstenreise als Transfersystem. Formen und Funktionen im Alten Reich, 1740–1800, in: Bauerkämper/Bödeker/Struck 2004, 191–218.

Rees, Joachim: Künstler auf Reisen. Von Albrecht Dürer bis Emil Nolde. Darmstadt 2010.

Rees, Joachim: Die verzeichnete Fremde. Formen und Funktionen des Zeichnens im Kontext europäischer Forschungsreisen 1770–1830. Paderborn 2012.

Rees, Joachim/Siebers, Winfried: Erfahrungsraum Europa. Reisen politischer Funktionsträger des Alten Reichs 1750–1800. Ein kommentiertes Verzeichnis handschriftlicher Quellen. Berlin 2005.

Rees, Joachim/Siebers, Winfried/Tilgner, Hilmar [2002a]: Reisen im Erfahrungsraum Europa. Forschungsperspektiven zur Reisetätigkeit politisch-sozialer Eliten des Alten Reichs (1750–1800), in: Das achtzehnte Jahrhundert 26/1 (2002), 35–62.

Rees, Joachim/Siebers, Winfried/Tilgner, Hilmar (Hg.) [2002b]: Europareisen politisch-sozialer Eliten im 18. Jahrhundert. Theoretische Neuorientierung, kommunikative Praxis, Kultur- und Wissenstransfer. Berlin 2002.

Rehberg, Karl Siegbert/Schmitz, Walter/Strohschneider, Peter (Hg.): Mobilität, Raum, Kultur. Erfahrungswandel vom Mittelalter bis zur Gegenwart. Dresden 2005.

Reichert, Folker: Erfahrung der Welt. Reisen und Kulturbegegnung im späten Mittelalter. Stuttgart 2001.

Reinecke, Rüdiger: Reisen in die Soziale Revolution – Reisen in den Spanischen Krieg (1931–1939) in Europa, in: Fähnders u. a. 2006, 151–172.

Riegg, Ernst: Chronik, in: Friedrich Jaeger (Hg.): Enzyklopädie der Neuzeit. Bd. 2. Stuttgart/Weimar 2005, 768–770.

Rinke, Stefan, u. a.: Entdeckungsreise, in: Friedrich Jaeger (Hg.): Enzyklopädie der Neuzeit. Bd. 3. Stuttgart/Weimar 2006, 328–336.

Robson-Scott, William: German Travellers in England 1400–1800. Oxford 1953.

Rotter, Gernot: Allahs Plagiator. Die publizistischen Raubzüge des ‚Nahostexperten' Gerhard Konzelmann. Heidelberg 1992.

Said, Edward: Orientalism. London 1978. Dt. Übers.: Frankfurt a. M. 1981.

Sauder, Gerhard: Sternes „Sentimental Journey" und die „empfindsamen Reisen" in Deutschland, in: Griep/Jäger 1983, 302–319.

Sauder, Gerhard: Formen gegenwärtiger Reiseliteratur, in: Fuchs/Harden 1995, 552–573.

Schaefers, Stephanie: Unterwegs in der eigenen Fremde. Deutschlandreisen in der deutschsprachigen Gegenwartsliteratur. Münster 2010.

Scheitler, Irmgard: Gattung und Geschlecht. Reisebeschreibungen deutscher Frauen 1750–1850. Tübingen 1999.

Scherpe, Klaus R.: Die Ordnung der Dinge als Exzess. Überlegungen zu einer Poetik der Beschreibung in ethnographischen Texten, in: Honold/Scherpe 2000, 13–44.

Schildknecht, Christiane: Reisen, in: Ralf Konersmann (Hg.): Wörterbuch der philosophischen Metaphern. 3., erw. Aufl. Darmstadt 2011, 305–314.

Schildt, Axel: Modernisierung im Wiederaufbau. Die westdeutsche Gesellschaft der fünfziger Jahre, in: Werner Faulstich (Hg.): Die Kultur der fünfziger Jahre. München 2002, 11–22.

Schivelbusch, Wolfgang: Geschichte der Eisenbahnreise. Zur Industrialisierung von Raum und Zeit im 19. Jahrhundert. München/Wien 1977. Neuausgabe: Frankfurt a. M. 6. Aufl. 2015.

Schmidt, Harald: Fremde Heimat. Die deutsche Provinzreise zwischen Spätaufklärung und nationaler Romantik und das Problem der kulturellen Variation: Friedrich Nicolai, Kaspar Riesbeck und Ernst Moritz Arndt, in: Helmut Berding (Hg.): Nationales Bewußtsein und kollektive Identität. Frankfurt a. M. 1994, 394–442.

Schönborn, Sibylle: Tagebuch, in: Jan-Dirk Müller (Hg.): Reallexikon der deutschen Literaturwissenschaft. Bd. 3. Berlin/New York 2003, 574–577.

Schudt, Ludwig: Italienreisen im 17. und 18. Jahrhundert. Wien/München 1959.

Schütz, Erhard: ‚... eine glückliche Zeitlosigkeit ...'. Zeitreise zu den ‚Straßen des Führers', in: Brenner 1997, 73–100.

Schwarze, Michael: Art. Imagologie, komparatistische, in: Ansgar Nünning (Hg.): Metzler-Lexikon Literatur- und Kulturtheorie. 5., aktual. und erw. Aufl. Stuttgart/Weimar 2013, 322–334.

Schwender, Clemens/Wölki, Kerstin: Krieg als Bildungsreise, in: Gradinari u. a. 2016, 389–410.

Siebers, Winfried: Beobachtung und Räsonnement. Typen, Beschreibungsformen und Öffentlichkeitsbezug der frühaufklärerischen Gelehrtenreise, in: Jäger 1992, 16–34.

Siebers, Winfried: Bildung auf Reisen. Bemerkungen zur Peregrinatio academica, Gelehrten- und Gebildetenreise, in: Maurer 1999, 177–188.

Siebers, Winfried: Darstellungsstrategien empirischen Wissens in der Apodemik und im Reisebericht des 18. Jahrhunderts, in: Zimmermann 2002, 29–49.

Siebers, Winfried: Technologietransfer durch Reisen politischer Funktionsträger im 18. Jahrhundert. Überlegungen zu einer interdisziplinären Forschungsaufgabe, in: Thomas Fuchs/Sven Trakulhun (Hg.): Das eine Europa und die Vielfalt der Kulturen. Kulturtransfer in Europa 1500–1850. Berlin 2003, 83–106.

Siebers, Winfried: Was vom Reisen übrig bleibt. Bemerkungen zu den Quellen und Sachzeugen adlig-fürstlichen Reisens im 18. Jahrhundert, in: Bracher u. a. 2006, 115–128.

Siebers, Winfried: Die Provinzreise als Entdeckungsfahrt – Johann Friedrich Zöllners Reiseberichte über Schlesien und Pommern, in: Ursula Goldenbaum/Alexander Košenina (Hg.): Berliner Aufklärung. Kulturwissenschaftliche Studien. Bd. 3. Hannover 2007, 199–236.

Siebers, Winfried: Johann Georg Keyßler und die Reisebeschreibung der Frühaufklärung. Würzburg 2009.

Sommerfeld, Martin: Die Reisebeschreibungen der deutschen Jerusalempilger im ausgehenden Mittelalter, in: Deutsche Vierteljahrsschrift für Literaturwissenschaft und Geistesgeschichte 2 (1924), 816–851.

Spode, Hasso: Geschichte des Tourismus, in: Heinz Hahn/H. Jürgen Kagelmann (Hg.): Tourismuspsychologie und Tourismussoziologie. Ein Handbuch zur Tourismuswissenschaft. München 1993, 3–9.

Spode, Hasso: Reisen und Tourismus. Stichpunkte zur Terminologie in Forschung und Statistik, in: Cestování včra a dnes = Tourism yesterday and today 4/2 (2007), 35–41.

Sprengel, Peter: „Hier die schönsten Bilder aus meinem Kodak". Der Rekurs auf die Photographie in Reisebeschreibungen des frühen 20. Jahrhunderts, in: Helmut Pfotenhauer/Wolfgang Riedel/Sabine Schneider (Hg.): Poetik der Evidenz. Die Herausforderung der Bilder in der Literatur um 1900. Würzburg 2005, 129–140.

Stagl, Justin: Die Apodemik oder „Reisekunst" als Methodik der Sozialforschung vom Humanismus bis zur Aufklärung, in: Mohammed Rassem/Justin Stagl (Hg.): Statistik und Staatsbeschreibung in der Neuzeit vornehmlich im 16.–18. Jahrhundert. Paderborn 1980, 131–202.

Stagl, Justin: Eine Geschichte der Neugier. Die Kunst des Reisens 1550–1800. Wien/Köln/Weimar 2002.

Stannek, Antje: Telemachs Brüder. Die höfische Bildungsreise des 17. Jahrhunderts. Frankfurt a. M./New York 2001.

Stewart, William E.: Die Reisebeschreibung und ihre Theorie im Deutschland des 18. Jahrhunderts. Bonn 1978.

Stierstorfer, Klaus (Hg.): Deutschlandbilder im Spiegel anderer Nationen. Literatur, Presse, Film, Funk, Fernsehen. Reinbek bei Hamburg 2003.

Stockhammer, Robert: Kartierung der Erde. Macht und Lust in Karten und Literatur. München 2007.

Struck, Bernhard: Nicht Ost – nicht West. Frankreich und Polen in der Wahrnehmung deutscher Reisender zwischen 1750 und 1850. Göttingen 2006.

Struck, Bernhard: Reise und Kulturtransfer. Möglichkeiten und Grenzen eines Forschungskonzeptes, in: Gesa Stedman/Margarete Zimmermann (Hg.): Höfe – Salons – Akademien. Kulturtransfer und Gender im Europa der Frühen Neuzeit. Hildesheim 2007, 213–240.

Taetz, Sascha: Richtung Mitternacht. Wahrnehmung und Darstellung Skandinaviens in Reiseberichten städtischer Bürger des 16. und 17. Jahrhunderts. Frankfurt a.M. u.a. 2004.

Ujma, Christina (Hg.): Wege in die Moderne. Reiseliteratur von Schriftstellerinnen und Schriftstellern des Vormärz. Bielefeld 2009 (= Forum Vormärz Forschung. Jahrbuch 14, 2008).

Unsicker, Karin: Weltliche Barockprosa in Schleswig-Holstein. Neumünster 1974.

Voltrová, Michaela: Terminologie, Methodologie und Perspektiven der komparatistischen Imagologie. Berlin 2015.

Voß, Andrea: Reisen erzählen. Erzählrhetorik, Intertextualität und Gebrauchsfunktionen des adligen Bildungsreiseberichts in der Frühen Neuzeit. Heidelberg 2016.

Walter, Karin: Die Ansichtskarte als Massenmedium, in: Kaspar Maase/Wolfgang Kaschuba (Hg.): Schund und Schönheit. Populäre Kultur um 1900. Köln/Wien 2001, 46–61.

Welsch; Wolfgang: Auf dem Weg zu transkulturellen Gesellschaften, in: Lars Allolio-Näcke/Britta Kaischeuer/Arne Manzeschke (Hg.): Differenzen anders denken. Bausteine zu einer Kulturtheorie der Transdifferenz. Frankfurt a.M. 2005, 314–341.

Wiedemann, Conrad (Hg.): Rom – Paris – London. Erfahrung und Selbsterfahrung deutscher Schriftsteller und Künstler in den fremden Metropolen. Ein Symposion. Stuttgart 1988.

Wiegand, Hermann: Hodoeporica. Studien zur neulateinischen Reisedichtung des deutschen Kulturraums im 16. Jahrhundert. Mit einer Bio-Bibliographie der Autoren und Drucke. Baden-Baden 1984.

Wild, Reiner: ‚Italienische Reise', in: Bernd Witte u.a. (Hg.): Goethe-Handbuch in vier Bänden. Bd. 3: Prosaschriften. Stuttgart/Weimar 1997, 331–369.

Witte, Arnd: Fremd- und Eigenerfahrung in Westafrika. Am Beispiel von Gertraud Heises ‚Reise in die schwarze Haut' und T. Coraghessan Boyles ‚Water Music', in: Fuchs/Harden 1995, 374–390.

Wöhler, Karlheinz: Imagekonstruktion fremder Räume, in: Voyage. Jahrbuch für Reise- und Tourismusforschung 2 (1998), 97–114.

Wolf, Gerhard: Fremde Welten – bekannte Bilder: Die Reiseberichte des 15./16. Jahrhunderts, in: Werner Röcke/Marina Münkler (Hg.): Hansers Sozialgeschichte der deutschen Literatur vom 16. Jahrhundert bis zur Gegenwart. Bd. 1: Die Literatur im Übergang vom Mittelalter zur Neuzeit. München/Wien 2004, 507–528.

Wolf, Gerhard: Deutschsprachige Reiseberichte des 14. und 15. Jahrhunderts. Formen und Funktionen einer hybriden Gattung, in: Wolfgang Achnitz (Hg.): Deutsches Literatur-Lexikon. Das Mittelalter. Bd. 3: Reiseberichte und Geschichtsdichtung. Berlin/Boston 2012, V–XXVIII.

Wuthenow, Ralph-Rainer: Die erfahrene Welt. Europäische Reiseliteratur im Zeitalter der Aufklärung. Frankfurt a.M. 1980.

Zeman, Mirna: Reise zu den „Illyriern". Kroatien-Stereotype in der deutschsprachigen Reiseliteratur und Statistik (1740–1809). München 2013.

Zima, Peter: Theorie des Subjekts. Subjektivität und Identität zwischen Moderne und Postmoderne. Stuttgart 2000.

Zimmermann, Christian von: Texttypologische Überlegungen zum frühneuzeitlichen Reisebericht. Annäherung an eine Gattung, in: Archiv für das Studium der neueren Sprachen und Literaturen 154/1 (2002), 1–20.

Zimmermann, Christian von: Ästhetische Meerfahrt. Anmerkungen zu Moderne und Biedermeier auf dem Weg zu Alfred Anderschs ‚Hohe Breitengrade' (1969), in: Zeitschrift für Germanistik. N. F. 23/3 (2013), 558–573.

Zimmermann, Christian von (Hg.): Wissenschaftliches Reisen – reisende Wissenschaftler. Studien zur Professionalisierung der Reiseformen zwischen 1650 und 1800. Heidelberg 2002 (= Cardanus. Jahrbuch für Wissenschaftsgeschichte 3).

3. Literatur zu Kapitel V (Einzelanalysen)

1. Olearius

Olearius, Adam: Vermehrte Newe Beschreibung der Muscowitischen vnd Persischen Reyse. [Nachdruck der Ausgabe] Schleswig 1656. Hg. von Dieter Lohmeier. Tübingen 1971.

Arend, Stefanie/Sittig, Claudius (Hg.): ‚Was ein Poëte kan!' Studien zum Werk von Paul Fleming (1609–1640). Berlin/Boston 2012.

Henze, Dietmar: Olearius, Adam, in: ders.: Enzyklopädie der Entdecker und Erforscher der Erde. Bd. 3. Graz 1993, 638–644.

Jacobsen, Roswitha: Gedichte und andere Textsorten in der Reisebeschreibung des Adam Olearius, in: Mari Tarvas (Hg.): Paul Fleming und das literarische Feld der Stadt Tallinn in der Frühen Neuzeit. Zum Sprach-, Literatur- und Kulturkontakt einer Region. Würzburg 2011, 75–104.

Liszkowski, Uwe: Adam Olearius' Beschreibung des Moskauer Reiches, in: Mechthild Keller (Hg.): Russen und Rußland aus deutscher Sicht. 9.–17. Jahrhundert. München 1985, 223–247 (mit Textauszügen, 247–263).

Zimmermann, Christian von: Seereisen und ihre Bewältigung (Olearius und Fleming), in: ders.: Ästhetische Meerfahrt. Erkundungen zur Beziehung von Literatur und Natur in der Neuzeit. Hildesheim/Zürich/New York 2015, 64–84.

2. Forster

Forster, Georg: Reise um die Welt, in: Forster: Werke in vier Bänden. Hg. von Gerhard Steiner. Bd. 1. Frankfurt a.M. 1967, 5–998.

Forster, Georg: Ansichten vom Niederrhein, von Brabant, Flandern, Holland, England und Frankreich, im April, Mai und Junius 1790, in: Forster: Werke in vier Bänden. Hg. von Gerhard Steiner. Bd. 2. Frankfurt a.M. 1969, 367–869.

Fischer, Tilman: Wie Reisebeschreibungen zu schreiben und zu lesen sind. Georg Forsters Gattungsreflexion in seinen Rezensionen und Vorreden, in: Deutsche Vierteljahrsschrift für Literaturwissenschaft und Geistesgeschichte 76/4 (2002), 577–607.

Goldstein, Jürgen: Georg Forster. Zwischen Freiheit und Naturgewalt. Berlin 2015.

Hentschel 1999 *siehe* Literatur zu Kapitel I bis IV.

Peitsch, Helmut: Georg Forsters ‚Ansichten vom Niederrhein'. Zum Problem des Übergangs vom bürgerlichen Humanismus zum revolutionären Demokratismus. Frankfurt a.M./Bern/Las Vegas 1978.

3. Heine

Heine, Heinrich: Reisebilder, in: ders.: Sämtliche Schriften in zwölf Bänden. Hg. von Klaus Briegleb. Bd. 3: Schriften 1822–1831. München 1976, 97–605.

Hermand, Jost: Der frühe Heine. Ein Kommentar zu den ‚Reisebildern'. München 1976.

Höhn, Gerhard: Heine-Handbuch. Zeit, Person, Werk. 3., überarb. und erw. Aufl. Stuttgart/Weimar 2004.

Klinkenberg, Ralf H.: Die ‚Reisebilder' Heinrich Heines. Vermittlung durch literarische Stilmittel. Frankfurt a.M. u.a. 1981.

4. Andreas-Salomé

Andreas-Salomé, Lou: Russland mit Rainer. Tagebuch der Reise mit Rainer Maria Rilke im Jahre 1900. Hg. von Stéphane Michaud. Marbach 1999 (Erstausgabe).

Andreas-Salomé, Lou: Lebensrückblick. Grundriß einiger Lebenserinnerungen. Aus dem Nachlass hg. von Ernst Pfeiffer. Zürich/Wiesbaden 1951.

Rilke, Rainer Maria: Briefe und Tagebücher aus der Frühzeit 1899-1902. Hg. von Ruth Sieber und Carl Sieber. Leipzig 1931.

Rilke, Rainer Maria: Von Kunst-Dingen. Kritische Schriften, dichterischer Bekenntnisse. Hg. von Horst Nalewski. Köln 1981.

Peters, Heinz Frederick: Lou. Das Leben der Lou Andreas-Salomé. München 1964.

Welsch, Ursula/Wiesner, Michaela: Lou Andreas-Salomé. Vom ‚Lebensurgrund' zur Psychoanalyse. München/Wien 1988.

5. Schwarzenbach

Schwarzenbach, Annemarie: Alle Wege sind offen. Die Reise nach Afghanistan 1939/40. Ausgewählte Texte. Basel 2003.

Maillart, Ella K.: Flüchtige Idylle. Zwei Frauen unterwegs nach Afghanistan. Überarb Neuausgabe. Aus dem Engl übers. von Carl Bach. Zürich 1988 (Erstdruck: The Cruel Way. London 1947).

Schwarzenbach, Alexis: Auf der Schwelle des Fremden. Das Leben der Annemarie Schwarzenbach. München 2008. Überarb. Ausgabe. München 2011.

Stempel, Barbara: Asien sichten. Reisefotografien von Annemarie Schwarzenbach und Walter Bosshard. Weimar 2009.

Wichor, Simone: Zwischen Literatur und Journalismus. Die Reportagen und Feuilletons von Annemarie Schwarzenbach. Bielefeld 2013.

6. Kermani

Kermani, Navid: Ausnahmezustand. Reisen in eine beunruhigte Welt. München 2013.

Kermani, Navid: Einbruch der Wirklichkeit. Auf dem Flüchtlingstreck durch Europa. München 2016.

Druxes, Helga/Machtans, Karolin/Mihailovic, Alexandar (Hg.): Navid Kermani. Oxford u.a. 2016.

Navid Kermani: Friedenspreis des deutschen Buchhandels 2015. Ansprachen aus Anlass der Verleihung. Börsenverein des Deutschen Buchhandels. Frankfurt a.M. 2015.

Sennett, Richard: Der flexible Mensch. Die Kultur des neuen Kapitalismus. München 2000.

Personenregister

In das Personenregister sind ausnahmslos die Namen der Autorinnen und Autoren von Reiseliteratur sowie von Reisezeichnern, -fotografen, -filmern und Expeditionsleitern aufgenommen.

Alberti, Georg Wilhelm 45
Altenberg, Peter 115
Altmann, Andreas 143
Anders, Günther 127
Andersch, Alfred 131–133
Andreas-Salomé, Lou 48, 158–160
Anna Amalia, Herzogin von Sachsen-Weimar-Eisenach 101, 106
Archenholtz, Johann Wilhelm 100
Arndt, Ernst Moritz 114
Arnold, Christoph 92
Assing, Ottilie Davida 112

Bachmann, Ingeborg 52
Baedeker, Karl 15, 18, 40, 108
Barell, Ida 45
Barents, Willem 22
Becker, Jurek 46, 47
Bednarz, Klaus 127
Behrens, Carl Friedrich 63, 64
Benjamin, Walter 44, 121, 122, 124, 162
Berenhorst, Georg Heinrich von 101
Bering, Vitus 52
Bessing, Joachim 145
Beutel, Willi Michael 127
Biallas, Hans 122
Bienek, Horst 128
Bierbaum, Otto Julius 53, 116, 117
Birken, Sigmund von 92
Blotius, Hugo 73
Boecler, Johann Heinrich 93
Böll, Heinrich 44, 110, 130
Börne, Ludwig 27, 45, 51, 108, 110, 156
Bonpland, Aimé 103
Bonsels, Waldemar 114
Born, Ignaz Edler von 46
Bougainville, Louis-Antoine de 103
Brand, Adam 94
Breidenbach, Bernhard von 54, 87
Brinkmann, Rolf Dieter 105, 135, 136
Büscher, Wolfgang 142, 144
Buhl, Hermann 128
Butzbach, Johannes 90
Byron, Robert 140

Campe, Joachim Heinrich 46, 104
Canetti, Elias 131, 134
Carossa, Hans 118
Celtis, Konrad 85
Chamisso, Adelbert von 111

Cook, James 14, 52, 97, 103, 153
Cook, Thomas 7

Dernschwam, Hans 89
Diderot, Denis 103
Dietrich von Schachten 82
Döblin, Alfred 119
Dominik, Hans (Offizier) 115
Domnick, Hans (Regisseur) 56
Drewitz, Ingeborg 139
Duden, Gottfried 109
Dürer, Albrecht 90

Egeria 7, 80
Eichendorff, Joseph Freiherr von 108
Einstein, Carl 124
Enzensberger, Hans Magnus 118, 140, 141
Erdmannsdorff, Friedrich Wilhelm von 101
Ertinger, Franz Ferdinand 90
Eulenburg, Casimir von 20
Ewers, Hanns Heinz 114

Federmann, Nikolaus 87
Felwinger, Johann Paul 93
Ferdinand Albrecht I., Herzog von Braunschweig-Lüneburg 93
Fest, Joachim 105, 136
Fichte, Hubert 52, 134, 135, 138
Fleming, Paul 75, 94, 151, 152
Fontane, Theodor 108, 113
Forster, Georg 14, 51, 64, 75, 102–104, 153–155
Forster, Johann Reinhold 14, 103
Fries, Fritz Rudolf 126
Fühmann, Franz 137

Gabriel, Alfons 19
Gama, Vasco da 14
Genazino, Wilhelm 46
Gerstäcker, Friedrich 109
Giordano, Ralph 142
Giovio, Paolo 43
Gmelin, Johann Georg 102
Göchhausen, Luise von 101
Goethe, Johann Wolfgang 19, 58, 59, 61, 69, 105–107, 134, 136
Gottfried, Johann Ludwig 92
Grass, Günter 139
Greflinger, Georg 40

Grieben, Theobald 41
Groeben, Otto von der 96
Gronovius, Johannes Friedrich 93
Gruber, Daniel 93
Grünbein, Durs 42
Grzimek, Bernhard 115
Guarinonius, Hippolytus 95
Güntzer, Augustin 89
Gundling, Nicolaus Hieronymus 64

Haeckel, Ernst 111, 114
Härtling, Peter 127
Hagemann, Carl 43
Hahn-Hahn, Ida Gräfin 45, 112
Halem, Gerhard Anton von 104
Haller, Albrecht von 98
Handke, Peter 148
Harff, Arnold von 81
Harrer, Heinrich 128
Hartmann, Lukas 139
Hartmann, Moritz 62, 110
Hass, Hans 127, 128, 132
Hauptmann, Gerhart 119
Heine, Heinrich 27, 51, 105, 107, 110, 155–157
Heine, Wilhelm 114
Heise, Gertraud 138
Herberstein, Sigmund von 43, 88, 89
Herbinus, Johann 94
Hermann Künig von Vach 81
Herodot 79
Herzog, Werner 142
Hesse, Hermann 117, 138
Hessel, Franz 121
Hirschfeld, Christian Cay Lorenz 45
Hocke, Gustav René 124
Hoffmann, Johann Christian 94
Hofmannsthal, Hugo von 119
Hohoff, Curt 124
Holert, Tom 147
Holitscher, Arthur 118, 119
Holten, Arnold von 91
Holzach, Michael 143
Hoppe, Felicitas 139
Horaz 79
Hügel, Carl von 114
Humboldt, Alexander von 62, 97, 103, 105

Ignée, Wolfgang 127
Immermann, Karl 112

Jacob, Heinrich Eduard 118
Jacques, Norbert 114
Jahn, Friedrich Ludwig 107
Johst, Hanns 113

Kaempfer, Engelbert 34, 97
Kästner, Erich 125
Kafka, Franz 117, 121
Kaminer, Wladimir 142, 148
Kant, Hermann 126
Kantowsky, Detlef 46
Kaschnitz, Marie Luise 129
Keller, Franciscus 94
Kellermann, Bernhard 114
Kerkeling, Hape 143
Kermani, Navid 148, 164–168
Kerr, Alfred 121
Keyserling, Hermann Graf 59, 114
Keyßler, Johann Georg 45, 98
Kisch, Egon Erwin 51, 118, 120, 143
Klaute, Johann Balthasar 98
Klein, Johann August 108
Koeppen, Wolfgang 52, 130, 131
Kohl, Johann Georg 109
Kolumbus, Christoph 13, 87
Konzelmann, Gerhard 140
Kracht, Christian 128, 145
Krebel, Gottlob Friedrich 40
Krechel, Ursula 20
Krüger, Horst 139
Kuhlmann, Quirinus 94
Kummer, Fritz 111
Kunert, Günter 42

La Roche, Sophie von 44, 99
Laube, Heinrich 110, 111
Lehmann, Peter Ambrosius 40
Leibniz, Gottfried Wilhelm 93
Leitner, Maria 61, 120
Lersch, Heinrich 123
Lewald, Fanny 49, 112
Lichnowsky, Mechthilde 112
Linné, Carl von 98
Ludolf von Sudheim 81
Ludwig, Fürst von Anhalt-Köthen 42

MacLaine, Shirley 143
Magellan, Ferdinand 7, 14
Maillart, Ella 161, 162
Major, Johann Daniel 95
Mandelslo, Albrecht von 94
May, Karl 53
Mayerberg, Augustin von 94
Merian, Maria Sibylla 97
Merian, Matthäus d.Ä. 40, 54, 91
Meyer, Hans 114
Michaelis, Johann David 40, 102

Mittelholzer, Walter 115
Morhof, Daniel Georg 21
Moritz, Karl Philipp 100
Mosebach, Martin 105, 139
Müller, Gerhard Friedrich 74
Müller, Wilhelm 107
Müller-Marein, Josef 125
Muffel, Nikolaus 82

Namatianus, Rutilius 80
Nehberg, Rüdiger 129, 143
Nemnich, Andreas 110
Nickel, Eckhart 145
Nicolai, Friedrich 100
Niebuhr, Carsten 52, 61, 102

Oelsner, Konrad Engelbert 104
Olearius, Adam 34, 88, 94, 95, 151–153
Ortelius, Abraham 54
Ovid 79

Pallas, Peter Simon 102
Paquet, Alfons 118, 120, 121
Paul Wilhelm, Herzog von Württemberg 109
Petrarca, Francesco 59
Pfeiffer, Ida 111
Philipp von Katzenelnbogen, Graf 42
Pigafetta, Antonio 14
Plüschow, Günther 120
Politycki, Matthias 24
Polo, Marco 19
Polt, Gerhard 105
Ponten, Josef 119
Probst, Peter 94
Pückler-Muskau, Hermann Fürst von 49, 110, 113

Rebmann, Georg Friedrich 51, 104
Regener, Sven 44
Rellstab, Ludwig 110
Reuwich, Erhard 87
Richter, Hans Werner 126
Riesbeck, Johann Kaspar 104
Rilke, Rainer Maria 158–160
Rodenberg, Julius 43
Rosenlöcher, Thomas 142
Roth, Gerhard 142
Roth, Joseph 51, 119
Runge, Erika 52
Rusch, Claudia 142

Schedel, Hartmann 54
Scheer, Maximilian 126
Schickhardt, Heinrich 90
Schieb, Roswitha 20
Schiltberger, Hans 83
Schmidl, Ulrich 87
Schmidt, Arno 52

Schmitz, Hermann Harry 105
Schneider, Rolf 126
Scholl-Latour, Peter 139, 140
Schopenhauer, Johanna 112
Schramm, Carl Christian 41
Schulz-Semrau, Elisabeth 127
Schummel, Johann Gottlieb 99
Schwarzenbach, Annemarie 55, 161–164
Schweiger-Lerchenfeld, Amand von 114
Schweitzer, Christoph 44
Sealsfield, Charles 109
Sebald, W. G. 144, 145
Seler-Sachs, Caecilie Susanna 112
Seume, Johann Gottfried 51, 104, 105, 112
Späth, Gerold 136
Staden, Hans 54, 87, 88
Stanišić, Saša 148
Sternberger, Dolf 125
Sterne, Laurence 53, 99
Stöcklein, Joseph 94

Tawada, Yoko 141
Terkessidis, Mark 147
Thoreau, Henry David 71
Thümmel, Moritz August von 53, 99
Timm, Uwe 136
Toller, Ernst 118, 123
Tucholsky, Kurt 121
Turler, Hieronymus 39, 73

Veer, Gerrit de 22
Vesper, Bernward 133, 134
Vogt, Walter 134

Wallraff, Günter 52
Walser, Robert 121
Wameshafft, Erhard 42
Wangenheim, Inge von 139
Warburg, Aby 111
Weber, Carl Julius 108
Weerth, Georg 51
Wegner, Armin T. 118
Wekhrlin, Wilhelm Ludwig 104
Wienbarg, Ludolf 44
Wilhelm von Boldensele 81
Willemsen, Roger 142
Winkler, Josef 139
Wissmann, Hermann von 114
Wollschläger, Alfred 124
Wolter, Christine 136

Zaimoglu, Feridun 148
Zeh, Juli 148
Zeiller, Martin 34, 40, 92
Zetkin, Clara 118
Zöllner, Johann Friedrich 100
Zwinger, Theodor 40, 73

Sachregister

In das Sachregister sind keine Epochenbegriffe aufgenommen. Diese werden ausführlich in Kapitel IV (Historischer Überblick) erläutert.

Alternativtourismus 137–142
Apodemik 18, 29, 39, 73, 86
Auswanderung 77, 109, 130
Autobiografie 59, 86, 119, 127, 141
Automobil *siehe* Reise im Automobil
Autopsie 17, 58, 84, 1397

Badereise 7, 10, 15, 24, 83, 85, 157
Beglaubigungsstrategien 33, 60–65, 109, 140
Bildungsreise 13–20, 31, 42, 50, 59, 83, 85, 90, 92, 99, 105, 118, 124, 135

Dampfschifffahrt 9, 14, 29, 108
Dialogizität 60, 68, 72, 75, 157

Eisenbahn 7, 9, 14, 29, 71, 108, 116–118, 141
Emanzipation, jüdische 155
Entdeckungsreise 13, 27, 83, 102, 110
Erzählanalyse 28, 34, 57, 67, 77
Ethnologie 19, 68, 72, 83, 85, 88, 109, 111–115, 134
Eurozentrismus 35, 72, 114, 153
Exilreise 20, 23, 124
Exotismus 56, 114, 120, 145–147
Expeditionsbericht 33, 50, 102, 103, 120
Extremtourismus 70, 127, 143

Feature 50, 52
Flugzeug *siehe* Reise im Flugzeug
Forschungseinrichtungen 14, 31, 35, 52, 57, 73, 93, 102, 111
Forschungsreise 27, 33, 40, 52, 54, 102, 111, 133, 149
Freizeitreise 9, 15, 16, 122, 126, 135, 147, 165
Fremderfahrung 10, 19, 21, 23, 32, 56, 61, 66, 70, 73–77, 106, 113, 115, 124, 128, 135, 148, 152, 153, 155, 161–164
Fürstenreise / Fürstinnenreise 10, 12, 13, 21, 31, 32, 40, 42, 82, 83, 85, 90–93, 98, 101, 110, 113
Fußreise 81, 104, 108, 138, 142–145

Gebildetenreise 13, 98, 99
Gelehrtenreise 11, 13, 27, 52, 80, 85, 98, 99
Geografie (als Wissenschaft) 19, 26, 27, 37, 41, 60, 68, 77, 80, 97, 152
Gesandtschaftsreise 43, 50, 83, 85, 88, 94, 151
Geschlechtergeschichte 10, 32, 38, 99, 164
Gesellenwanderung 11, 80, 82, 85, 89

Heidenfahrt 82
Heimwehtourismus 20, 127
Hodoeporica 42, 86
Hybridität 73, 76, 166

Identität 21, 23, 67, 69, 75, 107, 119, 122, 140, 146, 163, 165
Illustration *siehe* Reiseillustration
Imagologie 33, 68, 74
Intermedialität 39, 53, 146
Ironie (als Schreibmodus) 66, 120, 125, 136, 156
Itinerar 18, 39, 81, 84, 87

Journal *siehe* Reisetagebuch

Karten 18, 54, 72, 92, 98, 143, 151
Kavalierstour (mit Grand Tour) 12, 31, 40, 82, 83, 92, 93, 99, 110
Kolonialismus 13, 20, 33, 38, 44, 72, 73, 75, 102, 111, 115, 165
Konfessionsgeschichte 32, 69, 84, 91
Kulturanthropologie 33, 68, 71, 72, 99, 103
Kulturkonflikt 82, 139, 146–149
Kulturkontakt 13, 33, 67–70, 74, 135, 147, 157, 159
Kulturtransfer 11, 28, 32, 35, 91, 129
Kulturvergleich 67, 69, 120, 153, 160
Künstlerreise 13, 20, 32, 90, 106

Landeskunde 45, 81, 85, 88, 101, 103, 131, 152
Literarisierung 30, 48–51, 96, 154

Massentourismus 8, 15, 24, 117, 125, 135, 142
Materialität (des Reisens) 18, 32, 65, 107, 136
Mediengeschichte 22, 29, 30, 39, 48–52, 56, 77, 97, 131, 140, 146
Medienkonkurrenz 48, 50, 132, 166
Mentalitätsgeschichte 9, 28, 29, 33, 98, 110
Migration 11, 23, 124, 142, 147–149, 165
Mikrologie 33, 65
Minimum, narratives 63
Musikerreise 32, 44

Nation 20, 33, 68–71, 74, 95, 105–110, 113, 120, 131, 137, 140, 141–147, 154, 155, 165
Neugier (*curiositas*) 83, 142, 163
Nicht-Orte 72, 76, 77, 142

Objektivität 17, 58, 61, 63, 65, 67, 74, 107, 112, 132, 136

Paratexte 18, 62, 152
Pilgerreise 7, 10, 18, 28, 30, 40, 42, 49–53, 62, 63, 70, 80–87, 96, 105, 143
Pop-Literatur 44, 145, 147, 165
Postkarte 46, 47, 57, 118
Postkolonialismusstudien 33, 38, 73, 75–77
Propemptikon 21, 41, 80
Prototourismus 8, 15, 118
Provinzreise 51, 99, 100, 104, 107–110, 123, 125, 127, 129, 142–145

Quellenkritik 35, 36, 58, 65

Ratgeberliteratur 39, 61, 62, 109
Raumerfahrung 16, 29, 55, 57–63, 69, 70, 72–77, 106, 115, 121, 122, 134, 144, 149, 160, 164
Redaktionsprozess 22, 40, 44, 48, 49, 106
Reflexion (als Erzählelement) 16, 51, 63, 71, 109, 116, 145, 157, 159
Reise (als Selbstfindung) 11, 44, 59, 69, 70, 74, 75, 76, 99, 105, 107, 108, 112–116, 119–122, 125, 134–140, 144, 158, 163
Reise (im Automobil) 7, 9, 15, 53, 71, 72, 105, 116, 122, 138, 142, 161–164
Reise (im Flugzeug) 9, 15, 19, 56, 71, 72, 116–118, 138, 142
Reise (und Ökologie) 15, 114, 129, 137
Reise (und Politik) 12, 18, 27, 28, 32, 44, 48–52, 82, 87, 93, 104, 109–111, 119, 125, 135, 153, 165
Reise, diplomatische 20, 22, 50, 68, 69, 85, 88, 91–94, 114, 152
Reise, enzyklopädische 26, 35, 81, 89, 91, 98, 100, 152
Reiseautor 17, 23, 27, 33, 44, 48–51, 62, 64, 134, 147, 166
Reisebericht (als Wissensspeicher) 28, 32, 50, 68, 74, 83, 91, 135, 146, 152
Reisebericht (im Hörfunk) 49, 52, 121, 130, 132–134
Reisebericht (und Neue Medien) 18, 19, 22, 43, 55, 56, 76, 145–148
Reisebericht, empfindsamer 13, 53, 59, 99, 110, 116, 130, 157
Reisebericht, neulateinischer 34, 41, 86, 93, 94
Reisebericht, polyhistorischer 40, 64, 91, 98
Reisebericht, wissenschaftlicher 14, 48, 50, 52, 61, 91, 96, 102, 110, 153–155
Reiseblog 22, 43, 44, 56, 61

Reisebrief 7, 12, 22, 41, 44–46, 49, 79, 94, 98, 100, 104, 108–116, 124, 134
Reisechronik 43, 50, 61, 83, 113, 152
Reisefeuilleton 50, 55, 112, 113, 121
Reisefilm 55, 56, 105, 115, 117, 120, 128, 129, 132, 143
Reiseforschung, historische 9, 26, 28–32, 34, 36, 48, 67
Reiseforschung, kulturwissenschaftliche 8, 30–32, 67–68, 73
Reiseforschung, multidisziplinäre 34, 67–69, 103
Reisefotografie 22, 24, 46, 54–56, 108, 112, 118, 120, 128, 132, 134, 136, 161
Reiseführer 15, 18, 19, 28, 39–40, 61, 81, 124, 138
Reiseillustration 54, 63, 87
Reiseinstruktion 16-20, 28, 40, 61, 66, 74
Reisejournalismus 48, 55, 113, 118, 120, 130, 139
Reisekomparatistik 29, 33, 74, 100, 141
Reisekultur 7, 9, 31, 32, 34, 35, 57, 79, 105
Reiselexikon 27, 41
Reiseliteratur (als Quelle) 10, 32, 68
Reiseliteratur (Definition) 16
Reiseliteratur, fiktionale 24, 53, 64, 83, 99, 132
Reiseliteraturforschung 26–38, 67,105, 124
Reiselyrik 21, 41–42, 60, 151–152, 160
Reisesammlung 31, 35, 39–42, 44, 46, 97, 157

Reisetagebuch 11, 22, 28, 43–44, 49, 56, 59, 61, 89, 90, 98–101, 110, 113, 118, 123, 124, 127–130, 139, 158
Reisezeichnung 21, 28, 48, 54, 87, 89, 90, 103, 106, 109, 114, 153
Reisezeitschrift 35, 50, 97, 98
Religionsgeschichte 45, 52, 65, 69, 88, 89, 96, 110, 114, 134, 139, 143, 149, 152, 153, 155, 158–160, 165
Reportage 30, 45, 49–52, 55, 61, 96, 98, 104, 109, 118, 124, 139, 143, 145, 165
Revolutionsreise 45, 48, 104, 112, 118, 153
Ritterreise 82, 83
Ruinenkult 106, 107, 110

Schreibkonzeption, offene 85, 86
Schreibsituation 16–24, 77
Schwellenerfahrung 21, 41, 161–162, 164
Sozialgeschichte 8–24, 29, 31, 36, 51, 62, 68, 85, 109–111, 139, 142
Stammbuch 21, 43
Stereotype 19, 33, 67, 74, 75, 105, 123, 130, 140, 153
Stilistik 39, 43, 49, 51, 60, 61, 62, 65, 66, 85, 87, 89, 90, 140, 152, 165
Studienreise 92, 129, 158
Studienwanderung 82, 90

Subjektivität 16, 23, 47, 58, 59, 62, 63, 68–73, 87, 99, 105, 106, 112, 119, 132–134, 138, 141, 144

Textgenese 57, 62
Textsorten 23, 28, 38, 59, 66, 84, 118, 152
Texttypologie 34, 59–61
Tourismusgeschichte 7–10, 16, 35, 125, 137, 145
Tourismuskritik 15, 118, 135, 137, 142
Transkulturalität 72, 75

Übersetzung 57, 66, 88, 97, 103, 128, 143, 165
Unternehmerreise 8, 15, 20, 109, 110

Vademecum 18, 40
Vermarktung 19, 109, 135, 144
Verweltlichung 28, 111, 143, 149

Wahrnehmung, kontrastive 68, 71, 73, 74, 106, 125, 126, 159, 166
Wandern 10, 11, 18, 51, 59, 62, 70, 82, 89, 90, 104, 107, 108, 113, 120, 122, 123, 142–144, 167
Weltreise 13, 43, 102, 103, 111, 114, 121

Zivilisationskritik 68, 108, 114, 137, 138, 143, 153, 155, 159

Ortsregister

Im Ortsregister sind Bezeichnungen von Teilgebieten eines Kontinents (z. B. Zentralasien oder Vorderasien) unter dem Haupteintrag (Asien) zusammengeführt. Flussnamen sind nicht erfasst.

Aachen 41, 90
Abessinien 95
Ägypten 40, 79, 81, 113, 130
Afghanistan 149, 161, 166
Afrika 14, 33, 95, 96, 114, 115, 122, 126, 128, 134, 138, 147, 148, 165
Albanien 119, 147
Algerien 111, 119
Alpen 7, 15, 95, 128
Amsterdam 93, 154, 155
Antwerpen 90
Arabien 40, 52, 61, 102, 126, 140, 166
Argentinien 88, 145
Asien 79, 89, 114, 119, 126, 128, 141, 145, 147, 148
Auschwitz 127
Australien 14

Baden-Baden 10
Baiae 7, 10
Bayern 90
Berlin 109, 112, 113, 116, 117, 122, 136, 143, 144, 157, 158
Böhmen 45, 90, 98, 127
Bosporus 161
Brasilien 88, 114, 129
Brescia 117
Breslau 127
Brindisi 79
Brügge 90
Brüssel 90
Budapest 124
Buenos Aires 88

Calicut 14
China 94, 114, 118, 119, 139

Dalmatien 119
Dänemark 95, 102
DDR 126, 127, 136, 137, 139, 142
Deutschland 51, 88, 93, 94, 98–100, 104, 107–109, 123–125, 127, 129, 142, 143, 145, 147, 165, 167

England 13, 37, 45, 47–49, 92, 93, 98–100, 103, 104, 109, 110, 112, 113, 130, 154, 156, 157
Europa 10, 13, 29, 31, 35, 37, 40, 42, 48, 75, 82, 94, 99, 112, 114, 119, 128, 129, 140, 141, 147, 154, 166, 167

Falun 114
Frankfurt a. M. 112
Frankreich 13, 37, 48, 49, 53, 81, 92, 93, 99, 101, 103, 104, 110, 123–125, 130, 147, 154

Ortsregister

Gallien 7, 80
Genua 90, 156, 157
Germanien 42, 54, 85, 92
Granada 41
Griechenland 37, 79, 114, 119, 122, 161
Großbritannien 101
Guam 14
Guinea 96

Habesch 95
Haiti 14
Harz 142, 157
Heiliges Land 7, 10, 42, 79–81, 86, 87
Helgoland 44, 156

Indien 13, 14, 94, 110, 114, 138, 139
Iran 19, 148, 166
Irland 49, 109, 110, 113, 130
Isfahan 94, 151, 152, 165
Israel 146
Italien 13, 26, 37, 45, 47, 48, 61, 70, 90, 92, 98–101, 105, 114, 117, 122, 124, 126, 129, 133, 135, 136, 141, 147, 156, 157

Japan 46, 97, 114
Jaroslawl 158
Jasnaja Poljana (Trakehnen) 158
Jerusalem 10, 45, 81, 86, 87, 120
Jugoslawien 133, 148

Kabul 161
Kairo 45
Kamerun 115
Kandahar 166
Kap der guten Hoffnung 14
Karibik 128
Kaschmir 114, 166
Kiew 95, 158
Kilimandscharo 114, 115
Köln 18, 107
Konstantinopel 89, 94
Kresta Bogoródskoje 158
Kroatien 114, 147
Kuba 126

Lampedusa 166
Lateinamerika 126
Lhasa 128
London 93, 98, 109, 113

Mähren 90

Marokko 131, 134, 147
Marseille 122
Mecheln 90
Mexiko 112
Monaco 123
Mongolei 118
Mont Blanc 7, 15
Mont Ventoux 59
Moskau 44, 118, 122, 130, 141, 144, 151–153, 158

Nanga Parbat 128
Neapel 7, 10, 122
Neuseeland 14
New York 8
Nicaragua 148
Niederlande (mit Holland) 13, 17, 37, 90–92, 98–100, 104, 130, 154, 156
Nisowka 158, 159
Norderney 156, 157
Nordpol 111, 132
Norwegen 95

Oberstdorf 129
Österreich 90, 143
Orient 73, 81, 88, 94, 96, 112, 119, 139, 140, 151, 161, 163
Osmanisches Reich 83, 87–89
Ostpreußen 127
Ozeanien 14, 94

Pakistan 166
Palästina 63, 80–82, 120
Paris 8, 19, 27, 45, 48, 51, 98, 104, 112, 123, 124, 142, 143, 156
Persien 151, 152
Philippinen 14
Polen 37, 119, 157
Poltawa 158
Portugal 37
Prag 124, 137

Reval (Tallinn) 151, 152
Rheinland 15, 32, 107, 126, 153, 154
Rom 10, 11, 18, 59, 80–82, 86, 90, 107, 135, 136
Rongas 158
Ruanda 148
Rumänien 118, 119

Russland 37, 43, 48, 88, 94, 118–120, 126, 130, 131, 144, 152, 158–160

Santiago de Compostela 10, 80, 81, 86, 143
Saratow 158
Schlesien 20, 90, 101, 127
Schottland 49, 110, 112, 113
Schwarzes Meer 79, 126
Schweden 41, 95, 126
Schweiz 26, 37, 44, 45, 100, 104, 123, 134, 163
Senegal 134
Shanghai 20
Sibirien 45, 74, 94, 102
Skandinavien 37, 95, 114, 123, 126
Slowenien 161
Somalia 148
Sowjetunion *siehe* Russland
Spanien 37, 41, 61, 130, 147
St. Petersburg 102, 158
Südsee 111
Suffolk 144
Surinam 97
Syrien 81, 118

Tibet 128
Tirol 95
Türkei 161
Tunesien 119

Ukraine 119
Ungarn 45, 98, 126, 137
Uppsala 41
USA 109, 110, 117, 119, 120, 126

Venedig 10, 87, 90
Venezuela 87
Verona 87
Versailles 92

Wales 49, 113
Weimar 101, 122
Wien 111, 115, 124, 142
Wiesbaden 10

Zwönitz 41

Abbildungsnachweis

Abb. 1: R. Doyle: The Foreign Tour. London 1854. Bayerische Staatsbibliothek München, Rar. 4190, Taf. 8.
Abb. 2: Der deutsche Bundeskalender für das Jahr 1834. Heilbronn 1833. Germanisches Nationalmuseum Nürnberg
Abb. 3: Universität Osnabrück, Historische Bildpostkarten – Sammlung Prof. Dr. Sabine Giesbrecht
Abb. 4: akg-images
Abb. 6: Deutsches Literaturarchiv Marbach, Bildarchiv, Inv.-Nr. B 2006.0293
Abb. 7: Schweizerisches Literaturarchiv Bern, Nachlass Schwarzenbach, Inv.-Nr. A-5-19/004
Abb. 8: Moises Saman / Magnum Photos / Agentur Focus